Allitera Verlag

Technologien des Singens

Herausgegeben von Rebecca Grotjahn, Malte Kob und Karin Martensen

Band 2

Tilo Hähnel

Wie Körper Schule macht. Eine Studie zur Gesangstechnik im Körperdiskurs an ausgewählten Gesangsschulen um 1900

Allitera Verlag

Gedruckt mit Unterstützung der Deutschen Forschungsgemeinschaft

DFG Deutsche Forschungsgemeinschaft

Juli 2021

Allitera Verlag
Ein Verlag der Buch&media GmbH München

Satz: Johanna Conrad
Gesetzt aus der The Sans und der Sabon
Umschlaggestaltung: Johanna Conrad
Umschlagmotive: Rechts: aus Marafioti, P. Mario, *Caruso's Method of Voice Production. The Scientific Culture of the Voice*, New York 1922. Oben: S. 237, Fig. 20 – Vowel A, Mitte: S. 235, Fig. 14 – *The vowel a correctly produced*, unten: S. 239, Fig. 22 – Vowel I. Links: aus Hueppe, Ferdinand, *Hygiene der Körperübungen*, Leipzig 1910, S. 118, Fig. 43
Printed in Germany
ISBN print 978-3-96233-290-7
ISBN PDF 978-3-96233-292-1
ISBN epub 978-3-96233-291-4

Allitera Verlag
Merianstraße 24 · 80637 München
fon 089 13 92 90 46 · fax 089 13 92 90 65

Weitere Publikationen aus unserem Programm finden Sie auf www.allitera.de
Kontakt und Bestellungen unter info@allitera.de

Inhalt

Vorwort 9

1 Einleitung 10

1.1 Anmerkungen zum Diskurs- und Dispositivbegriff, Denkstil und Denkkollektiv 12

1.2 Fragestellungen: Gesangsschulen als Diskurs, Gesang als Teil eines Dispositivs 15

1.3 Vorbemerkungen zur Theorie des Gesangsdiskurses im 19. Jahrhundert 16

1.4 Zum Vorgehen, zur Fragestellung und zum Material der Untersuchung 22

1.5 Zur Präsentation und Zitierweise 24

2 **Thesen zum Körperdispositiv der Jahrhundertwende** 26

2.1 Zur Popularisierung des Wissens im 19. Jahrhundert 27

Der Körper in den Wissenschaften des 19. Jahrhunderts · Populärwissenschaften, Buchdruck und Alphabetisierung · Frühes Problembewusstsein gegenüber der Popularisierung der Wissenschaften

2.2 Normierung und Normalisierung 33

2.3 Industrie, Markt und Konsum 37

Werbung und Psychologie als Diskursmächte einer Konsumkultur · Die Aushöhlung des Naturbegriffs in der Werbung

2.4 Körperbilder zwischen Moderne und Reform 44

Körperideale und Geschlechterstereotype · Reformbewegungen · Antike Körperideale · Körperoptimierung unter der Reform · Äußeres und inneres Korsett · Bodybuilding und Turnen · Reform von ›oben‹ und ›unten‹, Sport für Mann und Frau

2.5 Zusammenfassung 60

3 **Gesang macht den Körper – Körperideale in der Gesangspädagogik** 63

3.1 Zehn Schriften zur Gesangsausbildung 64

Das 19. Jahrhundert: Guttmann, Sieber und García · Die Jahrhundertwende: Hugo Goldschmidt, Lilli Lehmann und August Iffert · Das Grammophon als Lehrer: Fischer et al. · Die Zehnerjahre: Ottmar Rutz, Karl Scheidemantel und Benno Pulvermacher

3.2 Das Verhältnis zu naturwissenschaftlichen Erkenntnissen und Methoden 78

3.3 Atmung 82

Viel und wenig Luft · Geräuschlose Bauch- und Zwerchfellatmung · Schulter-, Flanken- und Tiefatmung

3.4 Über die Einteilung der Stimmen 92

3.5 Register und Resonanz 96

Frühe und späte Schulen · Bruststimme · Kopf- als Gegensatz zur Bruststimme · Die Mitte zwischen Brust- und Kopfstimme · Das Falsett · Registerausgleich als Normalität · Drei Aufnahmen · Resonanzkörper und Ansätze

3.6 Verbote, Pathologisierungen und Abwertungen 120

3.7 Lockerheit und Klangvorstellung 123

3.8 Interpretation und künstlerischer Ausdruck 127

Normierung und Naturalisierung · Affekt und Effekt · Körperklänge · Körperhaltung und Äußeres · Tremolo, Vibrato und Portamento

3.9 Kollektivsymbole 140

Uhrwerk und Fabrik · Die Stimme als Instrument und Apparat · Lehmanns Elastizitätsbegriff · Idealisierte Körper der bildenden Kunst · Wissenschaftliche Artefakte

3.10 Wissen über den Körper 152

3.11 Natur und Natürlichkeit 157

Kultur ⇒ Natur ∧ Technik · Kunst als bearbeitete Natur, Kehlfertigkeit als ihre Technik · Natürlichkeit im Kunstgesang · Naturanlage · Naturbelassenheit · Der ungebildete Naturalist

3.12 Reformdenken 173

Körper, Geist und Seele · Gymnastik und Gesundheit · ›Bodybuilding‹ · Kleidung

4 **Abschließende Gedanken: Wie Gesangsschulen Körper machen** 183

4.1 Normalisierung und Rationalisierung 183

Tatsachenstil, musikalische Interpretation und Naturwissenschaften · Atmung und Register

4.2 Naturalisierung ohne Individualisierung 188

4.3 Über das Körperlose zur individuellen Geste? – Klangvorstellung als Wegbereiter einer Individualisierung 189

4.4 Kunst und hohe Kunst: Belcanto als Kollektivsymbol . . . 193

Literaturverzeichnis 198

Register 205

Vorwort

Diese Arbeit stellt den Großteil der Ergebnisse meiner Arbeit im Forschungsprojekt »Technologien des Singens« vor, die ich in den letzten vier Jahren zusammengetragen habe. Damit gebührt die Ehre, die Grundidee entwickelt zu haben – nämlich die Analyse des Körperdispositivs um 1900 im Kontext des Gesangs – den Ideengebern des Projekts, Rebecca Grotjahn, Karin Martensen und Malte Kob. Insbesondere Rebecca Grotjahn hat für diesen speziellen Teil einige Grundsatzüberlegungen angestellt. In den vielen offiziellen Treffen – häufiger aber am inoffiziell zum Mittagstisch umfunktionierten Besprechungstisch im Büro – diskutierten viele Menschen aus dem Projekt zu allen erdenklichen Themen, sodass auch dort mal deutlicher und mal weniger deutlich Ideen für Impulse kamen, die mit Sicherheit ebenfalls mein Denken und Handeln anstießen. Zu den ›Stammgästen‹ gehörten hier zuallererst Karin Martensen, aber auch Luisa Mersch, Philipp Kreisig und Dorota Habasinska, vor allem auch Tobias Weege und später Boris Alexander Bolles. Alle betrachteten das Thema Gesang und Gesangsaufnahmen um 1900 aus ihrer jeweiligen Forschungsperspektive und bereicherten so meinen Blickwinkel, angefangen bei biografischen Hintergründen bis hin zu Details der Signalverarbeitung und der Akustik der Singstimme. Zum Teil ergaben sich aus den Diskussionen auch Impulse für konkretere Zusammenarbeiten, so etwa mit Philipp Kreisig und Karin Martensen.

Vorliegendes Buch widmet sich dem Körperdiskurs und stellt die Inhaltsanalyse gesangspädagogischer Schriften ins Zentrum. Obwohl dieser Band durchaus für sich allein als sinnvolles Ganzes gelesen werden kann, so steht er letztlich in einem größeren Zusammenhang mit einer Vielzahl an Perspektiven und Forschungsarbeiten meiner Kolleginnen und Kollegen, die in der Schriftenreihe »Technologien des Singens« realisiert wurden und werden. Ich danke also allen, die an diesem großen Ganzen mitgewirkt haben und auch für das Verständnis meiner Familie, die, um mir die Gelegenheit zur Mitarbeit zu geben, viele Strapazen auf sich nahm.

Tilo Hähnel, Weimar, 11. März 2021

1 Einleitung

Das Instrument des Sängers ist sein Körper. Diesen Satz lese und höre ich hin und wieder in verschiedenen Varianten und spontan leuchtet er auch unmittelbar ein. Doch hat er Konsequenzen, denn ein spezifischer Blick auf den Körper zieht auch einen gewissen Umgang mit ihm nach sich. Der Blick auf das ›Instrument‹ gibt also vor, wie mit ihm zu musizieren ist. So macht es durchaus einen Unterschied, ob der Körper zuallererst als Arbeitskraft verstanden wird, die es effizient zu nutzen und auszuschöpfen gilt, oder aber, ob er als ein Geschenk der Natur oder als Wunder Gottes verehrt wird. In einer individualisierten Gesellschaft ist der Umgang mit dem Körper wahrscheinlich auch ein anderer als in einer uniformierten. Und ja, das Instrument der Sängerin ist ebenfalls ihr Körper. Sängerinnen verhalten sich zu und mit ihren Instrumenten womöglich deutlich anders als Sänger, wenn Unterschiede zwischen Geschlechtern geradewegs als Gegensatzpaare in allen Belangen begriffen werden. Werden dagegen individuelle Unterschiede innerhalb des gleichen Geschlechts als bedeutsamer angesehen, dann bleiben Unterschiede zwischen Geschlechtern bestenfalls noch als marginale Randerscheinungen zurück; auch das hat letztlich Auswirkungen auf das Instrument und damit auf den Gesang. Eines ist klar: Die Auseinandersetzung mit Gesang funktioniert nicht ohne die Auseinandersetzung mit dem Körper. Doch was bedeutete ›Körper‹ zur Jahrhundertwende?[1]

Das ist die Ausgangsfrage, um unter anderem die von Rebecca Grotjahn, Karin Martensen und Malte Kob aufgestellte Arbeitshypothese zu prüfen, nach der das »Singen mehr und mehr als Körpertechnik verstanden wird«. In den Bereichen »Körperhaltung, Atmung, Vibrato und Registernutzung«[2] kommt eine Technik zum Ausdruck, die Grotjahn et al. nicht nur als Technik, sondern auch als »Körperarbeit« verstehen.[3] Während der Begriff der Tech-

1 Der Begriff der Jahrhundertwende bezeichnet nachfolgend die Wende vom 19. ins 20. Jahrhundert, wenn nicht anders kenntlich gemacht.

2 Beide Zitate finden sich auf der Detailseite des DFG-Projektes: <http://gepris.dfg.de/gepris/projekt/289601849>, 20.03.2020.

3 Rebecca Grotjahn, Malte Kob und Karin Martensen, unveröffentlichter Antragstext zum gleichnamigen DFG Forschungsprojekt *Technologien des Singens. Untersuchungen zum Dispositiv Singen – Körper – Medien in der Frühzeit der Tonaufnahme*, o. O. 2015, S. 9. Einleitend aufgegriffen wird die Bezeichnung auch von

nik im Zusammenhang mit der Gesangstechnik durchaus gebräuchlich ist, verschiebt der Begriff der Körperarbeit die Aufmerksamkeit auf einen neuen Aspekt, unter anderem auch in Hinblick auf einen im 19. Jahrhundert neu entstehenden Arbeitsbegriff.

Ausgehend von der Prämisse, dass auch der Gesangsdiskurs als Teil eines Körperdiskurses und Körperdispositivs gedeutet werden kann, möchte ich mich dem Gesang auf eine ganz bestimmte Weise nähern. Indem ich Aussagen in Gesangsschulen nicht nur als Gesangsanweisungen verstehe, sondern primär als Aussagen zu Körper, Technik und Arbeit, möchte ich die Verbindung dieser Aussagen mit dem Denken über das Singen verknüpfen. Als Material dienen mir im Wesentlichen zehn Gesangsschulen zwischen 1861 und 1923 (Kapitel 3). Die Richtung der Analyse folgt den vorhergehenden Überlegungen zum Körperdispositiv der Jahrhundertwende (Kapitel 2). Aus ihnen werden vier Diskursstränge entwickelt, welche die Perspektive auf die nachfolgende Interpretation der Aussagen in den Gesangsschulen leiten.

Die Begriffe Aussage, Diskurs und Dispositiv sind in den letzten Jahrzehnten immer stärker in den Vordergrund getreten und haben ihrerseits zu Debatten geführt. Es ist hier nicht der Ort, ihre Genese und ihren Siegeszug in den Geisteswissenschaften nachzuzeichnen; dennoch kommt eine Analyse wie diese nicht ohne ein paar Anmerkungen zur Terminologie aus. Nachfolgend soll deshalb die Bedeutung dieser Begriffe innerhalb der vorliegenden Studie geklärt werden. Daneben wird auch an die Begriffe des Denkstils und Denkkollektivs erinnert.

Rebecca Grotjahn, »Seelenvolle Maschine. Natur und Technik im Gesangsdiskurs«, in: *Naturalezza | Simplicité – Natürlichkeit im Musiktheater,* hrsg. von Vera Grund, Claire Genewein und Hans Georg Nicklaus (= Theater 96), Bielefeld 2019, S. 81–107, hier: S. 83.

1.1 Anmerkungen zum Diskurs- und Dispositivbegriff, Denkstil und Denkkollektiv

Der Begriff des Diskurses wird mit dem Namen Michel Foucault verbunden, der ihn als die Gesamtheit von Aussagen innerhalb eines Dispositivs verstand.[4] In Foucaults Nachfolge und grade in den letzten Jahrzehnten haben die Begriffe durchaus ein gewisses Eigenleben entwickelt und werden inzwischen verschiedentlich gebraucht und differenziert. Für eine Übersicht über die Begrifflichkeit sei – nur ein Beispiel – auf die Einführung von Siegfried Jäger[5] verwiesen. Daran angelehnt werden die Begriffe in diesem Buch wie folgt verwendet:[6] Der Diskurs soll als die Gesamtheit aller sprachlichen Aussagen innerhalb eines Kulturraums zu einer bestimmten Zeit verstanden werden. Damit sind theoretisch alle Texte aus mündlichen und schriftlichen Quellen gemeint, wobei in diesem Falle nur schriftliche Quellen überliefert sind (das ist die Materialität des Diskurses). Aussagen sind zwar in allererster Linie sprachliche Äußerungen, jedoch versteht Foucault sie im Gegensatz zur formalisierten Sprache als Funktionen, die nur im Verhältnis zu verschiedenen Bedingungen sinnvoll analysiert werden können, wie etwa dem Subjekt, das die Aussage trifft, und den mit ihm assoziierten Gebieten.[7] Bei der Analyse eines Diskurses stehen also Aussagen im Vordergrund. Dabei geht es weniger um eine sprachlich-semantische Analyse als um die Analyse der Funktionen selbst und der Art und Weise, wie etwas beschrieben wird. Über Ausdrucksweisen, Metaphern und sprachliche Floskeln lässt sich nämlich, so die Annahme, auf das mögliche Denken hinter der Aussage schließen.

Mit dem Begriff des Dispositivs soll auch das Nichtsprachliche gemeint sein, welches das Denken und die Diskurse prägt. Dazu gehören vor allem die strukturellen Bedingungen, die Diskurse erst ermöglichen. Das sind etwa Handlungen und Vergegenständlichungen, die als Bestandteil einer Kultur das Denken der Menschen leiten und mit bedingen. So können auch nichtsprachliche Handlungen Vorstellungen von Körpern prägen, wie beispielsweise das

4 Vgl. z.B. Michel Foucault, »Archäologie des Wissens«, in: *Michel Foucault. Die Hauptwerke*, S. 471–699, Frankfurt a. M. 2008/1969.

5 Siegfried Jäger, *Kritische Diskursanalyse. Eine Einführung*, Münster 2012.

6 Die Ausführungen basieren auf einem unveröffentlichten Skript, das im Rahmen der Forschungsarbeiten entstand: Tilo Hähnel, *Sängerkörper im musikindustriellen Kontext: Gedanken zu einer musikwissenschaftlichen Dispositivanalyse*, <http://www.tilohaehnel.de/work/TH160826_Det.pdf>, erstellt: 31.08.2016, abgerufen: 06.05.2019.

7 Michel Foucault, »Archäologie des Wissens«, in: *Michel Foucault. Die Hauptwerke*, Frankfurt a. M. 2008/1969, hierinsbesondere Kap. III, S. 556–616.

Singen auf der Bühne oder im Aufnahmestudio. Selbst die Art, wie Geschäfte abgewickelt und Menschen transportiert werden oder administrative Prozesse ablaufen, prägt das Denken der Menschen einer Gesellschaft. Wissen und Denken drücken sich im Design von Objekten aus, in Kunst, aber auch in Gebrauchsgegenständen, Maschinen und technischem Gerät bis hin zu Organisationsstrukturen, Hierarchien, Dienstwegen et cetera. Und so, wie das Dispositiv sich im analytischen Blick in Gegenständen und ihren Beziehungen zueinander ausdrückt, so wirken genau diese Gegenstände und Beziehungen ihrerseits als Dispositiv auf das Denken der Zeit selbst zurück. Menschen wachsen in Diskursen, in den ›Aussagegesamtheiten‹ auf und nehmen die Strukturen, die diese Diskurse bedingen, als ihre Umwelt wahr, sodass Diskurse und das Dispositiv ihr Denken leiten und prägen. Kurzum: Der Diskurs bildet das Denken nicht nur ab, er ist auch dessen Voraussetzung. Jäger spricht dem Diskurs sogar ab, überhaupt eine Wirklichkeit zu spiegeln, wenn er schreibt: »Die Subjekte machen den Diskurs nicht, eher ist das Umgekehrte der Fall.«[8] Dem Diskurs eine Spiegelfunktion komplett abzusprechen, mag fragwürdig scheinen, jedoch ist die Macht des Diskurses auf das Denken kaum zu überschätzen.

Das komplexe und dichte Wechselspiel von Ursache und Wirkung sowie von Kulturprodukten und dem Geflecht ihrer Verknüpfungen macht den Diskurs- und erst recht den Dispositivbegriff womöglich schwer fassbar. Für die vorliegende Analyse gilt jedoch, dass alle Dokumente, ihre Materialität und ihre Entstehungsbedingungen als Einflussfaktoren und als Bedingungen eines Denkens betrachtet werden. Wenn es also um den Körperdiskurs oder gar um das Körperdispositiv geht, dann ›sagen‹ die Quellen mitunter mehr als das, was ihre Urheberinnen und Urheber zu sagen beabsichtigten. Um die grundlegende Idee des Dispositivs und Diskurses zu verstehen, ist womöglich eine noch ältere Quelle hilfreich, die das Phänomen im Wesentlichen begreift und auf den Punkt bringt: Ludwik Flecks Lehre vom Denkstil und Denkkollektiv.[9]

Fleck hat eine Generation vor Foucault die Begriffe vom Denkstil und Denkkollektiv entworfen. Beide Begriffe bedingen sich gegenseitig und gelten in größeren und kleineren gesellschaftlichen Kreisen. So bildet eine Forschungsgemeinschaft ein Denkkollektiv. Die Individuen, die ihm angehören, nutzen annähernd gleiche standardisierte Methoden, Vorgehen und eine kohärente Wissensbasis. Verantwortlich dafür ist für Fleck bereits das kanonisierte Stu-

[8] Jäger, *Kritische Diskursanalyse*, 2012, S. 33–37, hier: S. 37.

[9] Ludwik Fleck, *Entstehung und Entwicklung einer wissenschaftlichen Tatsache. Einführung in die Lehre vom Denkstil und Denkkollektiv*, o.O. 1935, textidentischer Nachdruck der Erstausgabe, hrsg. von Lothar Schäfer und Thomas Schnelle (= suhrkamp taschenbuch wissenschaft 312), Frankfurt a. M. 1980.

dium selbst, später dann der intensive Austausch innerhalb des Kollegiums im Rahmen des gemeinsamen Forschens. Indem das gemeinsame Forschen mit ähnlichem Wissen und Vorwissen, ähnlichen Erkenntnisprozessen und Konventionen bis hin zur Präsentation der Ergebnisse einher geht, vereinheitlicht sich auch das Denken selbst innerhalb des Kollektivs: Es prägen sich Denkstile aus. Doch Denkkollektive stehen ihrerseits in Verbindung und damit in Abhängigkeit von Nachbarkollektiven. Auch die Wissenschaft als Ganze lässt sich als Denkkollektiv auffassen und ist als Teil einer Gesellschaft wiederum Teil eines gesamtgesellschaftlichen Denkkollektivs. Nach Fleck sind wir alle als Teil eines großen Denkkollektivs in unserem Denkstil gefangen. Unsere Wahrheiten und Tatsachen sind historisch und kulturell bedingt. Auch die uns fremd erscheinenden Wahrheiten des Mittelalters sind für Fleck keineswegs ›falsch‹, weil, so sein Argument, das Richtige und Falsche nur Kategorien innerhalb eines Denkstils – also eines kulturellen Bezugssystems – sind. Fleck betont zudem verschiedene Beharrungstendenzen der Denkstile. Da Denkkollektive mit Widersprüchen schlecht umgehen könnten, werden unpassende Beobachtungen verschiedentlich gewichtet oder gar ignoriert, um das Denksystem aufrecht zu halten. Anatomische Zeichnungen dienen Fleck als Beispiel dafür, dass nie eine Realität abgebildet wird, sondern immer der Sinn, den das Kollektiv dem Körper und seiner Struktur gibt.

> »Der Unterschied zwischen einem dieser fremden Denkstile und dem modernen beruht nicht einfach darauf, dass wir mehr wissen: was in ihrer Wirklichkeit mehr Wert besitzt als in unserer, davon haben sie [die Menschen des fremden Denkkollektivs] auch mehr zu berichten.«[10]

Modernen Abbildungen wirft er vor, anatomische Strukturen überdeutlich herauspräpariert zu zeigen; realistische Körper sähen wesentlich unschärfer aus. Auch in diesem Fall zeige die Abbildung also den Sinn, den das Denkkollektiv der Anatomie gibt.

Nun lässt sich das Denken von Menschen nicht direkt erfassen, doch ihre Aussagen und Äußerungen manifestieren sich in Sprache und Schrift. Ihr Denken materialisiert sich in Bauwerken, Fahrzeugen, Instrumenten, Bewegungsmustern, beeinflusst Verhaltensnormen und durchzieht letztlich jede Faser kultureller Artefakte, sozialer Systeme und von Menschen gemachter Ereignisse. Während die Materialität, das Soziale und die historischen Ereignisse (Naturkatastrophen ausgenommen, diese können jedoch den Denkstil beziehungsweise das Dispositiv und den Diskurs trotz aller Beharrungstendenzen in eine Veränderung zwingen)

[10] Ebd., S. 183f.

das Dispositiv bilden, das selbst wiederum auf das Denken des Kollektivs einwirkt, bilden die sprachlichen Äußerungen in ihrer Gesamtheit den Diskurs.

1.2 Fragestellungen: Gesangsschulen als Diskurs, Gesang als Teil eines Dispositivs

Die Analyse von Gesangsschulen interessiert aus musikpraktischen, historischen und musikwissenschaftlichen Gründen. Zunächst zeigen die Schriften ganz schlicht, wie das Singen zu einer bestimmten Zeit von bestimmten Personen beschrieben wurde. Im besten Falle, so scheint es, lernt man also in praktischer Hinsicht etwas darüber, wie gesungen wurde oder wie gesungen werden sollte. Man lernt – um auf das Beispiel der anatomischen Zeichnung bei Fleck zurückzukommen – aber vor allem etwas über den Sinn, der dem Singen gegeben wurde. Die Frage ist: Was war den Menschen am Singen so wichtig, dass sie es aufschrieben?

Gesangsschulen sind aber auch Teil einer Kultur und eines Dispositivs. Die Menschen, die sie schrieben, waren Teil von Denkkollektiven. Sie gestalteten ihren Alltag auf ganz bestimmte Weise, sorgten sich um ganz bestimmte Dinge, lebten in ganz bestimmten Strukturen, Gemeinschaften und Umgebungen mit Wertvorstellungen abhängig von ihrer Zeit. Gesangsschulen sind also auch Ausdruck eines historischen Denkens. Damit können sie ganz ›unmusikwissenschaftlich‹ als kulturhistorische Quellen gelesen werden. Die zweite Frage wäre also: Welches Denken kommt in den Gesangsschulen zum Ausdruck? Oder konkret auf den Körper bezogen: Welches Körperdispositiv, welche Vorstellungen vom Körper lassen die Gesangsschulen erkennen?

Nach den Hypothesen zum Denkkollektiv, Denkstil, Dispositiv und Diskurs müsste das Denken, das jede Faser des Dispositivs durchzieht, sich auch in den Gesangsschulen niederschlagen. Die Analyse lässt erwarten, dass sich in den Gesangsschulen auch all jene Körpervorstellungen widerspiegeln, die Ende des 19. Jahrhunderts auch mit Vorstellungen von Geschlechtern, Rassen, Klassen, Alter, aber auch mit Wissenschaft, Anatomie, Mechanik und Hygiene zu tun hatten. Das lediglich aufzudecken, wäre eine Fleißarbeit, die an geradewegs beliebigem Material zum Erfolg führen müsste.

Warum also eine Diskursanalyse, die einmal mehr bekannte und inzwischen einigermaßen gut belegte Thesen zum Körperdispositiv des 19. Jahrhunderts am Beispiel von Gesangsschulen abklopft? Die Antwort ist: weil sich hier musikpraktische und historische Fragestellungen verbinden. Der Sinn des Singens in seinem historischen Verlauf folgt keiner schlichten und linearen Entwicklungsgeschichte. Und selbst das Singen im 19. Jahrhundert ist mehr als eine bloße historische Episode. Wenn sich unsere heutige als ›klassisch‹ bezeichnete Musikkultur mit ihren Füßen auf das 19. Jahrhundert stellt, dann fußt sie weder auf einem musikkulturellen Höhepunkt, noch auf einer Tradition mit universeller Gültigkeit, wohl aber auf einer Kultur, die von Universalannahmen und Kontrollgedanken durchzogen war. Indem wir heute den Anspruch haben, ›korrekt‹, ›gesund‹ oder wie auch immer zu singen, übersehen wir, dass diese Kategorien kulturell bedingt sind. Die musikwissenschaftlichen Fragen lauten: Wie schreibt sich das Dispositiv zur Jahrhundertwende in die Gesangsschulen ein? Wie schreiben sich Körper- und Lebensvorstellungen in eine Praxis ein, die sich bis heute fortsetzt? Entscheidend ist dabei erstens die Erkenntnis, dass sich Gesangsschulen historisch aufeinander beziehen und durchaus weiterentwickeln, aber zweitens dabei Einflüsse aufnehmen, die völlig unabhängig vom Gesang, sogar unabhängig von der Musikwelt selbst sind. Wenn im Falle des Gesangs deutlich wird, wie selbst die Rolle des Atmens und der Stimmhygiene von Reformbewegungen beeinflusst wurde, wird die Dimension der vorliegenden Untersuchung womöglich klar: Der Gesangsdiskurs ist durchzogen von Sinngebungen, die ihren Ursprung in einem Körperdiskurs haben. Wichtiger als die Frage des *Ob*, die sich fast schon a priori beantworten ließe, ist die Frage des *Wie*: Wie machen Gesangsschulen Körper? Wie schreiben sich Körpervorstellungen in die Gesangspraxis und Gesangspädagogik ein? Auf welche Sinngebungen verweist unsere heutige Musikkultur eigentlich, wenn sie sich auf eine bestimmte im 19. Jahrhundert wurzelnde Gesangstradition beruft? Diese Fragen gilt es noch zu beantworten, weil sie sich eben nicht ohne Weiteres aus der Geschichtsschreibung ableiten lassen, wohl aber Konsequenzen für unser heutiges Verständnis vom Singen nach sich ziehen könnten.

1.3 Vorbemerkungen zur Theorie des Gesangsdiskurses im 19. Jahrhundert

Laut Thomas Seedorf kommt es im 19. Jahrhundert zu bedeutenden Entwicklungen in der Gesangspraxis, die er als »epochale[n] Wandel« bewertet: Allgemein löse eine romantische Singart die Tradition des klassizistischen Belcantostils ab, was sich unter anderem darin äußere, dass der dramatische Ausdruck in den Vordergrund rückt und den Koloraturgesang zurückdrängt. Mit dem romantisch-dramatischen Ideal einher geht auch die Entwicklung zu immer größeren Dimensionen, die sich in größeren Aufführungsorten und Orchestern mit neuen Klangmassen äußern. Zusammen mit der Belcantoästhetik sieht er auch das Kastratentum verschwinden – eine Entwicklung, die schon im 18. Jahrhundert einsetzte. Das neue Stimmideal und die Klangmassen, denen gegenüber sich Stimmen durchsetzen mussten, verlangte den Sängerinnen und Sängern physisch wesentlich mehr ab als zuvor. In der Folge kam es zu Spezialisierungen, die sich in differenzierten Stimmfächern niederschlugen.[11]

In der Rezeption der gesangspädagogischen Literatur des 19. Jahrhunderts scheinen die Entwicklungen in der Person Manuel Garcías zu kulminieren: in der ihm zugerechneten Erfindung des Kehlkopfspiegels und der Theorie der am Schwingungsverhalten der Stimmlippen orientierten Stimmregister.[12] Noch kurz vor seinem Tod fasst García mit *Hints on Singing* den neuesten Stand seiner Ansichten zusammen, die er seit den 1840er-Jahren publiziert hatte, was ihn mit Sicherheit nicht nur für Seedorf zum »Begründer einer auf Kenntnissen der Stimmphysiologie basierenden Gesangsmethodik« macht.[13] Hier zeigt sich bereits deutlich die Wirksamkeit von Diskursen: García ist ein regelrechtes Diskursereignis, eine Person, die das Wissen um die Physiologie ebenso dominiert wie die Geschichte, ungeachtet des Umstands, dass es bereits vor ihm gesangspädagogische Veröffentlichungen gab, die auf physiologische Grundlagen verwiesen und auch mit anatomischen Zeichnungen arbeiteten, wie Florian Bassani am Beispiel von Jean-Antoine Bérards *L'Art du chant* (Paris 1755) anmerkt.[14]

Für die Popularität Garcías gibt es einige Erklärungsmöglichkeiten. Eine wäre, dass noch heute ein gerade im Alltag erkennbares Schisma in der Gesangspädagogik zu beobachten ist hinsichtlich der Frage, ob und wie viele Register es gibt und ob Register sich überhaupt hinreichend mit dem Schwingungsverhalten von Stimmlippen erklären lassen. Auch die Debatten um den Stellenwert der Naturwissenschaften haben das Potenzial zur Spaltung. Für die einen legen Naturwissenschaften grundlegende Erklärungen vor, für die anderen maßen sie sich an, sich in die Kunstausführung ›einzumischen‹. Letztlich geht es um nichts weniger als um die Deutungshoheit über die Gesangsausbildung, um die Kunstschaffende und Naturwissenschaftler zu ringen scheinen. García eig-

11 Thomas Seedorf, Art. »Singen. Historische Aspekte. Grundzüge der historischen Entwicklung. Das 19. Jahrhundert«, in: *MGG Online*, hrsg. von Laurenz Lütteken, Kassel 1998, zuerst veröffentlicht 1998, online: 2016, https://www.mgg-online.com/mgg/stable/49768, abgerufen: 25.03.2020.

12 Ders., Art. »Garcia. 2. Manuel«, in: *Lexikon der Gesangsstimme. Geschichte. Wissenschaftliche Grundlagen. Gesangstechniken. Interpreten*, hrsg. von Ann-Christine Mecke u. a., Laaber 2016, S. 245–247.

13 Ebd., S. 246.

14 Florian Bassani, Art. »19. Jahrhundert. Einführung«, in: *Handbuch Aufführungspraxis. Sologesang*, hrsg. von Thomas Seedorf, Kassel 2019, S. 245–252, hier: S. 251.

net sich in dieser Debatte außerordentlich gut, da seine Registertheorie und Methode zur Beobachtung von Stimmlippenbewegungen direkt miteinander zusammenhängen. Mit dem Erfolg seiner Schriften bilden seine Theorien den Keim heutiger Grundsatzdebatten. Doch genau deshalb ist es wichtig, auch García im kulturhistorischen Kontext wahrzunehmen. Die Menge an gesangspädagogischer Literatur steigt zur Mitte des Jahrhunderts beträchtlich. Bassani zufolge kann schon deshalb diese Zeit als Wendepunkt gelten. Den allgemeinen Anstieg an Debatten um den Gesang beobachtet er nicht nur in Musikkreisen, sondern auch in der breiteren Öffentlichkeit.[15]

Überhaupt bekommt man schnell den Eindruck, das 19. Jahrhundert sei eine Zeit zunehmender Ausdifferenzierungen. Die Stimmgattungen werden feingliedriger am Ambitus unterschieden; zur Mitte des Jahrhunderts bekommt auch die Einteilung der Stimmen eine neue Qualität: Statt um den Ambitus allein geht es nun um den Ausdruck. Florian Bassani, Laura Moeckli und Thomas Seedorf verweisen diesbezüglich auf Ferdinand Sieber, der 1856 erstmals Stimmen auch innerhalb der gleichen Stimmgattungen hinsichtlich ihrer Stimmcharakteristik weiter ausdifferenziert.[16] Doch auch diese Entwicklung hat einen Vorlauf. Die Autoren gehen davon aus, dass »um die Mitte des 19. Jahrhunderts« der Begriff des »dramatischen Sängers« zunehmend häufig gebraucht wird.[17] Grotjahn verfolgt am Beispiel des Soprans diese Entwicklung bis 1830 zurück, als bereits zwischen dramatischem und Koloratursopran unterschieden wurde.[18] Dabei stellt sie noch einen weiteren, hier bisher noch nicht erwähnten Zusammenhang (oder eine weitere Form der Ausdifferenzierung) dar, nämlich den (beziehungsweise die) von Stimme und Geschlecht. Nicht nur Stimmgattungen, die sich am Ambitus orientieren, werden mit Geschlechtern verbunden (Sopran bis Alt als Stimmgattungen der Frauen, Tenor bis Bass entsprechend der Männer),[19]

15 Ebd.

16 Florian Bassani, Laura Moeckli und Thomas Seedorf, Art. »19. Jahrhundert. Stimmkategorien«, in: *Handbuch Aufführungspraxis. Sologesang*, S. 253–262.

17 Ebd.

18 Rebecca Grotjahn, »Mit der Seele statt mit der Kehle: Wilhelmine Schröder-Devrient, Robert Schumann und der poetische Liedgesang«, in: *Komponieren für Stimme. Von Monteverdi bis Rihm. Ein Handbuch*, hrsg. von Stephan Mösch, Kassel 2017, S. 282–300.

19 Vgl. dies., »›Die Singstimmen scheiden sich ihrer Natur nach in zwei große Kategorien‹. Die Konstruktion des Stimmgeschlechts als historischer Prozess«, in: *Puppen, Huren, Roboter. Körper der Moderne in der Musik zwischen 1900 und 1930*, hrsg. von Sabine Meine und Katharina Hottmann, Schliengen 2005, S. 34–57 und dies., »Das Geschlecht der Stimme«, in: *Musik und Gender. Grundlagen – Methoden – Perspektiven*, hrsg. von Rebecca Grotjahn und Sabine Vogt (= Kompendien Musik 5), Laaber 2010, S. 158–169.

sondern innerhalb der Gattungen lassen sich, so Grotjahn, Stimmfächer »als System vielfältiger aufeinander bezogener Weiblichkeiten und Männlichkeiten beschreiben.«[20] Dramatischer Sopran und Koloratursopran wären damit nicht einfach zwei weibliche Stimmfächer, sondern Stimmfächer für zwei verschiedene Weiblichkeiten. Im weiteren Verlaufe entstehe aus der Unterscheidung von Koloratur- und dramatischem Sopran eine geradezu gegensätzliche Charakterisierung: Mit dem Koloratursopran verbindet sich Technik, Virtuosentum und damit eine gewisse Gefühllosigkeit, mit dem dramatischen Sopran vor allem Ausdruck, Seele und Gefühl. Grotjahn beruft sich in ihrem kurzen Artikel vorwiegend auf vereinzelte Aussagen, weshalb der Text als Ausgangspunkt für weitere Untersuchungen wertvoll ist. Inwieweit lassen sich solche Thesen auch in der Breite des Gesangsdiskurses belegen? Zum Unterscheidungsmerkmal von Männlichkeiten für Sänger wird nach Grotjahn insbesondere der Falsettgebrauch.[21] Es ist vielmehr der Nichtgebrauch des Falsetts oder der Kopfstimme, der etwa zur gleichen Zeit, in der auch der dramatische Sopran beschrieben wird, den Tenor zum Heldentenor werden lässt. Obwohl der lyrische Tenor nicht von der Bildfläche verschwindet, so ist der Heldentenor derjenige, der die größte Aufmerksamkeit und Bedeutung erhält. Grotjahns Kernaussage ist, dass sich der Tenor von Weiblichkeit – und auch von Homosexualität – durch den Nichtgebrauch des Falsetts abgrenzt. Die negative Falsettdefinition sichere den (Helden-)Tenören ihren Herrschaftsanspruch.[22] Hier zeigt sich ein deutlicher Unterschied zu den Stimmfächern, die Frauen zugeschrieben werden. Während die Stimmfächer der Sängerinnen mit verschiedenen Weiblichkeiten verbunden werden, entsteht bei den Stimmfächern von Sängern eine Verortung auf einem Kontinuum zwischen männlich und weiblich: Der Falsettgebrauch wird nicht im Zusammenhang mit einer anderen Männlichkeit, sondern als ›weniger‹ männlich und damit als weiblicher beschrieben.[23]

Doch das 19. Jahrhundert wartet mit weiteren Veränderungen auf: Die Bedeutung des dramatischen und kraftvollen Ausdrucks zeigt sich auch in den Anweisungen für nonverbale Ausdrücke, mit denen allerlei intensive Gefühlsregungen vermittelt werden sollten: Zittern, Stöhnen, Weinen, Schluchzen und vieles mehr beschrieb Sieber im Detail.[24] Grundsätzlich neu war anscheinend

20 Grotjahn, »Mit der Seele statt mit der Kehle«, 2017, S. 285.

21 Dies., »Ritter vom hohen C – Versuch über die Männlichkeit des Tenors«, in: *Der Tenor – Mythos, Geschichte und Gegenwart*, hrsg. von Corinna Herr, Arnold Jacobshagen und Thomas Seedorf, Mainz 2017, S. 31–58.

22 Ebd.

23 Ebd.

24 Livio Marcaletti und Laura Moeckli, Art. »19. Jahrhundert. Deklamations- und Affektmittel«, in: *Handbuch Aufführungspraxis. Sologesang*, 2019, S. 277–284.

auch das Tiefstellen des Kehlkopfes, mit dem die Klangfarbe abgedunkelt werden konnte, vor allem in Kombination mit dem Anheben des Gaumensegels. Diese Haltung reibt sich allerdings mit dem Anspruch auf Textverständlichkeit und damit vor allem mit den Ansprüchen des deutschen Gesangs.[25] Auch er ist eine weitere Neuerung und ein Beispiel entstehender Nationalstile, die ebenfalls ins 19. Jahrhundert fallen. Der ›Deutsche Gesang‹ wird – in der Regel mit Verweis auf Richard Wagner – zu einer eigenen Ausprägung mit eigener Pädagogik, die vor allem mit den Namen Julius Hey und Julius Stockhausen verknüpft ist.[26] Mit dem deutschen Gesang verbunden ist die Betonung der sprachlichen Anteile des Gesangs und ein hoher Anspruch auf Textverständlichkeit, der den Erfordernissen der deutschen Sprache Rechnung trägt.

Die Liste an Entwicklungen ließe sich leicht fortführen. Neben der Fülle an Veränderungen in der Gesangspraxis fällt auch die zunehmende Heterogenität der Gesangsliteratur des 19. Jahrhunderts auf. Bereits in den 1970er-Jahren versuchte Brent Monahan durch die Sichtung hunderter gesangspädagogischer Schriften zwischen 1777 und 1927 die Vielfalt zusammenzufassen.[27] Auch er sieht im 19. Jahrhundert eine Phase von größten theoretischen Veränderungen (»a period of greatest theoretical flux«[28]), in der nach wie vor als bedeutend wahrgenommene Autorinnen und Autoren ihre Werke publizierten, wie García, Stockhausen, Lilli Lehmann, Oskar Guttmann und andere. Auffällig ist nicht nur bei Monahan, sondern bei allem, was bisher zur Sprache kam, dass sehr vieles, was sich auf die Veränderung des Gesangs im 19. Jahrhundert bezieht, immer wieder um einen Begriff kreist, der mitunter sogar ungenannt bleibt: den Körper. Sei es die Bedeutung von Geschlechtern, sei es der Sinn, welcher den anatomischen Strukturen, wie Stimmlippen, Kehlkopf, Gaumensegel und so weiter für das korrekte Singen gegeben wird, der Stellenwert von Registern, Resonanzvorstellungen, Kraft und Atem, über den im 19. Jahrhundert nicht nur geschrieben, sondern in unzähligen Debatten teils hart gerungen wird: Am Ende ist es der Körper, um den es geht. Offenkundig hat sich der Blick auf den Körper geändert. Das hat wiederum eine Welle von Konsequenzen ausgelöst,

25 Livio Marcaletti, »19. Jahrhundert. Gesangstechnik und Gesangsästhetik«, in: ebd., S. 264f.

26 Vgl. Barbara Hoos de Jokisch, Art. »Gesangsschulen«, in: *Lexikon der Gesangsstimme*, 2016, S. 258–262 und dies., *Die geistige Klangvorstellung. Franziska Martienßen-Lohmann. Gesangstheorie und Gesangspädagogik*, Wiesbaden 2015; vgl. auch Livio Marcaletti, »19. Jahrhundert. Gesangstechnik und Gesangsästhetik«, 2019.

27 Brent J. Monahan, *The Art of Singing. A Compendium of Thoughts on Singing Published Between 1777 and 1927*, London 1978.

28 Ebd., S. 4.

die nach und nach alle Bereiche des Lebens und so auch des Gesangs erfasste. Foucaults Beobachtung, dass am Ende des 18. Jahrhunderts »der Raum des abendländischen Wissens [...] vor einer starken Umwälzung [stand]«, stützt diese Vermutung. Vorher war die sinnstiftende Einheit des Denkens geprägt von »Identitäten, unterscheidenden Merkmalen, zusammenhängenden Tafeln mit all ihren Wegen und möglichen Bahnen«. Anschließend wurde die Weltordnung in den »großen verborgenen Kräften [gesucht], die von ihrem ursprünglichen und unzugänglichen Kern her entwickelt sind«; für Foucault ist im 19. Jahrhundert die Rede »vom Ursprung, von der Kausalität und der Geschichte«.[29] Am Beispiel der Arbeiten des französischen Naturforschers Georges Cuvier zeigt Foucault, wie der Denkstil des 19. den des 18. Jahrhunderts ablöst.

> »Wenn man das Organ in seiner Beziehung zur Funktion betrachtet, sieht man also ›Ähnlichkeiten‹ erscheinen, wo es kein ›identisches‹ Element gibt. Diese [›neue‹] Ähnlichkeit bildet sich durch den Übergang zur evidenten Unsichtbarkeit der Funktion. Es ist gleichgültig, ob die Kiemen und die Lungen einige Form-, Größen- und Zahlenunterschiede gemein haben. Sie ähneln sich, weil sie zwei verschiedene Seiten des nichtexistierenden, abstrakten, irrealen, unbestimmbaren und jeder beschreibbaren Art fehlenden, dennoch im Tierreich in seiner Gesamtheit vorhandenen Organs sind, das allgemein zum Atmen dient. [...] Gewiß waren solche Beziehungen in der Klassik völlig bekannt. Aber sie dienten lediglich zur Bestimmung der Funktion. Man benutzte sie nicht zur Einrichtung der Ordnung der Dinge im Raum der Natur. Seit Cuvier dient die [...] Funktion als mittleres konstantes Glied und gestattet, Gesamtheiten aus Elementen, die der geringsten sichtbaren Identität ermangeln, aufeinander zu beziehen. Was für den klassischen Blick nur reine und einfache Unterschiede waren, die man neben Identitäten stellte, muß jetzt, ausgehend von einer funktionalen Homogenität [...] geordnet und gedacht werden.«[30]

Hier wird die Beziehung von Flecks und Foucaults Ansatz deutlich. Das Wissen um den Körper, seine Anatomie und Funktion war in vielen Hinsichten bereits vorhanden, doch es ändert sich der Sinn, der all dem gegeben wird. Was für Fleck der Sinn ist, ist für Foucault die Ordnung der Dinge. Wurde im 18. Jahrhundert die Funktion des Körpers der Anatomie zugeordnet, bekommt plötzlich

[29] Michel Foucault, »Die Ordnung der Dinge. Eine Archäologie der Humanwissenschaften«, in: *Michel Foucault. Die Hauptwerke*, Frankfurt a. M. 2008/1966, S. 7–469, aus dem Französischen von Ulrich Köppen, vorausgehende wörtliche Zitate: S. 309f. (aus Kap. 8.1).

[30] Ebd., S. 325 (aus Kap. 3.3).

die Funktion die Oberhand, der sich die Oberfläche der Anatomie unterordnet. Für das Singen wird der Gesangsapparat zu seiner funktionellen Struktur, der Gesang selbst zur Ableitung, zur Folge und Konsequenz. Die funktionelle Anatomie wird Grundlage des Gesangs nicht wegen Garcías Schriften, sondern Garcías Schriften sind die fast schon notwendige Konsequenz eines veränderten Denkstils. Und so verwundert es auch nicht, wenn Seedorf in seiner Einführung zum Sologesang des 18. Jahrhunderts einen Abschnitt mit »Ein neues Zeitalter der menschlichen Stimme« übertitelt, denn innerhalb jenes Jahrhunderts stieg das Wissen über Anatomie und Funktion von Körper und Stimme sprunghaft an (vor allem durch Antoine Ferreins *De la formation de la voix de l'homme* 1741). Gleichzeitig muss er aber feststellen: »Tief reichende Folgen für die Gesangsausbildung und Gesangsästhetik zeigten die neuen wissenschaftlichen Erkenntnisse erst im 19. und vor allem im 20. Jahrhundert.«[31]

In Anlehnung an Philipp Sarasins Studie zum Körperdiskurs im 19. Jahrhundert, die er mit dem Titel *Reizbare Maschinen* versah,[32] hat sich Grotjahn – auch im Rahmen des Forschungsprojekts, in dem diese Arbeit hier entstand – unter dem Titel »Seelenvolle Maschine« mit dem Gesangs- und Körperdiskurs auseinandergesetzt.[33] Dabei verfolgt sie den Zusammenhang von Körper, Stimme und Gesang vom 17. Jahrhundert an bis heute. Auf ihn wird auch im Verlaufe noch zurückgegriffen.

1.4 Zum Vorgehen, zur Fragestellung und zum Material der Untersuchung

Wenn die Fragen, die sich im Abschnitt 1.2 stellten, auf das Körperdispositiv abzielen, dann lauten sie: Welches Körperdispositiv, welche Vorstellungen über den Körper lassen die Gesangsschulen erkennen? Wie schreiben sich Körpervorstellungen in die Gesangspraxis ein? Wie formen anschließend wiederum Gesangsschulen ihrerseits Körper? Um sich den Fragen zu nähern, werden nachfolgend zehn ausgewählte Gesangsschulen (Abschnitt 3.1) hinsichtlich des Körperdenkens analysiert, das sich in ihnen wiederfindet. In allen Schulen wurden dazu alle Abschnitte tabellarisch erfasst, die Aussagen zum Körper,

[31] Thomas Seedorf, »18. Jahrhundert. Einführung«, in: *Handbuch Aufführungspraxis. Sologesang*, 2019, S. 119–123, wörtliche Zitate auf S. 120.

[32] Philipp Sarasin, *Reizbare Maschinen. Eine Geschichte des Körpers 1765–1914* (= suhrkamp taschenbuch wissenschaft 1524), Frankfurt a. M. 2001.

[33] Grotjahn, »Seelenvolle Maschine«, 2019, S. 81–107.

zu Körpermetaphern, Maschinenmetaphern oder verwandten Themen enthielten. Die Auswahlkriterien folgten der Auseinandersetzung mit dem Körperdispositiv, wie sie im nachfolgenden Kapitel 2 beschrieben ist. Jeder erfasste Abschnitt wurde anschließend weiter ausgewertet in Hinsicht auf:

- die angesprochenen Körperteile oder Körperbezeichnungen
- die vorrangige Dimension der Kräfte, die auf das Körperbild Einfluss ausübten (Rationalisierung, Normalisierung, Individualisierung, Naturalisierung, siehe Abschnitt 2.5, Abbildung 5)
- der vorrangige Ausdruck (normativ, mechanistisch, ganzheitlich et cetera)
- Auffälligkeiten (Kommentare)
- der Grad von Eignung des Zitats als Beispiel (zwischen 0 und 3)
- die Hauptaussage beziehungsweise das verhandelte Thema

Bei Passagen mit gleichen Aussagen wurden nur die ersten und treffendsten erfasst. Es zeigte sich, dass gerade in den Einleitungen relevante Aussagen zu finden waren und im Verlaufe der meisten Texte sich schnell ein Sättigungseffekt einstellte.

Insgesamt wurden 679 Abschnitte mit 418 Aussagen erfasst. Eine quantitative Auswertung ist an dieser Stelle nicht aussagekräftig, da bei der Sättigung abgebrochen wurde und deshalb exakte Verhältnisse von Aussagen entsprechend nicht aus den erfassten Abschnitten hervorgehen. Um dennoch einen Eindruck zu bekommen, seien die deutlichsten Unterschiede innerhalb der erfassten Passagen erwähnt: Die auffälligsten Themen waren mit Abstand das Register und der Atem, was jedoch wenig überrascht; auch Aussagen zum Intellekt, Geschmack, zur Lockerheit und zum Kehlkopf fielen deutlich ins Gewicht. Auffallend und durchaus überraschend war, dass keiner der Themenkomplexe, selbst die Atmung nicht, komplett in allen Schulen auftauchten. Aussagen zur Lockerheit, Empfindung und Resonanz waren sogar sehr ungleich verteilt, das heißt, einige Quellen gingen sehr intensiv auf diese Themen ein, andere kaum oder gar nicht. Am häufigsten erfassten die Autorinnen und Autoren Brust, Kopf, Kehlkopf, Mund, Nase, Stimmlippen, Zwerchfell, Bauch, Gaumen und Muskeln im Allgemeinen. Alle diese Körperteile (verschiedene Bezeichnungen wie Stimmbänder, Stimmsaiten und Stimmlippen wurden jeweils zusammengefasst) kamen auch über die Jahrzehnte hinweg vor. Auffällig waren auch explizite Aussagen zum Spannungsfeld Kunst – Natur – Technik. Womöglich spiegelt auch das die Bedeutung wider, die die Autorinnen und Autoren diesem Thema zuschrieben.

Bei der anschließenden Auswertung der erfassten Abschnitte war es häufig nicht möglich, die erfassten Dimensionen und Ausdrucksformen eindeutig zuzuordnen. Ob eine Aussage eher mit mechanistischen Ausdrücken oder Bezügen zu einem ganzheitlichen Denken auffiel, war nicht immer mit gutem

Gewissen zu entscheiden. Allerdings kann diese Ambivalenz nicht nur als Problem, sondern bereits als Ergebnis gedeutet werden. Sie zeigt, wie der ganzheitliche Ansatz, der ja mit Reformideen verbunden war und damit durchaus als Gegenentwurf zu einer atomistisch-naturwissenschaftlichen Moderne gelten kann, von eben jenem mechanistischen Denkstil durchzogen war.

Aus der Gesamtschau der Aussagen ließen sich Themenkomplexe herausarbeiten, die im Wesentlichen auch der Gliederung der Abschnitte 3.2 bis 3.12 entsprechen, in denen die gefundenen Aussagen präsentiert werden.

1.5 Zur Präsentation und Zitierweise

Dass der heutige Blick, insbesondere meine subjektive Sicht auf die Dinge, die Arbeit und das Ergebnis beeinflussen, ist praktisch unvermeidlich. Die Alternative hieße, die Studien in einem kleinen Kollektiv sowohl zu planen als auch parallel mit mehreren Personen durchzuführen, um am Ende die Ergebnisse intersubjektiv abzugleichen, Widersprüche zu diskutieren und letztlich einen Konsens zu veröffentlichen, der kritisch begleitet wird. Diese Vorgehensweise ist zwar methodisch wünschenswert, praktisch jedoch aufgrund vielfältiger struktureller und politischer Bedingungen im Wissenschaftsbetrieb nur sehr selten, wenn überhaupt durchführbar. Um meinem Lesepublikum das wissenschaftliche Arbeiten mit dem vorliegenden Text dennoch weitestgehend zu ermöglichen, soll er dicht an den Quellen bleiben. Indem Quellen und Interpretationen so gut es geht voneinander geschieden werden, soll es in Grenzen möglich werden, meine Schlussfolgerungen von den Quellen zu trennen und auf der Grundlage der Beschreibungen zu eigenen Schlüssen zu kommen. Selbstverständlich kann auch die Auswahl und Beschreibung der Quellen selbst nur Folge subjektiver Entscheidungsprozesse sein. Das ist unvermeidlich und muss daher im Hinterkopf bleiben. Jedoch hat die Darstellung nicht das Ziel, eine konkrete Hypothese zu bestätigen oder irgendetwas a priori Formuliertes oder Gewolltes zu zeigen. Die Beschreibung der Quellen soll ihre Aussagen, Positionen, Gegenpositionen und inneren Widersprüche sichtbar werden lassen, um am Ende geeignet zu sein, in ein Gesamtbild eines Körperdispositivs eingebettet zu werden. Dieses Bild hat keine vorab festgelegte oder gewünschte Form. Das Bild zu entwickeln ist Ziel dieser Arbeit.

Wenn Quellen möglichst unverfälscht wiedergegeben werden sollen, sind viele wörtliche Zitate nötig. Hervorhebungen, Majuskeln und Zentrierungen werden grundsätzlich übernommen und nicht nachträglich hinzugefügt, lediglich Hervorhebungen im Sperrsatz oder lateinische Buchstaben in einem Text, der in Fraktur gesetzt ist, werden an die Formatierung angepasst und kursiv gesetzt.

Um den Text präzise und gleichzeitig übersichtlich zu gestalten, werden Fußnoten mehrerer Zitate zusammengefasst, sofern die fortlaufenden Zitate der gleichen Seite und der gleichen Quelle entnommen wurden. Sie werden jeweils in der letzten der fortlaufenden Quelle angegeben und als solche kenntlich gemacht. Zudem wird in den Kurzzitaten der Fußnoten neben Person und Titel auch das Jahr der Veröffentlichung mit angegeben, um beim Lesen schnell die historische Einordnung der Quelle zu ermöglichen.

2 Thesen zum Körperdispositiv der Jahrhundertwende

An dieser Stelle soll ein Überblick über den Wissensstand zum Körperdispositiv um 1900 gegeben werden, um den Kontext einzukreisen, in den anschließend (Kapitel 3) die Gesangsschulen gestellt werden sollen. Dazu ist es nötig, einige Entwicklungen durch das 19. Jahrhundert hindurch zu verfolgen.

Ausgehend von wissenschaftlichen Erkenntnissen (vor allem in den Naturwissenschaften) und neuen Möglichkeiten des Wissenserwerbs (Alphabetisierung, Buchmarkt) sickern auch neue Annahmen über den Körper in weite Teile der Bevölkerung ein. Die Popularisierung des Wissens und die Veränderung der Arbeitswelt tragen alle zu einem Bild der Moderne bei, die nicht nur zu einem mechanistischen Körperbild führt, sondern auch Gegenreaktionen provoziert. Reformbewegungen schlagen alternative Körper- und Lebenskonzepte vor, die den teils als bedrohlich wahrgenommenen Entwicklungen der Moderne entgegen gesetzt werden. In dieser Gemengelage verquicken sich Fortschrittsgläubigkeit, Reformwünsche und viele Phänomene einer aufkeimenden Konsumgesellschaft. Der Diskurs ist geprägt von zwei Widersprüchen: Individualisierungstendenzen und Normalisierungstendenzen bilden ein Spannungsfeld, wie auch Rationalisierung und Naturalisierung zwei Pole bilden, zwischen denen Wünsche, Ansprüche, Ideale und Realitäten aufeinander prallen. Diese Dimensionen und ihr Bezug zum Körper werden vor allem in diesem einleitenden Exkurs deutlich. Er ist nötig, um anschließend die Gesangsschulen der Zeit entsprechend zu deuten. Nur mit dem Verständnis der historischen Bedeutung von Populärwissenschaften, Markt und Reformbewegungen lassen sich die in den Gesangsschulen enthaltenen Aussagen zu Körper und Gesang in den Blick nehmen.

Die westliche Welt war um die Jahrhundertwende von gesellschaftlichen Umbrüchen geprägt. Zu den großen treibenden Kräften für Gegner und Befürworter dieses Umbruchs in Westeuropa und den USA gehörte ein Fortschrittsglaube, der seine Kraft aus den Naturwissenschaften, der Technologie und einem sich verändernden Markt sog. Der Markt beeinflusste und wandelte auch das Denken über den Körper. Die Naturwissenschaften des 19. Jahrhunderts, die neu entstandene Psychologie, der Taylorismus und die neue Form der Werbung bildeten ein Beziehungsgeflecht, innerhalb dessen sich auch der Körper fundamental neu deuten ließ. Inmitten der gesellschaftlichen Umbrüche, die an dieses Beziehungsgeflecht geknüpft sind, finden wir (jedenfalls in den USA) bereits deutliche Züge dessen, was Jean-François Lyotard mit dem Begriff der Postmoderne in die 1950er-Jahre verortete.[1]

Bei der Betrachtung einiger Arbeiten zum Thema drängt sich der Eindruck auf, dass es um die Jahrhundertwende herum kein homogenes Körperideal mehr gab – wenn es denn je eines gab –, nicht einmal innerhalb bestimmter gesellschaftlicher Kreise. Daher wird nachfolgend ein ›Panorama‹ des Körpers entworfen, in welchem die verschiedenen Körperideale und Körpervorstellungen der Jahrhundertwende skizziert und sodann an besondere Schnittstellen des Beziehungsgeflechts geknüpft werden.

2.1 Zur Popularisierung des Wissens im 19. Jahrhundert

Der Körper in den Wissenschaften des 19. Jahrhunderts

Mit dem Ende des 18. Jahrhunderts veränderte sich in den Wissenschaften das Bild, das sich die Menschen über sich selbst machten. Nach Foucault wandelte sich zunächst weniger das Wissen über die Dinge selbst als deren Ordnung.[2] Der menschliche Körper wurde zum neuen Untersuchungsobjekt der Wissenschaften, vor allem der Naturwissenschaften wie der Physiologie und Biologie. Das neue funktionale Denken ist der entscheidende Punkt eines geschichtlichen Umbruchs. Es hatte auch in der Ökonomie weitreichende Konsequenzen. Hinter ihm verbarg sich eine deterministische Sichtweise auf den Körper, die sich von Anfang an auch mit der Metapher der Maschine für den Körper vertrug und die Philipp Sarasin bis zu Descartes zurückverfolgt.[3] Jedoch nährten die Erkenntnisse und eine immer weiter ausufernde Industrialisierung im 19. Jahrhundert die Vorstellung, der Mensch lasse sich nicht nur komplett beschreiben, sondern tatsächlich auch beherrschen und ›einstellen‹. Diese Annahmen schlugen sich auch sprachlich nieder. So wurden Nervenzellen beispielsweise nicht mehr nur als bestimmte Arten von Zellen, sondern in ihrer Funktionalität betrachtet und daher mit dem assoziiert, was den damaligen Menschen am passendsten schien: Telegrafenleitungen.[4] Aus der Metapher des Maschinen-

1 Jean-François Lyotard, *Das postmoderne Wissen*, Wien 1986/2015.
2 Foucault, *Die Ordnung der Dinge*, 1966.
3 Sarasin, *Reizbare Maschinen*, 2000, S. 19f.
4 Vgl. John Durham Peters, »Helmholtz und Edison. Zur Endlichkeit der Stimme«,

menschen, einst eher das Sinnbild philosophisch-deterministischen Denkens, wurde im 19. Jahrhundert der Ausdruck einer zunehmenden Gleichsetzung, Gleichbehandlung und in Teilen sogar Gleichwertigkeit von Mensch und Maschine.

Die funktionalistische Sicht auf die Dinge ging mit einer fortschreitenden Spezialisierung der Wissenschaften einher, aber auch mit einer Konzentration auf immer kleinere Teile. Wie unter anderem Sabine Merta zeigte, standen bei der Suche nach Krankheitsursachen anfangs noch die Organe in Verdacht, später jedoch konzentrierte man sich nach und nach auf Teilaspekte wie Gewebestrukturen, bis Rudolf Virchow Mitte des 19. Jahrhunderts die Zellularpathologie etablierte und die Suche nach Krankheiten auf mikroskopischer Ebene angelangt war.[5] Auch für John Durham Peters ist die Auseinandersetzung mit den »kleinsten Quantitäten« wie »Katalysatoren in chemischen Reaktionen, Vitamine, Spurenelemente, (wie z. B. Thallium), Nebenprodukte des Kohlenteers, Phonographenrillen, Funksignale, Radioaktivität und allen voran Elektrizität« ein wesentliches Kennzeichen des 19. Jahrhunderts.[6] Die Erforschung der kleinsten Dinge ging mit dem Glauben einher, über die Erkenntnisse auf mikroskopischer Ebene die Welt auch funktional in den Griff zu bekommen. Der Mensch wurde vermessen, normalisiert und rationalisiert, um ihn in die Produktionskette der Werke passgenau, effizient und kostenminimiert eingliedern zu können. Physiologie und Medizin mögen dabei als Argumente für einen wachsenden Industrialismus herangezogen worden sein; ausschlaggebend für den Wandel war jedoch das dahinter stehende Denken, welches bisweilen zu einer regelrechten Begeisterung über die völlige Beherrschbarkeit der Maschine Mensch führte.

In ihrer Auseinandersetzung mit der Geschichte des Schlafs konnte Sonja Kinzler exemplarisch zeigen, dass der Schlaf zur Mitte des 19. Jahrhunderts ebenso wie alle anderen Körperfunktionen als beliebig manipulierbar angesehen wurde. Vor dem Hintergrund der Industrialisierung wandelte sich der Schlafdiskurs zum Ermüdungsdiskurs. Erst mit dem Scheitern aller Versuche, unermüdliche Arbeiter zu schaffen, privatisierte sich der Diskurs am Ende des 19. Jahrhunderts wieder. Das bedeutete jedoch nicht, dass die Men-

in: *Zwischen Rauschen und Offenbarung. Zur Kultur- und Mediengeschichte der Stimme*, hrsg. von Friedrich Kittler, Thomas Macho und Sigrid Weigel, Berlin 2003, S. 291–312, hier: S. 293 und Sarasin, *Reizbare Maschinen*, S. 352.

5 Sabine Merta, *Wege und Irrwege zum modernen Schlankheitskult. Diätkost und Körperkultur als Suche nach neuen Lebensstilformen 1880–1930* (= Studien zur Geschichte des Alltags 22), Stuttgart 2003, S. 333.

6 Peters, »Helmholtz und Edison. Zur Endlichkeit der Stimme«, 2003, S. 294, wörtliche Zitate im Satz ebd.

schen zur Wende ins 20. Jahrhundert wieder gut und ruhig schlafen konnten.[7] Das Beispiel des Schlafs kann exemplarisch für den problematischen Bund stehen, den Naturwissenschaften und Industrie im 19. Jahrhundert schlossen. Ähnliches zeigte Merta, die sich mit dem Schlankheitskult und zahlreichen Reformbewegungen um 1900 beschäftigte. Wurde eine sportliche Schlankheit einst mit Gesundheit und Lebenskraft assoziiert, so steht sie später vor allem sinnbildlich für Leistungskraft.[8]

Populärwissenschaften, Buchdruck und Alphabetisierung

Für einen gesellschaftlichen Umbruch reicht es nicht aus, Wissen zu schaffen, sondern es muss auch verbreitet werden. Dazu gehört, dass Wissenschaft sich mitteilt, was wiederum sowohl Interesse als auch eine entsprechende Infrastruktur voraussetzt. Und auch hier steht das 19. Jahrhundert für weitreichende Entwicklungen. Populärwissenschaften konnten unter anderem deshalb ihren Siegeszug antreten, weil sie auf veränderte Techniken des Buchmarktes und eine zunehmende Alphabetisierung der Bevölkerung trafen.

Ronald A. Fullerton beschreibt, wie Anfang des 19. Jahrhunderts vor allem Menschen aus dem gehobenen Bürgertum lasen; nur sie besaßen sowohl die Fähigkeit und Muße zum Lesen als auch das nötige Geld, um sich Bücher zu beschaffen. Angefangen bei August Schumanns preiswerter Klassiker-Taschenbuchreihe über Raubdruckausgaben bis hin zu Vertreternetzwerken, die Bücher auch abseits der Buchhändler an die Zielgruppe brachten, entwickelte sich nach und nach das, was Fullerton als frühe Kennzeichen eines aggressiven und ›modernen‹ Marketings ausmachte.[9] Der massenhafte Vertrieb von Büchern und Schriften war zudem an technische Fortschritte bei der Buchproduktion geknüpft. Neben preiswerten Methoden der Papierherstellung waren es die Hochgeschwindigkeitslithografiepressen in Esslingen und Leipzig, sowie spätestens 1866 die erste mit Dampf getriebene Buchbinderei in Leipzig, die es erlaubten, Bücher als Massenware herzustellen und die traditionelle Buchbindezunft in eine (erste) Krise stürzten. Im Verlauf des 19. Jahrhunderts lassen nicht nur immer mehr Menschen, sondern nach und nach auch ökonomisch weniger vermögende. Ende des 19. Jahrhunderts

7 Sonja Kinzler, *Das Joch des Schlafs. Der Schlafdiskurs im bürgerlichen Zeitalter* (= Kulturgeschichte der Medizin 1), Köln 2011, S. 170f.

8 Merta, *Wege und Irrwege zum modernen Schlankheitskult*, 2003, S. 496.

9 Ronald A. Fullerton, *The Foundations of Marketing Practice. A History of book marketing in Germany,* London 2016, S. 54–68 und 147.

Stadt	Jahre 1822	1832	1842	E/BH
Leipzig	59	79	130	400
Stuttgart	5	14	37	1083
Weimar	3	5	7	1571
Nürnberg	19	26	26	1711
Frankfurt a. M.	18	38	33	1818
Halle	12	14	15	1893
Hamburg	7	17	24	5000
Posen	1	3	7	5571
Bremen	3	5	5	10000
Königsberg	3	5	7	10000

Land	Jahr 1855	E/BH
Frankfurt a. M.	43	1570
Hamburg	41	4878
Bremen	11	7186
Königreich Sachsen	265	7502
Provinz Brandenburg	236	9025
Sachsen-Coburg-Gotha	15	10000
Lippe-Detmold	2	52400
Westpreußen	18	53333
Posen	24	56667
Ostpreußen	20	76500

Tabelle 1: Entwicklung der Buchhändlerdichte in Deutschland in der ersten Hälfte des 19. Jahrhunderts. E / BH: Einwohner pro Buchhändler. Auswahl aller Städte mit E / BH < 2000 und > 5000 (aus Fullerton 2016, 46, Table 2.1) und der Länder mit E / BH < 10 000 und > 50 000 (Daten aus Fullerton 2016, S. 98 beziehungsweise Table 5.2).

lasen auch die sogenannten Kleinbürger. Dazu kommt ein deutlicher Anstieg der Alphabetisierungsrate. Ähnlich wie Fullerton für Deutschland stellt auch Sarasin für Frankreich ein Nord-Süd-Gefälle fest: Im Norden wurde mehr gelesen als im Süden und insgesamt standen Frauen Männern in der Alphabetisierungsrate nach.[10] In Deutschland konnte um 1820 schätzungsweise nur jeder zweite Mann und jede dritte Frau lesen. 50 Jahre später waren 90 % der männlichen Deutschen über neun Jahre alphabetisiert; jeder fünfte Mann und jede vierte Frau konnte wenigstens rudimentär lesen.[11] Analphabetentum war jedoch kein grundsätzliches Ausschlusskriterium für die Aneignung von Wissen aus Büchern, denn bis zur Mitte des 19. Jahrhunderts war es üblich, in der Familie laut zu lesen.[12] Und auch die Hürde des Bucherwerbs war – wenigstens in größeren Städten – kein Ausschlusskriterium mehr, da gerade in Deutschland ab Mitte des 19. Jahrhunderts ein reges Leihsystem entstand.[13] Der Umstand, dass Bücher zu großen Zahlen geliehen wurden, ist zudem ein Indiz dafür, dass Menschen sich auch für die Inhalte der Bücher

10 Sarasin, *Reizbare Maschinen*, 2000, S. 158; Fullerton, *The Foundations of Marketing Practice*, 2016, S. 22f.

11 Fullerton, *The Foundations of Marketing Practice*, 2016, S. 78.

12 Sarasin, *Reizbare Maschinen*, 2000, S. 167.

13 Fullerton, *The Foundations of Marketing Practice*, 2016, S. 121.

interessierten – und Bücher nicht nur als Repräsentationsobjekt ansahen, um sie im eigenen Buchregal zu präsentieren. Mit der Massenproduktion von preiswerten (dank der Lithografiepresse sogar illustrierten) Büchern und einem ausgebauten Vertriebsnetz stand also ab Mitte des 19. Jahrhunderts eine Informationsinfrastruktur zur Verfügung, mit der preiswerte und dennoch reichlich bebilderte Bücher, Zeitschriften und Hefte verbreitet werden konnten. Diese Struktur war für die Popularisierung von Wissen und Wissenschaften wesentliche Bedingung.

Doch was sind Populärwissenschaften eigentlich und seit wann können wir überhaupt von Populärwissenschaften sprechen? Populärwissenschaften können als Interdiskurse zwischen dem Wissenschafts- beziehungsweise Spezialdiskurs und dem Alltags- beziehungsweise Elementardiskurs aufgefasst werden. Sarasin gibt der Populärwissenschaft unter anderem »die Funktion eines Interdiskurses, das heißt einer diskursiven Struktur, die als eine von verschiedenen Diskursen gespeiste [...] fungiert.«[14] Jürgen Link definiert den Interdiskurs – ebenfalls am Beispiel der Populärwissenschaften – als zwischen Elementar- und Spezialdiskurs angesiedelt; der Elementardiskurs enthält demnach stereotype Aussagen, Gemeinplätze und einen starken Bezug zum Alltag, der Spezialdiskurs dagegen spezielles Wissen für ein spezielles Publikum, wie etwa in den Wissenschaften.[15] Kennzeichen für den Interdiskurs ist für Link also die Mitte zwischen einem Allgemeinen und Besonderen, während es für Sarasin der Schnittpunkt mehrerer nicht näher zu bestimmender Diskurse ist. Jedoch ist im Falle der Populärwissenschaften der Schnittpunkt des Populären und Allgemeinen mit den Wissenschaften als dem Besonderen nach beider Lesart sehr ähnlich.

Nach Annelie Ramsbrock tauchte der Begriff der Populärwissenschaften zum ersten Mal Mitte des 19. Jahrhunderts auf.[16] Vorher existierte das Phänomen in seinen Ansätzen bereits in der Form des öffentlichen Briefes, wie Leonard Eulers »Briefe an eine deutsche Prinzessin über verschiedene Gegenstände aus der Physik und Philosophie«[17], aber auch in Form von öffentlichen Vorträgen und Präsentationen, wie jene, die Joseph Wright in seinen Gemälden festhielt. Doch erst dann, wenn Wissenschaft einem größeren Personenkreis in

14 Sarasin, *Reizbare Maschinen*, 2000, S. 136.

15 Jürgen Link, *Versuch über den Normalismus. Wie Normalität produziert wird*, Göttingen 52013, S. 19.

16 Annelie Ramsbrock, *Korrigierte Körper. Eine Geschichte künstlicher Schönheit in der Moderne*, Göttingen 2011, S. 65f.

17 Brigitte Felderer, »Stimm-Maschinen. Zur Konstruktion und Sichtbarmachung menschlicher Sprache im 18. Jahrhundert«, in: *Zwischen Rauschen und Offenbarung*, S. 257–278, hier: S. 259–261 und 265.

verständlicher Weise zugänglich ist – und er sich für wissenschaftliche Inhalte interessiert, kann von einer wirklichen Popularisierung gesprochen werden. Es ist also anzunehmen, dass erst die Entwicklungen auf dem Buchmarkt und der Anstieg der Alphabetisierungsrate ein Interesse an wissenschaftlichen Inhalten ermöglichten, die, in eine verständliche Sprache paraphrasiert, zu einem sprunghaften Anstieg an populärwissenschaftlicher Literatur führten. Das heißt: mit seiner Popularisierung ändert sich auch das Wissen.

Frühes Problembewusstsein gegenüber der Popularisierung der Wissenschaften

Bereits im 19. Jahrhundert wurde auf einige Probleme hingewiesen, die mit der Popularisierung von Wissen verbunden sind. So mahnt Hermann von Helmholtz in seiner Vorrede »Über das Streben nach Popularisierung der Wissenschaft«, dass es »dem grösseren Theile selbst der unterrichteteren Leser« egal sei, »[o]b ein Mann der Wissenschaft sagt: ›Ich weiss‹ oder ›Ich vermuthe‹«.[18] Nach seiner Ansicht orientierten sich eben diese Leser an Autoritäten und Resultaten und seien weder an Begründungen noch an Zweifeln interessiert. Später, Anfang des 20. Jahrhunderts, zeigt Ludwik Fleck, wie sich Wahrheiten und Autoritäten in der Wissenschaft aus Prozessen des kollektiven Suchens und aus Verkettungen von Zufällen herauskristallisieren. Die richtunggebende Macht sei dabei weniger das nüchterne Forschungsziel, sondern oftmals eine Mischung aus öffentlichem Interesse, finanziellen Mitteln oder fehlenden äußeren Barrieren.[19] Im wissenschaftlichen Prozess gäbe es ein intensives Ringen vieler Wissenschaftler um die besten Hypothesen, welches sich jedoch allein in der Mannigfaltigkeit kleinerer Fachartikel zeige, die nur einem engen Kreis von spezialisierten Personen zugänglich sind. Diese Mannigfaltigkeit aber gehe bereits in Handbüchern verloren, welche ihrerseits zur wissenschaftlichen Grundlage nachfolgender Generationen würden. In der Populärwissenschaft verliere sich letztlich der letzte Rest an Hypothesenhaftigkeit, Vielfältigkeit und Widersprüchlichkeit, sodass die ehemalige Hypothese »zum unmittelbaren Ding, zur Wirklichkeit« werde.[20] Verkürzte und vereinfachte Darstellungen laufen also

[18] Hermann von Helmholtz, »Über das Streben nach Popularisierung der Wissenschaft. Vorrede zu der Uebersetzung von Tyndall's ›Fragments of Science‹, 1874«, in: *Vorträge und Reden, Bd. II,* Braunschweig [5]1903, S. 422–434, hier: S. 427.

[19] Fleck, *Entstehung und Entwicklung einer wissenschaftlichen Tatsache*, 1935, S. 90f. und 102f.

[20] Ebd., S. 146–164, wörtliches Zitat auf S. 164.

Gefahr, den wichtigen Unterschied zwischen Hypothese, These und Beweis zu nivellieren oder aber den Entstehungsprozess von Konsenswahrheiten außer Acht zu lassen – das grundsätzliche Problem des Fallibilismus der Forschung einerseits und der Notwendigkeit einer Handlungsgewissheit für den Alltag andererseits diskutiert etwa Jürgen Habermas.[21] Wird der Öffentlichkeit nur eine enge Auswahl einer Vielzahl von existierenden alternativen Hypothesen präsentiert, wird diesem engen Ausschnitt unverhältnismäßig viel Gewicht verliehen.

Doch dass aus Hypothesen im Prozess ihrer Popularisierung Tatsachen werden, ist nur eines von mehreren Problemen. Für Sarasin werden populär gewordene wissenschaftliche ›Tatsachen‹ für allerlei Argumente als autoritative Unterfütterung ge- und missbraucht oder gar schlichtweg frei erfunden: Insbesondere das Mittel der Paraphrase, das für populärwissenschaftliche Texte unabdingbar ist, sieht er hier als Kern des Problems, weil Paraphrasen »implizit auf einen Ursprungstext verweisen« und mit der Paraphrase eigentlich auch alles Wesentliche gesagt sei und weil am Ende sogar »die bloße Form der Paraphrase den oft nur vagen Eindruck erweckt, solche Sätze würden existieren.«[22] Dabei würden Naturgesetze zunehmend als Autorität ins Feld geführt, die sowohl eine säkulare Alternative zum göttlichen Gesetz anbietet und gleichzeitig zu einem Platzhalter für alle erdenklichen Bewegungen und Ideologien wird. Wissenschaftler würden in ihrer Autorität zwar als Mittler anerkannt, doch es werde zunehmend als selbstverständlich angesehen, dass auch diese sich den Gesetzen der Natur unterwerfen oder sie lediglich begreifen und auffinden.[23]

2.2 Normierung und Normalisierung

Gesellschaftlich relevant und eng verbunden mit wissenschaftlichen Erkenntnissen wie auch dem öffentlichen Diskurs um sie ist der Begriff des Normalen. Link erkennt im »Normalismus [...] eine spezifisch okzidentale Kulturkomponente [...]«[24] und ein »spezifisch modernes und nur modernes kulturelles Regime [...], das [...] Normalitäten produziert und reproduziert.«[25] Zum Nor-

[21] Jürgen Habermas, *Wahrheit und Rechtfertigung,* Frankfurt a. M. 2004, darin beispielsweise S. 230–270, insbesondere S. 255.

[22] Sarasin, *Reizbare Maschinen*, 2000, S. 139, wörtliche Zitate im Satz ebd.

[23] Ebd., S. 140–146.

[24] Link, *Versuch über den Normalismus*, 2013, S. 431.

[25] Ebd., S. 7.

mal-Sein gehört damit unweigerlich auch der Prozess des Normal-Werdens, Als-Normal-Erklärens und Normal-Machens. Dabei unterscheidet Link die Normalität von der Normativität. Letztere bezeichnet eine binäre Erfüllungsnorm, deren Negation der Normbruch wäre. Entweder ist also etwas normal und erfüllt die Norm oder eben nicht. Das gilt für Industrienormen, wie die Größe eines A4-Blattes, ebenso wie für gesellschaftliche Normen, etwa die Jungfräulichkeit vor der Ehe in bestimmten Gesellschaften. Normalität dagegen sei immer bezogen auf einen Durchschnitt oder eine Menge an als normal angesehenen Phänomenen, deren Negation das Abnormale oder Anormale ist. Mit ihr verbunden ist das Konzept der (»Normal«-)Verteilung, in der der Mittelwert und der zentrale Bereich um ihn herum als normal gelten. Die Ränder der Verteilung gelten dabei als Ausreißer und damit nicht mehr als normal. Jedoch sei die Grenzziehung für den Punkt, ab dem etwas nicht mehr als normal gilt, Resultat eines Aushandlungsprozesses. Normalität sei daher ein dynamisches Konstrukt und eine soziokulturelle und historische Kategorie. Dabei ist »[d]ie Bestimmung [...] der Normalitätsgrenze (zwischen Normalität und Anormalität) [...] von fundamentaler Bedeutung«. Das Aufkommen der Kategorie ›Normal‹ verortet Link in das 18. Jahrhundert.[26] Sarasin weist den Begriff des Normalen zwar erst ab den 1870er-Jahren im populärwissenschaftlichen Diskurs nach;[27] beide Fälle sichern jedoch das Aufkommen des Normalen für den Zeitraum, in dem auch das funktionale Denken seinen Siegeszug antritt und, das ist wichtig, in dem die meisten Gesangsschulen publiziert wurden, die hier untersucht werden sollen.

Für Sarasin ist das Normale ein zentrales Element in seiner Betrachtung des Hygienediskurses. Während in den Naturwissenschaften, insbesondere in der Anatomie und Physiologie, ein Durchschnittswert zur Norm erhoben wurde und folglich Abweichungen – sei es durch Lebensumstände oder individuelle Biografien – als Mängel oder ab einem bestimmten Grad gar als Krankheiten dargestellt wurden, galt im Hygienediskurs anfangs noch eine andere Annahme. Dort gab es Raum für mehrere ›gesunde‹ Zustände, die Sarasin auf die Lehre der vier Temperamente zurückführt: sanguinisch, phlegmatisch, melancholisch und cholerisch. In der Lehre von den Temperamenten verbirgt sich damit auch ein Raum für Individualität. Jeder Mensch konnte sich innerhalb des Spektrums der vier Temperamente in klaren Relationen ausdrücken und positionieren. Jedoch wendet Sarasin ein, dass letzten Endes die vier Temperamente dann doch keinen wertneutralen Raum aufspannen; stattdessen entsprächen die Temperamente Klischees »oft jenseits der Grenze zum Denun-

26 Ebd., S. 5–40, wörtliches Zitat im Satz auf S. 34.

27 Sarasin, *Reizbare Maschinen*, 2000, S. 250f.

ziatorischen«, wobei der Phlegmatiker als der schwächste und der Sanguiniker als der hygienischste Typus galten.[28] Sarasin betont, dass das eigentliche Ziel des menschlichen Strebens nun das normale Mittelmaß wird, welches sich vor allem ex negativo aus dem Vermeiden jedes Zuviel und Zuwenig herausschält; die ehemals allesamt als normal geltenden Temperamente wurden zum Ende des Jahrhunderts, sobald sie auffällig zutage traten, nun allesamt als Abweichungen von einem nicht näher bestimmten Normalen begriffen. Doch die Auflösung des Individuellen durch das unterschiedliche Werten der Temperamente war nicht die einzige Wandlung der Hygiene in der Geschichte der Moderne. Von einer Kunst des gesunden Lebens, die alle Bereiche des Menschen (Nahrung, Bewegung, Reinlichkeit) und seiner Umwelt (Luftverschmutzung, Licht) abdeckte, entwickelte sich die Hygiene immer mehr zu einer Reinheitsvorschrift, die sich auf die Haut konzentrierte und letztlich ihr Ende bei einfachen Waschratgebern fand.[29]

Auch in Schönheitsratgebern bleibt Individualisierung zwar Thema, jedoch machten die Ratgeber aus der Schönheit eine besondere Reinheit, welche sie zur Kulturpraxis erhoben – und normierten sowohl den Anspruch an Reinheit als auch die Verwendung von zahlreichen Schönheitsprodukten. Das setzte allerdings voraus, dass unter anderem auch das Schminken vom moralischen Stigma befreit wurde. Dazu bedienten sich die Autoren der Ratgeberliteratur wiederum paraphrasierter quasi-naturwissenschaftlicher Hypothesen, um ihre Argumentationen zu stützen – sei es die Einsicht in das ›Gesetz‹, dass der Frauen Wohlgestalt vergänglicher als die der Männer und das Schminken daher empfohlen sei, oder aber auch das Entwickeln vermeintlich gesunder Produkte auf Grundlage neuer Erkenntnisse der Chemie, wie Ramsbrock am »Kosmetischen Taschenbuch für Damen« des Chemikers Theodor Schreger von 1811 zeigte.[30]

Kosmetik ist nach dieser Lesart zwar »keine Wissenschaft im engeren Sinn« – allein schon deshalb, weil sie selbst keine eigenen wissenschaftlichen Erkenntnisse hervorbringt –, aber sie bedient und bediente sich bereits damals doch wesentlich an den Erkenntnissen der Pharmazie, Pharmakologie, Physiologie, Radiologie, Bakteriologie, Chirurgie und später der Psychologie und Sozialmedizin – beziehungsweise argumentierte mit diesen. Hinter der vorgeblichen Individualisierung durch Kosmetik verbarg sich nach Ramsbrock jedoch eine Normalität, die einen bestimmten Ausdruck von ›Gesundheit‹ zum Maßstab

28 Ebd., S. 187f., wörtliches Zitat im Satz auf S. 188.

29 Ebd., S. 272–88.

30 Ramsbrock, *Korrigierte Körper*, 2011, S. 65–67.

erhob.[31] Ab dem 20. Jahrhundert kam es sogar zu einer ›Rückkehr‹ der Kosmetik in die Wissenschaft, als die Medizin begann, die Erkenntnisse aus der plastischen Chirurgie auch zum Zwecke der ›Normalisierung‹ des Aussehens zu benutzen. Dank der neu entwickelten Anästhesie ließ sich die bereits in Gang gesetzte Objektivierung der Schönheit des Körpers weitertreiben. War im 19. Jahrhundert die Nase noch kaum Gegenstand des Diskurses, da es undenkbar war, sie anzupassen, wurde sie nun zum Schönheitsfaktor, weil sie sich korrigieren ließ.[32]

Ramsbrock zeigt, wie dabei die neu entstehende Wissenschaft der Psychologie für die Verbreitung von Schönheitsoperationen eine Schlüsselrolle einnahm. Da es sich bei dieser Art der Operation nicht um die Korrektur von Substanzverlusten infolge von Krankheit oder Gewalteinwirkung handelte, brauchten – und forderten – Ärzte medizinisch haltbare Indikatoren, da sie sich durch den hippokratischen Eid gebunden sahen. Ein Körperteil, welches lediglich als hässlich galt, war nicht krank und daher auch nicht behandlungsbedürftig. Die Psychologie trug an dieser Stelle dazu bei, dass psychisches Leid ernster genommen und körperlichem Leid in seiner Bedeutung angenähert wurde. So wurde nicht das Körperteil geheilt oder wiederhergestellt, sondern die Psyche des Menschen, indem sein Körper oder Teile des Körpers in einen Normal-Norm-Bereich überführt wurden. 1898 ließ sich der erste Mensch seine Nase operieren, weil er den Spott über sie nicht mehr länger hinnehmen wollte. Der Operateur Jacques Joseph, der bereits auch Ohren angelegt hatte, berichtet 1904 von 48 Nasenkorrekturen; 1907 waren es bereits über 200. Zu dieser Zeit war es bereits möglich, die Operation durch die Nasenlöcher vorzunehmen, um die Nase äußerlich narbenfrei zu lassen. Die »Konzepte von Gesundheit und Normalität«, ohne die eine Korrektur des Körpers unmöglich war, lassen sich an der Nase sehr eindrucksvoll ablesen: So musste eine Nase eben nicht schön sein, sondern die für eine Nase festgelegten Proportionen aufweisen: Joseph ermittelte für den Nasenwinkel eine Normgröße von 30 ± 8 Grad. Das Beispiel der Nase zeigt, wie der Körper mit Maß und Zahl definiert und inklusive Abweichungstoleranzen geradezu industriell genormt wurde.[33]

Max Weber bezeichnete laut Sarasin als einer der Ersten die Normalisierung als das »allgemeine Schicksal« der Moderne.[34] Merta stellt im Zusammenhang mit dem Schönheitsideal fest, dass das auf dem Normalen basierende Schöne und Gesunde zu einem sozialen Zwang wurde, dem sich alle Menschen in einer

[31] Ebd., S. 15–18, wörtliches Zitat auf S. 15.
[32] Ebd., S. 102f.
[33] Ebd., wörtliches Zitat im Absatz auf S. 138.
[34] Sarasin, *Reizbare Maschinen*, 2000, S. 249–258.

stetig anspruchsvolleren Leistungs- und Konkurrenzgesellschaft ausgesetzt sahen. Doch das ist nur eine Seite der Medaille. Über die Begriffe der Körpervorstellung und des Körperbewusstseins wurde der Körper zur Jahrhundertwende auch »zum Objekt, Werkzeug [und] Instrument der Selbstdarstellung«[35]. Merta zeigt diese Spannung zwischen Normalisierung und Individualisierung – ohne jedoch diese Begriffe zu verwenden – am Beispiel der Motivation für Sport und Fitness; so unterscheidet sie ein »endogen-individuelles« und ein »exogen-soziales Körperbewußtsein«.[36] Zweiteres ist dabei von einer starken Normalisierung geprägt. Ersterem jedoch könnte man durchaus noch Züge einer Individualisierung zugestehen, wobei sich jedoch die Frage stellt, ob es sich hier nicht um eine Individualisierung im Sinne einer Selbstbestimmtheit handelt, die ebenso zum Zwang und zur Norm erhoben wird. Mertas Gedanke impliziert, dass der Körper aus sozialer Perspektive umso wichtiger wurde, je unwichtiger er aus rein physiologischer und medizinischer Sicht für das Überleben des Individuums war. Konnten sich einfache Arbeiter physische Schwäche und Krankheit allein schon wegen ihrer Abhängigkeit zur physisch anspruchsvollen Arbeit nicht leisten, hatten gesellschaftlich Höherstehende weniger physische Anforderungen an den sichtbaren Körper, benötigten ein sportlich-schlankes und jugendliches Aussehen jedoch aus sozialen Gründen umso mehr. Da die Formung dieser Körper nicht durch Erwerbsarbeit, sondern fast nur über ein Training erreicht werden konnte, das eigens für diese Zwecke angelegt war, sieht Merta hier den Körper auch als »Konsumobjekt [...], an dem gesellschaftlicher Status vorgeführt werden konnte.«[37] Ohne die Populärwissenschaften ist am Ende kaum denkbar, dass der Körper überhaupt erst in diesem Maße Gegenstand von Debatten und Normierungen werden konnte.

2.3 Industrie, Markt und Konsum

In der stark wachsenden Industriegesellschaft des 19. Jahrhunderts schlug sich das funktionale Denken direkt auf Maschine und Mensch nieder. Dabei paarten sich technologisches Denken, neue naturwissenschaftliche Erkenntnisse und daraus resultierende Infrastrukturen mit einem stetig wachsenden Fortschrittsglauben. Vor dem Hintergrund der Natur- und Technikwissenschaften, die mehr und mehr die Diskurshoheit über den Wissenschaftsbegriff selbst

[35] Merta, *Wege und Irrwege zum modernen Schlankheitskult*, 2003, S. 321.
[36] Ebd., S. 321f.
[37] Ebd., S. 322, mit Verweis auf Karl-Heinrich Bette, *Körperspuren. Zur Semantik und Paradoxie moderner Körperlichkeit*, Berlin und New York 1989, S. 110.

errangen, wurde auch der Körper nicht mehr nur als funktional beschreibbar, sondern auch als veränderbar und einstellbar wahrgenommen.

Die Körper von Arbeiterinnen und Arbeitern wurden im ausgehenden 19. Jahrhundert einer zunehmenden Rationalisierung ausgesetzt, die sich zwar bereits in Karl Marx' *Kapital* ankündigte,[38]aber erst mit der »Wissenschaftlichen Betriebsführung« von Frederick Winslow Taylor[39] ihren ideologischen und in den Werken von Henry Ford ihren vorläufig praktischen Höhepunkt finden sollte. Wie bereits im Hygiene-, Gesundheits- oder Schönheitsdiskurs wurden auch die Maßnahmen der Betriebsführung (populär-)wissenschaftlich unterfüttert. Der mit der Metapher der Maschine verknüpfte Mensch wurde nach Sarasin zum Energiewandler und seine Ermüdung zum physikalischen Widerstand, den es zu überwinden galt.[40] Die Begeisterung für das Amerikanische, die sich in der Trivialliteratur in unzähligen Indianergeschichten ausdrückte,[41] schlug sich in der Wirtschaft in der Begeisterung für die Vorbilder der US-amerikanischen Wirtschaft nieder. Mary Nolan zeigt in ihrer Analyse der deutschen Perspektive auf die US-amerikanische Wirtschaft, wie der Mythos Amerika über Jahre Delegationen von Industriellen auf eine Rundreise durch die Vereinigten Staaten lockte. Deutsche Industrielle versuchten, die Erkenntnisse aus ihren Exkursionen in die USA auf der hiesigen Seite des Atlantiks zu etablieren, wobei sie eine deutsche Spielart des Systems anstrebten.[42] Unter den ›Pilgern‹ war auch der damalige Generaldirektor von Siemens und stellvertretende Vorsitzende des Reichskuratoriums für Wirtschaftlichkeit, Carl Köttgen, der – wie andere auch – seine Ansichten zum Taylor'schen System veröffentlichte. Er schildert, wie nach dem Prinzip von Taylor an jeder Stelle im Unternehmen jede Bewegung von Mensch und Material in Zeit und Raum gemessen und sodann nach dem Prinzip der Effizienz analysiert werden soll. Kurze Wege, angepasstes Werkzeug, kurze Griffzeiten und gleichbleibende Tätigkeiten sind dabei nur vier von acht Grundsätzen des Taylor'schen Systems von Köttgen, um den Maschinen-Menschen effizient mit der Förderstrecke abzustimmen. Zwischen Mensch und Maschine unterscheidet er im Prinzip nicht mehr. Auch für den Menschen gilt, dass jeder vermeidbare Handgriff, jede eingesparte Zusatzbewegung freie Zeit akkumuliert, die unmittelbar mit einem zusätzlichen effektiven Handgriff wieder gefüllt werden kann und muss.

38 Karl Marx, *Das Kapital. Kritik der politischen Ökonomie*, Hamburg ²1872, ungekürzte Ausgabe, Paderborn o. J.

39 Frederick Winslow Taylor, *Shop Management*, New York 1919/1911.

40 Sarasin, *Reizbare Maschinen*, 2000, S. 314.

41 Fullerton, *The Foundations of Marketing Practice*, 2016, S. 99, 135 und 186f.

42 Mary Nolan, *Visions of Modernity. American Business and the Modernization of Germany*, Oxford 1994, S. 17f.

Dass er dabei auch auf die Gesundheit und Arbeitseinstellung des Arbeiters Wert legt, mag zunächst positiv erscheinen; jedoch motiviert sich die Sorge um den Arbeiter allein aus einem wirtschaftlichen Interesse, denn nur ein gesunder und motivierter Arbeiter verrichtet auf Dauer das Maximale seines Leistungsvermögens.[43] Gustav Winter betonte 1920 in diesem Zusammenhang, dass ein für alle Arbeitsbereiche geltender Achtstundentag Unrecht beziehungsweise Unsinn sei; ein Bergarbeiter könne auf keinen Fall so lang arbeiten wie ein Kutscher oder »sonstige[r] in frischer, freier Luft leicht beschäftigte[r] Arbeiter«, weshalb er grundsätzlich forderte: »*Die wissenschaftliche Höchstleitung dürfte nicht überschritten werden* [...].«[44] Ebenso wenig, wie das vorbildliche Taylorsystem eine Überanstrengung der Arbeitenden verbot, verbot es ihre Unterforderung. Die Last der Arbeitskraft muss stets an der Grenze dessen bemessen sein, was sie zu leisten imstande ist. In einer auf Kosten/Nutzen ausgerichteten Perspektive arbeitete das Proletariat also per definitionem am Rande der Leistungsfähigkeit (Nutzen) und lebte gleichzeitig am Rande des Erträglichen (Kosten).

Ein zum Ideal erhobenes Taylor'sches System verbreitete sich unter dem Schlagwort »Taylorismus« sowohl in seiner Anhänger- als auch Gegnerschaft. Hinter ihm verbarg sich ein Fortschritts- und Effizienzdenken, dass sich bis in den privaten Bereich hinein auswirkte. So forderte Winter, dass gerade im Haushalt, »in dieser unkontrollierten Werkstätte, [...] oft ›Betriebsverhältnisse‹ herrschen, die die Hausfrau keinem fremden Menschen zumuten würde«; doch »[a]uch der ordentlichsten Hausfrau könnte und müßte man sagen, daß sie viel zu viel Zeit durch planlose Unordnung vergeudet.« Nach Winter kann man alles taylorisieren; so beschreibt er beispielhaft das Walzertanzen, bei dem durch das später eingeführte Anwinkeln des Armes Kollisionsgefahren und dadurch eine Reihe von Folgebeschränkungen vermieden werden konnten.[45] Damit wird aus dem Taylorismus nun das Symbol und Schlagwort für jegliche Erleichterung, Verbesserung, Rationalisierung, Gefahrenbeseitigung und alle Veränderungen, die diese nach sich ziehen, seien sie intendiert oder nicht.

Gleich der Maschine der Förderstrecke wurde der Körper aus betriebswissenschaftlicher Perspektive Objekt einer Rationalisierung, der sich alles unterzuordnen hatte, angefangen beim einfachen Arbeiter über die Hausfrau bis hin zu den Führungskräften der Unternehmen selbst. In einigen US-amerikanischen

43 Carl Köttgen, *Das wirtschaftliche Amerika*, Berlin 1925, S. 137ff.

44 Gustav Winter, *Der Taylorismus. Handbuch der wissenschaftliche Betriebs- und Arbeitsweise für die Arbeitenden aller Klassen, Stände und Berufe*, Leipzig 1920, S. 57f., beide wörtlichen Zitate auf S. 57.

45 Ebd., S. 174–176, wörtliches Zitat auf S. 174.

Fabriken wurde der mit der Monotonie der Handgriffe verbundenen Gefahr einer Frustration zum Teil durch vergleichbar hohe Löhne durchaus entgegengewirkt. Das hatte den Nebeneffekt, dass Arbeiterinnen und Arbeiter nun über ausreichend Kaufkraft verfügten, sich zumindest die billige Massenware leisten zu können, für deren Produktion sie ausgebeutet wurden.[46] Doch um sicher zu gehen, dass sie das auch taten, war es wiederum nötig, die Produkte für die untere Mittelschicht mit dem Nimbus des Luxus, des Fortschritts und individueller Erfüllung auszustatten. Was nun Produktwerbung mit Gesangsschulen zu tun hat, mag sich hier nicht sofort erschließen, aber gerade hier treten jene Diskursphänomene zutage, die die Spannungen zwischen Individualisierung und Normalisierung, Rationalisierung und Naturalisierung kaum besser abbilden können und die auch für den Gesangsdiskurs zentral werden sollen.

Werbung und Psychologie als Diskursmächte einer Konsumkultur

T. J. Jackson Lears setzte sich intensiv mit der Entstehung der Konsumkultur in den USA auseinander und vor allem mit der Veränderung der Werbung. War es 1890 noch die Forderung, dass der Leser »aroused, excited, terrified« werden müsse, setzte sich später das Prinzip des »Reason Why Advertising« durch, welches Lears auf Claude Hopkins zurückführt. Hinter Hopkins' Idee verbarg sich dennoch keine nüchterne Produktinformation; eher versprach die ›Reason Why‹ Werbung dem Individuum eine positive Veränderung durch die Erfüllung seiner irrationalsten Wünsche und Sehnsüchte. Einige Werbeagenturen stellten dafür eigens Psychologen als Berater an, womit die Werbestrategie auf eine wissenschaftliche Basis gestellt und institutionalisiert wurde.[47] Wie Karin Martensen erläutert hat, versuchte auch Thomas A. Edison über die Einbindung des Psychologen Walter Van Dyke Bingham den Verkauf seiner Tonträger zu steigern.[48] Lears fasst diese Entwicklung so zusammen: »By the twenties they [advertisements] were virtually devoid of information; instead they promised style, status, or escape to an exotic ›real life‹ far from the rea-

[46] Vgl. Nolan, *Visions of Modernity*, 1994, S. 10f.

[47] T. J. Jackson Lears, »From Salvation to Self-Realization. Advertising and the Therapeutic Roots of the Consumer Culture, 1880–1930«, in: *The Culture of Consumption: Critical Essays in American History, 1880–1980*, hrsg. von Richard Wightman Fox und T. J. Jackson Lears, New York 1983, S. 1–38, hier: S. 17f.

[48] Karin Martensen, *»The phonograph is not an opera house.« Quellen und Analysen zu Ästhetik und Geschichte der frühen Tonaufnahme am Beispiel von Edison und Victor* (= Technologien des Singens 1), München 2019, S. 198–204.

der's ordinary experience.«[49] Es setzte sich also eine Werbestrategie durch, die sowohl versprach, dass das Produkt einen Beitrag zur physischen, psychischen oder sozialen Gesundheit des Käufers leiste, als auch umgekehrt signalisierte, der Nichtkauf des Produkts würde genau dieses Wohlbefinden (*well-being*) aufs Spiel setzen. An anderen Akteuren der Werbewirtschaft, wie Walter Dill Scott, zeigt Lears, wie sie die Macht der Suggestion einsetzten, um damit bei potentiellen Käuferinnen und Käufern eine Vorstellung von der unmittelbaren Wirkung des Produkts (auf der Haut, der Zunge et cetera) lebhaft zu evozieren.[50] Werbung sollte nicht mehr bewusst, sondern unbewusst und damit schneller und zielgerichteter die Individuen ansprechen und überzeugen. Die mit psychologisch-wissenschaftlicher Expertise unterfütterte Werbestrategie erwies sich als erfolgreich und wurde schnell auch für die Steuerung der ›politischen Willensbildung‹ erkannt und für sie eingesetzt. Lears sieht hier einen direkten Zusammenhang der Strategien mit der Entdeckung des Unbewussten bei Freud und Jung, dem Widerstand gegenüber dem Positivismus bei James und Bergson und dem zunehmend verbreiteten grundsätzlichen Hinterfragen des menschlichen Verstandes und Fortschritts. Auch die Werbung spiegelte letztlich wider, was sich im akademischen und im Interdiskurs verbreitete.[51] Werbung und Marketing blieben jedoch nicht dabei stehen, sich wissenschaftlicher Erkenntnisse zu bedienen, sondern wurden selbst zur Wissenschaft. Im Anhang seiner »The Psychology of Advertising« listete Walter Dill Scott 127 Bücher und 24 Zeitschriften auf, die sich alle mit der »science or the art of advertising« auseinandersetzen, wobei er spezifische Werke, wie jene, die sich allein auf »Bank advertising, drygoods advertising, etc.« bezogen, bereits außen vor ließ.[52] Dieser Auflistung folgten weitere sechs Seiten mit 50 Empfehlungen zu Büchern über Psychologie, »WHICH ARE MOST HELPFUL TO BUSINESS MEN«[53], darunter Titel wie »Human Behavior« (Colvin und Bagley, 1914), »The subconscious« (Jastrow, 1905), diverse Titel von Hugo Münsterberg u. v. m.

49 Lears, *From Salvation to Self-Realization*, 1983, S. 27.

50 Ebd., S. 19, mit Verweis auf Walter Dill Scott, *The Psychology of Advertising in Theory and Practice. A Simple Exposition of the Principles of Psychology in Their Relation to Successful Advertising*, Boston 1921 und Ders., *The Theory of Advertising*, Boston 1903, S. 47–51.

51 Lears, *From Salvation to Self-Realization*, 1983, S. 19f.

52 Scott, *The Psychology of Advertising in Theory and Practice*, 1921, S. 409–432, wörtliche Zitate im Satz auf S. 409.

53 Ebd., S. 432.

Die Aushöhlung des Naturbegriffs in der Werbung

Lears arbeitet in seiner Untersuchung ebenso heraus, dass die Werbebranche mit einer Mischung aus Slogans, Versprechungen, Bildern und ›Wahrheiten‹ die Semantik einzelner Ausdrücke unterminierte.[54] Für das Körperbild der Jahrhundertwende galt das insbesondere für den Naturbegriff. Der Begriff der Natürlichkeit wurde ohnehin schon durch die Populärwissenschaften problematisch, da die subtilen Unterschiede zwischen (a) der Natur, (b) dem Naturgesetz und (c) der naturwissenschaftlichen Hypothese über das Naturgesetz kaum vermittelt wurden, was die Begriffe selbst verunklarte. In der Werbung wurden Natur und Natürlichkeit in ihrer Bedeutung geradezu entkernt. Bezogen auf den Körper blieben sie als leere Worthülsen zurück, die sich nahezu beliebig mit allen erdenklichen Sehnsüchten und Wünschen wieder befüllen ließen. Neben den Wunschbildern bedienten sich Werbemacher aber auch Ängsten, für deren Vermittlung allerlei Rollenklischees Pate standen. Nach Lears ging das so weit, dass Lebensmittelkonzerne davor warnten, dass unnatürliche Speisen (*unnatural food*) den Geschmackssinn von Kindern pervertieren, und als Lösung ihr Produkt aus dem hygienischsten und wissenschaftlichsten Lebensmittellabor der Welt (»*made in the most hygienic and scientific food laboratory in the world*« versprachen.[55] Die Trennung von Bild/Aussage und Bedeutung wurde damit komplett.

Der Begriff der Natürlichkeit rangierte trotz oder gerade wegen seiner semantischen Flexibilität laut Ramsbrock auch in den 1920er Jahren noch vor dem Schlagwort der Jugendlichkeit. Hier war es vor allem die Kosmetikindustrie, die ihn aufgriff und so umformte, dass sich Natürlichkeit nun direkt über die Pflegeprodukte verkaufen ließ. Zuerst bewarb der Konzern *Elizabeth Arden* eine selbsternannte »*moderne* Richtung«[56] der Gesichtspflege, bei der eine dezente Schminke ein natürlich schönes Aussehen unterstützen beziehungsweise herstellen sollte. Schminken wurde also als ›Nachhelfen‹ umgedeutet und zur ›zweiten Natur‹ stilisiert. Wie Ramsbrock schreibt, schlugen Schönheitsratgeber bis dato verschiedene Methoden der Schönheitskorrektur vor und gestanden im alten Sinne der Hygiene einer Individualität noch rudimentäre Räume zu. In den 1920ern rückte das Make-up allein in den Vordergrund und wurde zur Norm, zum Normalen, zu einer Selbstverständlichkeit. Die nun salonfähig gewordene Schminke traf in den Werbeanzeigen auf die verbesserten techni-

54 Lears, *From Salvation to Self-Realization*, 1983, S. 21.

55 Ebd., S. 23, wörtliche Zitate im Satz ebd., mit Verweis auf »Shredded Wheat«, *Harper's* 47, April 25, (1903), S. 681.

56 Ramsbrock, *Korrigierte Körper*, 2011, S. 177.

schen Möglichkeiten der Fotografie. Bebilderte Anzeigen wurden, verglichen mit den Holz- und Stahlstichen zuvor, fotorealistisch und gleichzeitig preiswerter. Dabei »stilisieren [...Werbeanzeigen] eine idealisierte Utopie möglicher Lebens- und Seinsformen, nicht jedoch die tatsächlichen Lebensverhältnisse einer Gesellschaft.«[57] Werbemacher bedienten sich für ihre Botschaften sowohl der Sehnsüchte als auch der Erfordernisse der neuen gesellschaftlichen Realität. Dazu gehörte auch die neue Wahrnehmung der Frau im öffentlichen Arbeitssektor. Waren Frauen um 1900 noch meist in privaten Räumen (z.B. als Magd) beschäftigt, wechselten sie in den 1920er Jahren zunehmend in den öffentlichen Dienstleistungssektor (z.B. Verkäuferin). Ramsbrock argumentiert, dass Frauen trotzdem vor allem in der Übergangszeit bis zu ihrer Heirat Arbeit suchten, also in der Regel jung waren, und somit Frauen immer auch als Konkurrentin gegen junge Mitbewerberinnen antraten. Für Ramsbrock war das »informelle Zulassungskriterium in männliche Handlungsräume«[58] nicht mehr das biologische Geschlecht und die damit assoziierten (Stimmungs-)Schwankungen im Zusammenhang mit der Periode, sondern die äußere Erscheinung der Frau, die sich an einem jugendlichen Eindruck orientierte. Diese wurde von Frauenzeitschriften wie *Die Dame*, *Uhu* und *Vogue*, in Anzeigen, Literatur und im Feuilleton vermittelt. Werbeanzeigen und Illustrierte hielten Frauen an, mit der Gestaltung ihres Gesichts ihren sozialen Status zu konstruieren. Dazu gehörte auch die Entdeckung des Reizes eines jugendlichen Aussehens, weshalb Mittel gegen das ›vorzeitige Altern‹ angepriesen wurden.[59]

Insbesondere Attribute wie »vorzeitig« waren es, die hier den Naturbegriff aushöhlten. Bislang ›normale‹ Alterserscheinungen wurden ›entnormalisiert‹ und Altern zu einem Unterlassungsvergehen gebrandmarkt. Normative Künstlichkeit und Natürlichkeit wurden geradezu verkehrt: Das künstliche Aufhalten des Alters wurde zum Normativ und das entsprechende Aussehen zum natürlichen, während das natürliche Altern zum vorzeitigen – und auch noch zum selbst verschuldeten – wurde. Den Zwang zum ›natürlichen‹ Jung- und Schönsein erklärt Ramsbrock nicht allein mit privat-gesellschaftlichem Druck, sondern auch mit einer steigenden Bedeutung von Jugendlichkeit angesichts eines sich verändernden Berufsbildes, gerade für Frauen.

Gleichzeitig mit der Berufswelt wandelte sich auch die Gesellschaft hin zu einer Konsumgesellschaft. Otto Penz macht das Aufkommen von Massenwaren mit verantwortlich für einen gesellschaftlichen Wandel, der mit einer verbilligten Produktion und dem Verkauf in großen Warenhäusern verbunden

57 Ebd., S. 171.
58 Ebd., S. 163.
59 Ebd., S. 163–178.

war. Insgesamt stellt er eine »Demokratisierung des Luxus« fest, durch die sich auch die Wahrnehmung der Menschen änderte. Das große Warenhaus entbinde nach seiner Lesart die Besucherinnen und Besucher von einer Kaufverpflichtung und lade dagegen zum »Windowshopping« und zum Verweilen ein.[60] Richard W. Fox beschreibt diesen Wandel in den USA und bezieht sich dabei auf die Studien des Soziologenehepaars Robert und Helen Lynd, die zwischen 1890 und 1924 eine US-amerikanische Kleinstadt beobachteten. Laut deren Schilderung bemerkte die Bevölkerung zum Teil selbst, wie sie ihre Autonomie als Produzent oder freier Agent verlor und zunehmend nur noch darüber frei entscheiden konnte, was und wie sie konsumiere.[61]

2.4 Körperbilder zwischen Moderne und Reform

Körperideale und Geschlechterstereotype

Michael Kimmel hat sich mit der Angst vor einer Verweichlichung und Verweiblichung von Männern in den USA vor der Jahrhundertwende beschäftigt. Feminisierung von Männern wurde nicht nur ästhetisch verurteilt, sondern auch als Bedrohung empfunden. Kimmel stellt neue und zugespitzte Geschlechterverhältnisse in einen Zusammenhang mit einer gewissen Verlustangst. Fehlende Männlichkeit war dabei weit mehr als ein soziales Manko. Die mit Männlichkeit assoziierten Attribute wie Stärke und Selbstbewusstsein waren im harten Konkurrenzkampf in der Arbeitswelt essenziell. Männlichkeit wurde als eine überlebensnotwendige Eigenschaft betrachtet,[62] dabei forderte gerade die Arbeitswelt scheinbar eine Männlichkeit ein. Die bewusste Erziehung zur Männlichkeit stellt Kimmel demnach in einen direkten Zusammenhang mit dem berufsbedingten Fehlen der Männer beziehungsweise Väter in den Familien. In der Wahrnehmung Vieler entzog der Markt den Kindern ihre Väter, die sich nun um die Maskulinität ihrer Söhne sorgten. Leistung und Fortschritt wurden an Geschlecht geknüpft. Die Angst um den Verlust des hart erarbeiteten Aufstiegs in die Mittelschicht führte dazu, dass alle erdenklichen Mittel genutzt wurden, um das Errungene zu sichern. Dazu waren Leistung, Erfahrung und Männlichkeit die leitenden Attribute des Ideals des »Self-Made

60 Otto Penz, *Metamorphosen der Schönheit. Eine Kulturgeschichte moderner Körperlichkeit*, Wien 2001, S. 38.

61 Richard Wightman Fox, »Epitaph for Middletown. Robert S. Lynd and the Analysis of Consumer Culture«, in: *The Culture of Consumption*, S. 101–141, hier: S. 126.

62 Ebd., S. 115.

Man.« Bereits nach 1880 kleideten Eltern ihre Kinder in den USA geschlechtsspezifisch. Wurden Kinder davor noch einheitlich in Kleider gesteckt, bekamen Jungen nun Hosen an und wurden farblich von den Mädchen geschieden: Jungen wurden in die ›starken‹ Farben rosa und rot gekleidet, Mädchen in das als zierlicher und leichter empfundene Blau. Auch wurde das Spielzeug und Spielverhalten geschlechtsspezifisch geschieden:[63]

> »Boys were to avoid dancing, sleeping on feather beds, warm rooms, and reading books – these last because they were ›artificial,‹ providing only ›second hand information‹ compared with ›completely natural experience,‹ the real instructor of manhood.«[64]

Doch Stärke und Härte waren nur für einen Teil der Bevölkerung leitende Ideale. Trotz der bisher gezeichneten Tendenz zur Normalisierung und Rationalisierung des Körpers entstanden durchaus verschiedene Körpervorbilder. Penz führt sie auf verschiedene Weltansichten zurück, an die sich nicht nur Einstellungen und Verhalten knüpften, sondern auch Körperästhetiken koppelten, die nicht allein von ökonomischen Zwängen oder Freiheiten abhängig waren. Er betont, dass die Jahrhundertwende auch durch die Infragestellung vieler bürgerlicher Ideale und die Auflösung streng binärer Geschlechterstereotype gekennzeichnet war. Homosexuellenkultur, Frauen-, Arbeiter- und Reformbewegungen (insbesondere die Nacktkultur) trugen demnach zu einem Wandel des Schönheitsbildes und Körperbewusstseins sowie eines modernen Individualismus bei.[65]

An der Debatte um das Crooning, einem populären Gesangsstil der 1920er-Jahre, werden die Spannungen deutlich, die sich zwischen zwei geradezu polarisierten Männlichkeitsbildern auftaten: einem, das Stärke repräsentiert und einem, das physische Stärke verbirgt oder gar Schwäche erlaubt. Crooning war Ende der 1920er-Jahre vor allem ein Gesang in höherer Lage, der sehr leise, behaucht, sprechnah und nah am Mikrofon gesungen wurde. Crooner pendelten dabei in schnellem Wechsel zwischen einem plauderhaften Sprechen und Singen. Weil das Mikrofon erlaubte, kaum hörbares Säuseln und Raunen so zu verstärken, dass die Singstimme dennoch prominent im Vordergrund gehört werden konnte, wurden Crooner anfangs als »Whisperer« bezeichnet. Die leise und zarte Stimme vor allem des männlichen Crooners wurde insbesondere

63 Michael Kimmel, *Manhood in America. A Cultural History*, New York 2012, S. 115–118.

64 Ebd., S. 118.

65 Penz, *Metamorphosen der Schönheit*, 2001, S. 19.

von (ebenfalls männlichen) Kritikern mit Kraftlosigkeit, Verweichlichung und Verweiblichung assoziiert und so fügte sich der Crooner nicht zufällig in ein Männerbild, welches das freie urbane Leben verkörperte. Es diente damit als Ausdruck eines Lebensstils jenseits harter körperlicher Land- oder Fabrikarbeit und ließ sich als Gegenentwurf zum Ideal des Mannes lesen, der in der Wildnis auf sich allein gestellt seine Manneskraft stählt und entfaltet.[66]

Das allgemeine Ideal der körpergewordenen geschwungenen Linie des Jugendstils stellt Merta in den Kontext eines Bewegungsdiskurses der Jahrhundertwende.[67] Doch die Vielfalt und aufkeimende Freiheit an Körpermodellen wird mit der Weltwirtschaftskrise 1929 fast erstickt. Der schlanke und zarte Körper der amüsierfreudigen aufstrebenden Mittelschicht, wie er in den 1920er-Jahren in manchen gesellschaftlichen Kreisen noch akzeptiert war, passte immer schwerer in die Welt eines materiellen Überlebenskampfes. In den 1930ern wurden schlanke ätherische Gestalten zunehmend als Ausdruck eines Snobismus und Eskapismus gelesen. War Mitte der 1920er-Jahre die Übernahme gegengeschlechtlich konnotierter Verhaltens- und Kleidungsweisen bereits Gegenstand von Debatten wie von Spott – die Parodie »Masculine Women, Feminine Man« etwa griff die neuen Geschlechterstereotype urbaner Räume auf, die von einer scheinbaren Angleichung der Geschlechter gekennzeichnet war –, so erreichte die Kritik gegenüber den Croonern Anfang der 1930er-Jahre ihren Höhepunkt.[68] Die New York Singing Teacher's Association (NYSTA) verurteilte in einem Artikel der New York Times 1932 die Crooner wegen ihres »distorted type of singing« und schmähte sie im Titel als »Whiners and Bleaters«.[69] Der kraft-betonende Männertypus auf der anderen Seite hatte den

66 Tilo Hähnel, »Vokale Ausdrucksmuster im Kontext von Star-Images und kulturellen Stereotypen. Eine exemplarische Analyse der Vokalstile von Bert Williams und Bing Crosby«, in: *SAMPLES. Online-Publikationen der Gesellschaft für Popularmusikforschung* 12 (2014).

67 Merta, *Wege und Irrwege zum modernen Schlankheitskult*, 2003, S. 438f.

68 Ian Whitcomb, »Introduction: The Coming of the Crooners«, in: *The Rise of the Crooners*, hrsg. von Michael Pitts und Frank Hoffman, London 2002, S. 1–49, hier: S. 20f.

69 »Singing Teachers Condemn Crooning. Association Endorses Cardinal O'Connell's Criticism of Radio ›Whiners and Bleaters‹«, in: *The New York Times*, 23. Februar 1923, S. 19; vgl. Tilo Hähnel, »Was ist populärer Gesang? Zur Terminologie vokaler Gestaltungsmittel in populärer Musik«, in: *Stimme, Kultur, Identität. Vokaler Ausdruck in der populären Musik der USA, 1900–1960*, hrsg. von Martin Pfleiderer, Tilo Hähnel, Katrin Horn und Christian Bielefeldt (= texte zur populären musik 8), Bielefeld 2015, S. 53–72, hier: S. 60.

›klassischen‹ Tenor bereits fest im Griff, wie schon Rebecca Grotjahn an der klassischen Gesangsdebatte herausgearbeitet hat.[70]

Noch 1954 schreibt Houghson F. Mooney über die Crooner als »effete, weary, burntout revolutionists, whose listless voices slid sleepily over their melodies with a reptilian sinuosity suggestive of the folk heroes of a new passive era, the lounge-lizard and, later, the shovel-leaner [...].«[71] Dennoch: die Debatte um verweichlichte Männer war ein diskursives Ereignis, das die Verhältnisse nicht zwangsläufig proportional abbildete. Zudem versteckte sich hinter der Debatte auch ein Klassendiskurs, der selbst Jahrzehnte später noch anhielt. Dabei wurden die ›hedonistischen Neureichen‹ auch von der konservativen Oberschicht verachtet. Dwight Macdonald ›enttarnte‹ die Mittelschicht als eigentliche Unterschicht, der nur Erfolg und Geld eine Macht verlieh, mit der sie nicht umgehen könne. Nach seiner Ansicht entbehrte der auf Massenkonsum orientierten Mittelschicht vor allem Geschmack und Stil.[72]

Reformbewegungen

Amüsierfreudige Crooner und Flapper vertraten ein Körperideal, das physische Kraft bewusst herunterspielte und sich somit als Gegenentwurf zum Körper als leistungsorientierter Maschine lesen ließ. Der schlanke Hedonist, insbesondere jener der aufstrebenden Mittelschicht, benutzte seinen Körper und dessen Inszenierung (etwa durch Kleidung, Haargel und Schminke) womöglich auch zur Abgrenzung zu jenen gesellschaftlichen Gruppen, deren Ideale von physischer Kraft und Leistung geprägt waren. Solche Begründungsmuster sind dennoch nur die halbe Wahrheit. Denn wie Merta schreibt, gab es bereits seit dem 18. Jahrhundert einen Gegendiskurs zur Moderne, der sich in verschiedenen Bewegungen ausdrückte. In Opposition zur Zellularpathologie Virchows vertraten Reformerinnen und Reformer ein ganzheitliches Körperkonzept, wie es

[70] Grotjahn, »Ritter vom hohen C – Versuch über die Männlichkeit des Tenors«, 2017.

[71] Hughson F. Mooney, »Songs, Singers and Society, 1890–1954«, in: *American Quarterly* 6/3 (1954), S. 221–232, hier: S. 229; vgl. auch Tilo Hähnel, »›The Cutest Flapper That You've Ever Seen‹. Über die Anfänge des Crooning«, in: *Stimme, Kultur, Identität*, 2015, S. 129–150.

[72] Dwight Macdonald, »Masscult & Midcult«, in: *Against the American Grain*, New York 1962, paperback reprint of the first edition, o. O. 1983, S. 3–75; vgl. dazu Jonathan Ross Greenberg, *Singing Up Close: Voice, Language, and Race in American Popular Music, 1925–1935*, Ann Arbor 2008, S. 55 und Hähnel, »›The Cutest Flapper That You've Ever Seen‹«, 2015, S. 138f.

Merta etwa in Schellings naturphilosophischem Medizinentwurf erkennt. In den Reformbewegungen wurde der Mensch nicht als Summe oder Ansammlung von Einzelteilen betrachtet, sondern als einheitliches Wesen, als lebendiger Leib. Körper, Leib und Seele verschmolzen zu einem Körperbewusstsein. Die aufkommende Psychologie unterfütterte die bereits vertretenen Reformpositionen und nahm gerade nach der Jahrhundertwende an Bedeutung zu.[73] Unter dem Sammelbegriff der Reformbewegungen lassen sich zahlreiche Strömungen fassen, deren gemeinsamer Nenner – dem ersten Anschein nach – lediglich die Kritik an gesellschaftlichen Entwicklungen der Zeit war.[74] Merta zählt dazu Ernährungsreformen wie die Sonnenlicht-Lehre Bircher-Benners, diverse Brotreformen in Österreich und der Schweiz oder die ›Rohköstler‹ und Nährsalzbewegung, die amerikanische Kaukulturbewegung und viele verschiedene Diätreformansätze und Entfettungs- und Mineralwasserkuren, mit denen der zunehmend als übergewichtig gebrandmarkten Bevölkerung der Großstädte sprichwörtlich zu Leibe gerückt wurde. Allesamt macht Merta sie als Wegbereiter oder Verwandte der »Lebensreformbewegung« aus, die ab 1896 eine Reihe weiterer Reformbewegungen in sich vereinte und die sich als »eine soziale Bewegung der Kulturkritik am Industrialisierungs- und Urbanisierungsprozeß der Moderne«[75] verstand. Dazu

> »zählten die Naturheilkunde, der Vegetarismus, die Boden-, Siedlungs- und Wohnungsreform, die Kleiderreform, die Nackt- und Körperkultur, die Jugendbewegung, die Antialkoholismusbewegung, die Frauenbewegung, das Impfgegnertum, die Vivisektionsgegnerschaft und vieles mehr.«[76]

In all dem erkennt Merta eine Opposition zum Taylorismus. Zentral sei, dass die Bewegung des Körpers selbst im Einklang mit dynamischen Abläufen stehen und damit den Grundprinzipien der Natur entsprechen sollte. Der Körper solle ebenso wie fließendes Wasser, ziehende Wolken oder allgemeine dynamische Prozesse im Organismus eigene dynamische und organische Bewegungen vollziehen. Aus einst statischen Körperübungen zur Erhaltung der Gesundheit wurden in der zweiten Hälfte des 19. Jahrhunderts zunehmend dynamisch-fließende Bewegungsabläufe der Gymnastik; und auch das Wandern mit seiner

[73] Merta, *Wege und Irrwege zum modernen Schlankheitskult*, 2003, S. 319–24.
[74] Ebd., S. 333.
[75] Ebd., S. 82.
[76] Ebd., S. 83.

unaufhörlichen Bewegung zählt Merta zu dieser Art der stetigen Bewegung im Einklang mit der Natur.[77]

Dennoch muss an dieser Stelle gefragt werden, inwieweit sich hier nicht das ›Grundgesetz‹ der stetigen Bewegung auch in der Förderstrecke der Industrie zeigt, die rund um die Uhr produziert, sowie die zunehmende Beschleunigung der Moderne überhaupt. Es fällt auf, dass der Gegenentwurf zur Moderne am Ende eben nicht die bewegungslose Ruhe ist, sondern eine alternative Form der Bewegung, die am Ende dann doch wieder mit dem Gedanken an Leistungssteigerung und Verbesserung geknüpft wird. Der Bewegungs- und Fortschrittsgedanke ist damit in der Moderne so verankert, dass selbst die vermeintlichen Gegendiskurse nicht mehr aus ihm herausfinden.

In der Betonung des Menschen als Wesen der Natur, das mit seiner Umwelt in unmittelbarem Austausch steht, greifen Reformbewegungen viele Aspekte des Hygienediskurses auf. Dabei ist der Stoffwechsel, also die Aufnahme von Stoffen aus der Umwelt und die Ausscheidung beziehungsweise Abgabe von Stoffen an sie zentral. Häufig kommt dabei dem Atem eine besondere Bedeutung zu, was die Brücke zur Gesangspädagogik äußerst kurz werden lässt. Hinter dem Atem verbirgt sich aber nicht nur die Grundbedingung für Gesang und Sprache oder der allgemein lebensnotwendige Leib-Umwelt-Austausch, sondern in der Etymologie des Begriffs Atem verbergen sich der Hauch und die Seele selbst.[78] Freiluft und Freikörperkulturen spitzen die Idee der lebenspendenden Luft weiter zu. Nicht nur die Lungen sollen mit frischer und reiner Luft versorgt werden, was sich in der Begrifflichkeit des Luftkurortes niederschlägt, auch der Gasaustausch der Haut wird zum Anlass, die Kleiderhüllen fallen zu lassen oder wenigstens ›luftig‹ locker anzulegen. Von der Freiluft ist es dann nur noch ein kleiner Schritt zum ›Freilicht‹-Kult, der die Kraft der Sonne auf Körper, Leib und Seele betont. So lässt sich die Erfindung des Müsli als direkte Folge der ›Sonnenlichtquantentheorie‹ verstehen, nach der die Energie der Sonne in den Pflanzen gespeichert wird und über eine vegetarische Kost auch im Menschen ihre heilsame und gesunde Wirkung entfalten kann.[79]

77 Ebd., S. 430–439.

78 *Das Herkunftswörterbuch. Etymologie der deutschen Sprache,* Berlin [5]2014, Sp. 133.

79 Merta, *Wege und Irrwege zum modernen Schlankheitskult*, 2003, S. 119–122.

Antike Körperideale

Der Umstand, dass der Mensch von vielen Reformerinnen und Reformern als ganzheitliches Wesen aus Körper, Geist und Seele gedacht wurde, änderte jedoch nichts daran, dass es nicht auch Körpervorbilder gab. Dazu dienten vor allem die Körper der Antike. Damit waren selbstverständlich nicht etwa die realen Konstitutionen der Bürger des römischen oder hellenistischen Reiches gemeint, sondern die antiken Idealfiguren, deren Körper nicht nur jugendlich und kräftig, sondern auch den Gesetzen einer ganzzahligen Proportionslehre womöglich stärker unterworfen waren als den realen Proportionen der Natur. Eine der wohl berühmtesten Statuen war die 1820 entdeckte Venus von Milo.[80] Theodor Ballhorn brachte an ihrem Beispiel die Verschmelzung von Natur, Kunst, Körper und Geist auf den Punkt und erhob die antike Statue zum Normativ:

> »Die Griechen, dieser Adel unter den Menschen, wie *Kant* sie nennt, vermochten das Geistige bruchlos ins Leibliche zu übertragen, und ihrer eigenen vollkommenen Gestalt entnahmen sie das Maß für die Schönheit ihrer Gebilde. Daher bei aller Idealität zugleich die unmittelbare, naive Wahrheit, das Individuelle, Naturalistische derselben, das einen *Canova* vor den Partheonstatuen entzückt ausrufen ließ: ›Lauter Natur! wahres, wirkliches Fleisch! wahre, wahre Wahrheit.‹«[81]

Auch die Anbindung der antiken Vorstellungen an zeitgenössische Reformbewegungen wird deutlich, wenn er schreibt:

> »Das Bad ist ihr [der Aphrodite] geheiligtes Gebiet, ihre spezielle Domäne. Leibesschönheit ruht den Griechen auf Leibesgesundheit und Leibeskraft und deren Pflege und ist davon nicht zu trennen. Wie die Körperübung in der Ringschule, so war die Erfrischung im Bade täglich Bedürfnis, Pflicht, Sitte: die Ringschule mehr thätige, aktive Gesundheitspflege, das Bad mehr passive, aufnehmende; jene mehr für Männer, dieses mehr für Frauen.«[82]

80 Z.B. Friedrich Goeler von Ravensburg, *Die Venus von Milo. Eine kunstgeschichtliche Monographie*, Heidelberg 1879; Theodor Ballhorn, »Die Venus von Milo und die spätere Ausgestaltung des Aphrodite-Ideals«, in: *Sammlung gemeinverständl. wissensch. Vorträge. Neue Folge*, 227–231 (231), Hamburg 1895, S. 1–35 und Paul Carus, *Venus. An Archeological Study of the Goddess of Womanhood*, Chicago 1916.

81 Ballhorn, »Die Venus von Milo und die spätere Ausgestaltung des Aphrodite-Ideals«, 1895, S. 8.

82 Ebd., S. 9.

Körperoptimierung unter der Reform

Viele Reformbewegungen – wie auch die Hygiene – mündeten in Maßnahmen zur Aufwertung des Körpers. War der Mensch ein Wesen aus Leib, Geist und Seele, so wurde der Körper als sichtbare Oberfläche des Leibes zum Ausdruck des Menschen in seiner Gesamtheit und seiner Gesundheit. Jedoch eroberten die Debatten um die Ausbildung dieser Körperoberfläche mehr und mehr die Hoheit im Diskurs. Durch die starke Konzentration auf die Oberfläche verschwanden also auch die leiblichen, geistigen und seelischen Anteile jenseits der Körperoberfläche – oder deren Bedeutung wurde zur bloßen Phrase. Gerade im Trainingsprogramm von Bess Mensendieck wurde diese Entwicklung sichtbar. Merta führt sie direkt auf die Gymnastik von François Delsarte zurück. Dessen Ansatz entwickelten vor allem in den USA die Schüler Steele MacKaye und Genevieve Stebbins 1885 zur »amerikanischen Delsartik« weiter. Ihr Ziel war es unter anderem, »die Anmut und Schönheit des edlen Menschen«[83] hervorzubringen.

Stebbins Lehre richtete sich an die Frauen der amerikanischen Oberschicht, also an ein wohlhabendes Publikum. Die Übungen sollten die Damen befähigen, sich in ›besseren Kreisen‹ »mit graziöser Haltung und beseelter Anmut bewegen zu können, dienten aber auch dazu, eine wohlgeformte, schlanke Statur zu bewahren«.[84] In Stebbins Lehre spielten bereits der Atem sowie Spannung und Entspannung eine bedeutende Rolle. Das Korsett, das zur Jahrhundertwende überhaupt zum Gegenstand vieler Debatten wurde, kondensierte zum Symbol für eine überholte Gesellschaft und Beschränkung der Frau. Jedoch ist das Ziel der Übungen wiederum die Anpassung der Frau an die neuen Bedingungen, denen sie sich zu fügen hat. Dass für diese Anpassungsleistung sich die Frau nun – statt sich lediglich in ein Korsett zu zwängen – in ihrer Ganzheit als Mensch mit Leib und Seele trainieren muss, zeigt die Doppelbödigkeit dieser Befreiung. Anstatt an der Oberfläche mussten Frauen nun an ihrem Innersten arbeiten, um bestehen zu können. Stebbins Lektionen beinhalteten Übungen zum Stehen, zum Sitzen, zum Schwanken, Verbeugen und Knien, zum Gehen, zum Bewegen der Arme, des Rumpfes, der Hand, des Handgelenks und der Ellenbogen sowie Stimmübungen, in denen nicht nur Atmung und Aussprache geübt werden sollten, sondern gezielt auch nonverbale Ausdrucksweisen wie Stöhnen, Ausrufen, Weinen, Klagen und Lachen in ihrer gesellschaftlichen Funktion beschrieben und eingeübt wurden, um sie als Mittel des sozialen

[83] Merta, *Wege und Irrwege zum modernen Schlankheitskult*, 2003, S. 442–445, Zitat auf S. 443 aus Oberzaucher-Schüller, 1992, S. 28.

[84] Ebd.

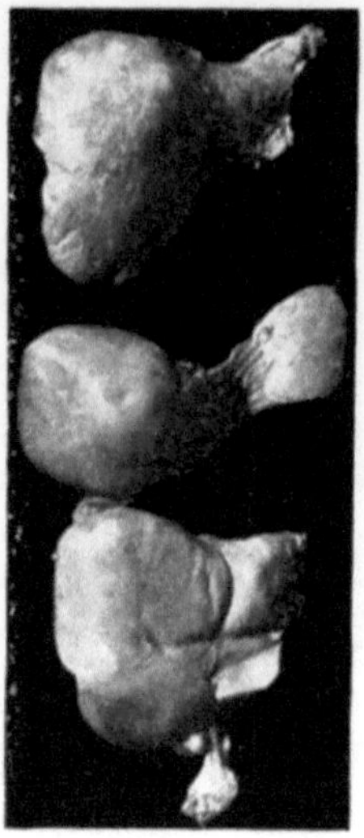

Bei der oberen Leber ist der kleine Leberlappen fast weggedrückt, der große nach unten gestreckt; die mittlere Leber ist um ihre horizontale Achse gedreht, daher niedrig, zwischen den zwei Lappen nur noch eine bandartige Verbindung. Die unterste zeigt sich in ihrer ganzen Form weniger verändert, aber eine sehr deutlich quere Schnürfurche, welche auch den Gallengang zudrückte, so daß die Gallenblase durch die sich stauende Galle ausgedehnt wurde, Gallensteine enthielt und weit nach unten hängt.

Fig. 33.

3 Schnürlebern.

Abbildung 1: Neustätter zeigt auf mehreren Seiten (hier die Abbildung auf S. 44) schockierende Bilder von deformierten Organen als Folge des Tragens des engen Korsetts.

Umgangs gezielt einsetzen zu können.[85] Stebbins Schülerinnen Hedwig Kallmeyer und Bess Mensendieck importierten den Ansatz nach Europa, wo er sich zur »ästhetischen Gymnastik« ausbildete. Mensendiecks *Körperkultur des Weibes*, die ab der fünften Auflage 1912 in *Körperkultur der Frau* umbenannt wurde und ihr Berliner »Zentralinstitut für Mensendieck-Gymnastik« zielten ebenso auf die »fortschrittliche bürgerliche Frau«[86].

Letztlich benutzt selbst Mensendieck die Maschinenmetapher, indem sie ihre Schülerinnen anwies, ihren Körper »gleich einer Maschine detailliert kennen zu lernen und so einen Kontakt herzustellen zwischen Gehirntätigkeit (Innervation durch den Willen) und Funktion.«[87] Mensendiecks Maschinendenken

85 Genevieve Stebbins, *Society Gymnastics and Voice Culture: Adapted from the Delsarte System*, New York 1888.

86 Merta, *Wege und Irrwege zum modernen Schlankheitskult*, 2003, S. 446, wörtliche Zitate im Absatz ebd.

87 Ebd., S. 448, zit. aus Pallat und Hilker (Hrsg.), *künstlerische Körperschulung*, Berlin 1923, S. 37.

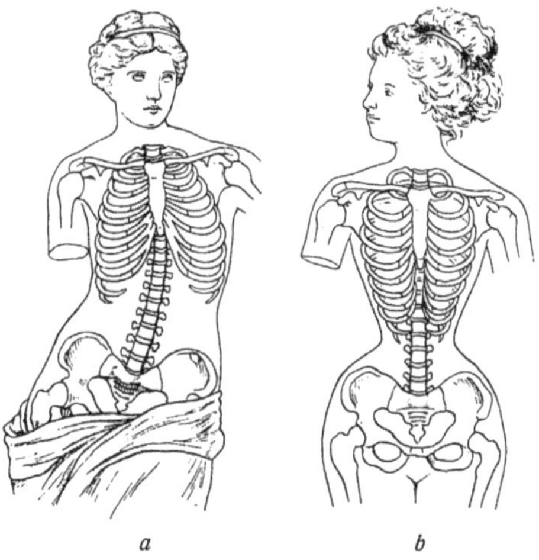

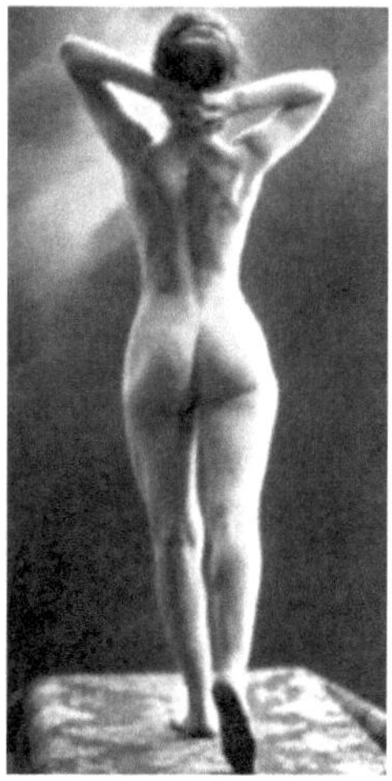

Abbildung 2: Links: Aus Hueppe, *Hygiene der Körperübungen*, S. 118, dort: Fig. 43. Vergleich zweier Körperideale. »a) Rumpf der Venus von Milo mit normalem Brustkorb, der Spitzen-, Flanken- und Zwerchfellatmung ausgiebig gestattet. b) Veränderung des Brustkorbes durch das Korsett. Die Lungen sind nach unten in die Länge gezogen, Flanken- und Zwerchfellatmung sind ganz aufgehoben; Leber zeigt Schnürfurche, Magen ist sanduhrförmig aufgerichtet, der Darm ist nach unten gedrängt.« (Ebd.). Rechts: Aus Mensendieck, *Körperkultur des Weibes*, Tafel 45. »Wirkung eines guten Ganges auf das Relief des Rückens«.

zeigt einmal mehr, wie stark auch die Ableger der Reformansätze sich von einem Denken prägen ließen, das den Körper nicht nur als kontrollierbar und steuerbar ansah, sondern, gepaart mit einem Fortschrittsglauben, Kontrolle und Leistungssteigerung auch einforderte. Merta merkt an, dass Mensendieck zwar ihre Übungen nackt ausführen ließ und damit von der reformerischen Nacktkultur beeinflusst war, aber bei ihr im Gegensatz zur amerikanischen Urform nicht mehr der Körper Ausdruck des Geistes war, sondern es primär um Schönheitspflege und Schlankheit ging.[88] Dem hinzuzufügen wäre, dass Ganzheitlichkeit und Freiheit von Geist und Körper weniger widersprüchlich sind, als sie zunächst scheinen mögen. Sie sind eher als kategorisch verschieden anzusehen. Pointiert ausgedrückt ist es durchaus möglich, dass sich die Frau nicht mehr nur körperlich, sondern ganzheitlich unterwirft – und für den Mann ist diese Unterwerfung in Bezug auf die Moderne ebenso denkbar. Doch bevor es erneut um die Ideale des männlichen Körpers geht, sollen noch ein paar Anmerkungen zum Korsett folgen (basierend auf Quellen, die alle-

88 Ebd.

samt von männlichen Autoren stammen), da sich genau hier diese Dialektik der Befreiung zuspitzt.

Äußeres und inneres Korsett

Während Otto Neustätter idealtypischen griechischen Statuen noch Bilder von – durchaus erschreckenden – Organdeformationen gegenüberstellte, die er auf das Tragen zu enger Korsetts zurückführte (Abbildung 1),[89] so wirken die Abbildungen in der »Hygiene der Körperübungen« von Ferdinand Hueppe bereits deutlich ästhetisiert (Abbildung 2 links). Auch Hueppe bediente sich der Venus von Milo, die er als prototypisches Beispiel eines schönen Frauenkörpers der Silhouette einer Korsettträgerin gegenüberstellte.[90] Die Vorteile des Ablegens eines Korsetts untermauerte er an dieser Stelle weniger mit erschreckenden Bildern und dem Aspekt der Gesundheitsschädigung, sondern mit der Ästhetik der bereits angesprochenen antiken Vorbilder. In seiner Gegenüberstellung der Silhouette einer Korsettträgerin und der Venus von Milo sind beide im Gesichtsausdruck neutral dargestellt. Die Korsettträgerin ist also keineswegs krank oder leidend gezeichnet. Er macht aus der idealtypischen Statue sogar einen Organismus, in dem er ein Knochengerüst einträgt, als bestünde die Venus nicht aus Marmor, sondern sei eine Frau, die auf seinem Seziertisch lag oder hinter einem Röntgengerät stand.[91]

Hueppe benennt zwar die Organdeformationen; die Abbildung zeigt nun aber eher eine ästhetische Normierung des Körpers. Diese ist von einer Entscheidungshilfe zum gesunden Leben zu unterscheiden. Der Prototyp für den gesunden Körper – die Venus von Milo – unterliegt als Kunstwerk idealisierten Proportionen. Die Wirkung des Bildes, die er nutzt, zielt auf ein normiertes Körperideal ab, zeigt die Frau, wie sie ›zu sein hat‹. Gleichzeitig verknüpft er Gesundheit mit Schönheit, die sich zudem in einer kaum erreichbaren körperlichen Idealvorstellung äußert und damit selbst zu einem utopischen Ziel wird.

Wenngleich sich die Schriften zur Kleider- und Lebensreform noch als Befreiung vom Korsett lesen lassen, so zeigt die fotografierte Silhouette bei Bess Mensendieck (Abbildung 2 rechts) im direkten Vergleich mit Hueppes Grafik einen Körper, dessen Form eher an die Sanduhr der Korsettträgerin erinnert

89 Otto Neustätter, *Die Reform der Frauenkleidung auf gesundheitlicher Grundlage*, München 1903, Abbildung auf S. 44.

90 Ferdinand Hueppe, *Hygiene der Körperübungen*, Leipzig 1910, Abbildung auf S. 118 (= Fig. 43).

91 Vgl. ebd.

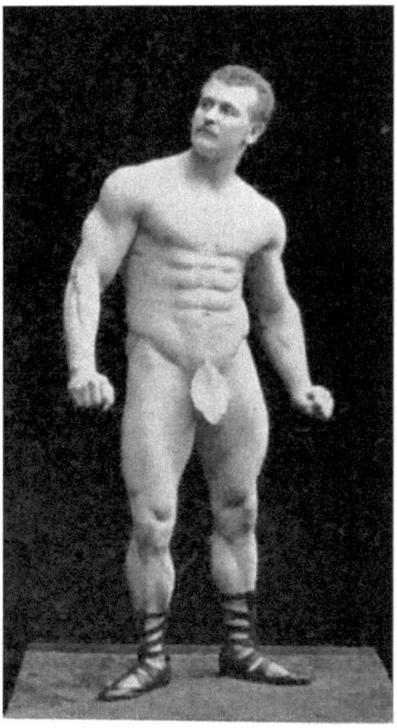

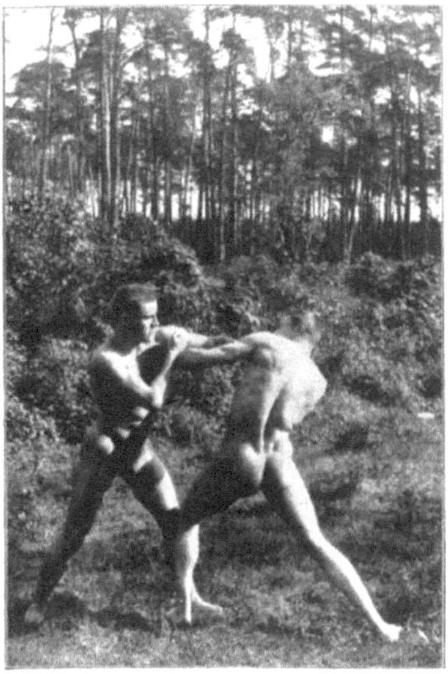

Abbildung 3: Links: Aus Sandow, *Strength and How to Obtain It*, London 1897, S. 117. Eugen Sandow alias Friedrich Müller, dessen Körper anfangs noch Gegenstand von Varieté-Aufführungen in Europa und den USA war und dessen Bodybuilding-Methode später vorbildhaft wurde. Rechts: »Boxkampf« aus: *Kampf der Lichtfreunde gegen die Dunkelmänner*, Berlin 1910, S. 53, Bild 9, wobei es sich hier um zwei Lichtfreunde bei der Ausübung sportlicher Betätigung an der frischen Freiluft handelt, mit der ein fortschrittliches Körperideal propagiert wurde.

als an die vergleichsweise breite Taille der Venus von Milo.[92] Der Gedanke ist nicht weit, dass das Korsett als äußeres Gefängnis der Frau nun lediglich zu einem inneren Korsett geworden ist, das sie sich selbst durch ›eiserne‹ Disziplin aufzwingt. Das äußere Korsett braucht den Körper nicht mehr zu formen, weil es sich als normalisierte Form der Sanduhrtaille bereits in ihn eingeschrieben hat. Bei der (un-)freiwilligen Selbstkontrolle halfen ab der Jahrhundertwende Personenwaage und Badspiegel, die laut Penz nun Einzug in die privaten Badezimmer hielten. Den neuen Zwang zur Selbstkontrolle stellt er direkt in einen Zusammenhang mit dem Aufkommen von Magersucht, Überreizung und Erschöpfung.[93] Pointiert ausgedrückt, konnten Mädchen ihre äußeren Korset-

92 Bess M. Mensendieck, *Körperkultur des Weibes. Praktisch hygienische und praktisch ästhetische Winke*, München ^{2}1907, Abbildung im Anhang, Tafel 45.

93 Penz, *Metamorphosen der Schönheit*, 2001, S. 57f.

te erst dann mit gutem Gewissen ablegen, als sie erkannten, dass sie sich ein inneres Korsett antrainieren konnten.

Bodybuilding und Turnen

Für den Männerkörper gilt ähnliches: Auch er wird nach dem Vorbild antiker Statuen durch Selbstdisziplin gemeißelt. Einer der ersten Vertreter des Bodybuildings war der Däne Jørgen Peter Müller, der 1900 *Mein System* veröffentlichte und damit durch Deutschland auf Werbetournee zog. Andere waren der bekennende Vegetarier Theodor Siebert, die Kraftsportler George Hackenschmidt und Louis Dürlacher, dessen Methode auch vom Mediziner Ferdinand Hueppe empfohlen wurde. Dürlachers Schüler Friedrich Müller wurde unter seinem Pseudonym Eugen Sandow durch Shows weltberühmt, in denen er seinen Körper in verschiedenen Szenen und Posen dem Publikum vorführte. Sandow entwickelte Hantelübungen und die dazugehörigen Trainingsgeräte (die in Varianten bis heute noch eingesetzt werden), für die er auch die Patente besaß und mit Anzeigen und eigenen Büchern warb.[94] Merta macht jedoch zu Recht darauf aufmerksam, dass gerade die Idee des Bodybuildings einem ganzheitlichen Konzept der Bewegung widerspricht, da diese Trainingsmethode nur einzelne Muskelgruppen oder Muskeln gezielt anspricht.[95]

Fitness und Bodybuilding zielten primär auf die Ausprägung des Körpers. Körperbilder ließen sich also ›ohne Umwege‹ sowohl repräsentieren als auch erzeugen. Wurde das Bild des sichtbar durchtrainierten Mannes anfangs noch in Varietés gezeigt, setzt es sich bald auch in Abbildungen in Handbüchern durch. Bodybuilder wurden als Schönheitssymbole vermarktet (wie Eugen Sandow, Edmond Desbonnet und Bernarr Macfadden), und sicherten so den europaweit entstehenden Bodybuilding-Studios den Zulauf. Bei anderen Sportarten wurden sportliche Körper – wenigstens im direkten Vergleich zu den eben genannten – eher als Sekundäreffekte produziert.

Doch sei es Eliten- oder Breitensport, Sport im Allgemeinen erlebte zur Jahrhundertwende einen Aufschwung und ›produzierte‹ neue Körperbilder, die wiederum stellvertretend auch für Geisteshaltungen stehen konnten. Ab den 1880er-Jahren war das Fahrrad so weit entwickelt, dass es als Sportgerät für beide Geschlechter taugte. Schwimmen, Bergwandern et cetera wurden zum Bestandteil der aktiven Erholung und infolge des immer weiter ausgebauten Schienennetzes verteilte sich die Bevölkerung dabei über die ganze Welt. Dass

94 Merta, *Wege und Irrwege zum modernen Schlankheitskult*, 2003, S. 470–482.
95 Ebd., S. 340.

der Sport zur Jahrhundertwende zu einem wichtigen Betätigungsfeld wurde, zeigt sich auch in der steigenden Zahl an Turnvereinen, in der Ausbreitung der Sportarten Fußball und Rugby sowie in der Wiederbelebung der olympischen Spiele 1896. Mit der Entstehung des Breitensports wurde auch der sportliche, das heißt in diesem Fall der schlanke und muskulöse Körper (im Gegensatz zum korpulenten muskulösen Körper des 19. Jahrhunderts und dem lediglich schwachen schlanken Körper) zum Aushängeschild vor allem des Mannes.

Reform von ›oben‹ und ›unten‹, Sport für Mann und Frau

Merta unterscheidet die deutsche breitensportliche Turnbewegung, die als »hygienische, ästhetische und kräftestärkende« Bewegung zu verstehen sei, von der elitären aus England importierten Sportmode, die vor allem »die persönliche Höchstleistung« und den Wettkampf in den Vordergrund stellte.[96] Anfangs noch individuell, konvergierten die Körperideale vor allem ab den 1920er-Jahren in einem sportlich-schlanken Körper.[97] Penz betont auch den Geschlechterunterschied bei der Verteilung von Sportarten: kraftaufwändigere Sportarten waren meist den Männern vorbehalten, während die feine Dame Croquet spielte oder Rollschuh lief.[98] Sport blieb Distinktionsmerkmal sowohl in geschlechtlicher als auch ökonomischer Hinsicht: So nahm der Arbeitersport eigene Züge an, indem Solidarität demonstrierende Massenveranstaltungen sich bewusst vom individualisierenden Wettkampfsport abhoben.

Merta beschreibt Sport zudem als eine Haltung; so wurde aus der Sportkleidung schnell eine Mode, die sich vom Ausüben des Sports selbst emanzipierte und »die individuelle Leistungsfähigkeit, Vitalität und Fitneß signalisieren« sollte; gleichermaßen wurde auch der Teint des Körpers zum Ausdruck von körperlicher Bewegung an der frischen Luft.[99] Galt die sonnengebräunte Haut im 19. Jahrhundert noch als Merkmal derjenigen, die sich kein schattiges Plätzchen leisten konnten, so kehrte sich das Distinktionsmerkmal zur Jahrhundertwende um: Wer es sich leisten konnte, fuhr in die Berge zum Wandern und trieb Sport an der Sonne, während die Arbeiter in den Fabriken von der Sonne abgeschirmt blieben. Doch mit zunehmenden Möglichkeiten auch für ökonomisch Schwächere verloren Skiurlaub, Bergwandern und Kurbesuche ihren Status als exklusive Betätigung wohlhabenderer Schichten; der

[96] Ebd., S. 424–428, Zitate auf S. 426.

[97] Ebd., S. 493f.

[98] Penz, *Metamorphosen der Schönheit*, 2001, S. 50–52.

[99] Merta, *Wege und Irrwege zum modernen Schlankheitskult*, 2003, S. 339f.

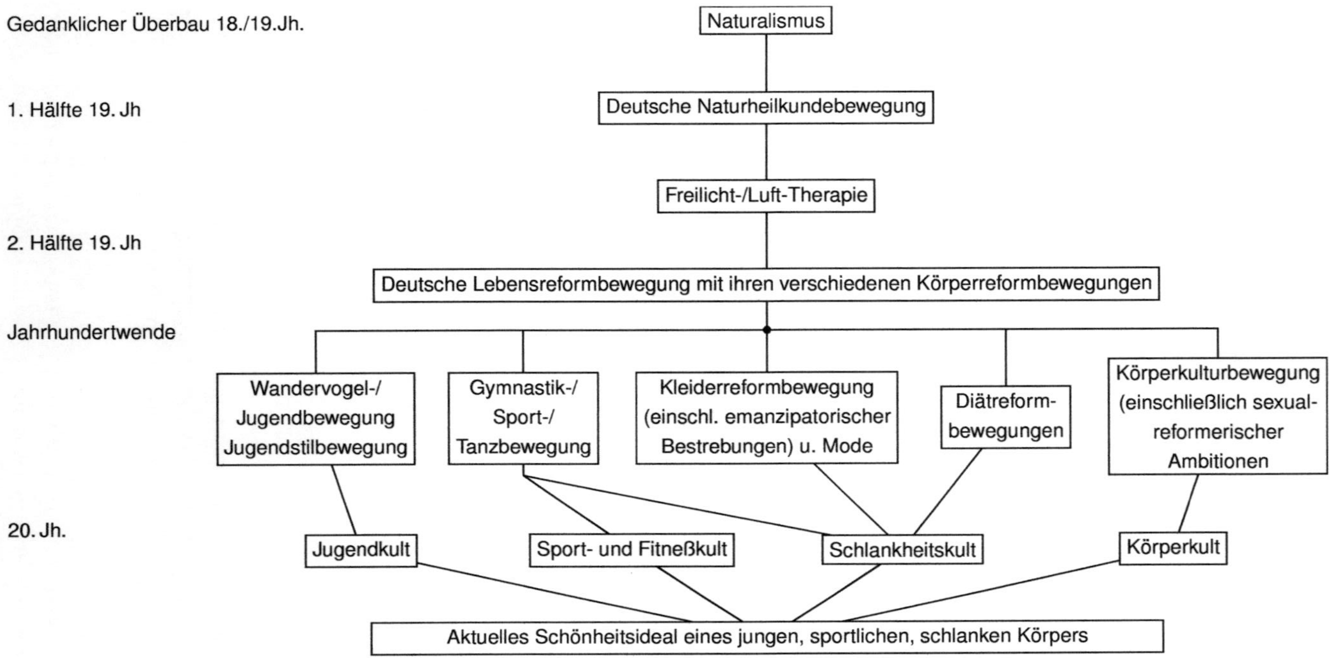

Abbildung 4: Schema nach Merta (*Wege und Irrwege zum modernen Schlankheitskult*, 2003, S. 511, Schaubild 5). Lebensreformerische Bewegungen und ihr Einfluss auf die Entstehungsgeschichte des modernen Körperideals.

Teint und die sportliche Figur wurden als Distinktionsmerkmal untauglich. Penz beschreibt am Beispiel Ortega y Gassets das Unbehagen einer sich selbst als superior wahrnehmenden Schicht: 1929 klagt er darüber, »daß es keinen Raum mehr gäbe, an dem die Eliten ungestört sein könnten. Städte und Züge, Hotels und Cafés, Theater, Kinos und Badeorte seien überfüllt mit gewöhnlichen Menschen.«[100]

Merta sieht die Anhänger der Nacktkultur »aus Menschen verschiedenen Standes und Gesinnung, von progermanischen Fanatikern über sportliche Männer bis hin zu sonnenhungrigen Schönheitssuchern«[101] rekrutiert. Doch sie betont, dass die meisten Gruppen nur sehr wenige Mitglieder zählten und darüber hinaus die gleichen Personen oft in mehreren Bewegungen aktiv waren. Die Vielzahl an Bewegungen und Strömungen täusche demnach eine Verbreitung in der Bevölkerung vor, die relativiert werden muss. Stattdessen ist wohl anfangs eher von kleinen Interessenverbänden auszugehen, die nicht nur elitären Ursprungs waren, sondern in vielen Fragen auch radikale und ›fundamentalistische‹ Zellen bildeten, die aufgrund ihrer finanziellen Mittel die Öffentlichkeit erreichen konnten. Das Spektrum reichte von wohl eher voyeuristischen Nacktlogen, die alle jeweils kaum mehr als 20–30 Mitglieder zählten, bis hin zu mit rassenhygienischen Gedanken durchsetzten Gruppen. In der Wahl der geheimen »Loge« als Vereinsform sieht Merta den direkten Bezug zu einer aus der Aufklärung stammenden Einrichtung, in welcher die »Abgeschlossenheit und Zielstrenge« betont wurde. Belegt sind wohl aber auch öffentliche Ärgernisse, die badende Jugendliche erregten.[102]

Unklar lässt sie dennoch, wie sich jene Teile der Bevölkerung verhielten, die nicht publizierten und sich nicht mit Grundsatzprogrammen vereinsmäßig organisierten. Wie viele Bauern und Landarbeiter sich in der Freizeit ›einfach so‹, ohne ideellen Überbau, nackt in die Flüsse und Seen warfen oder sich anderweitig nackt betätigten, ist nicht belegt. Sie verfügten kaum über die Mittel, ihre Aktivitäten zu publizieren; außerdem hatten sie womöglich kein Interesse daran, sich neben der Sonne auch noch im Licht der Öffentlichkeit zu baden.

In den USA war das Bild etwas anders, da in den dortigen Revuen der Voyeurismus auch für ökonomisch schwächere Schichten befriedigt werden konnte (wobei die Varieté-Welle schnell nach Europa überschwappte). Die »Girls« wurden dabei zu Höhepunkten der Revuen und Symbol US-amerikanischer Unterhaltungsindustrie. Auch wenn es sie schon im 19. Jahrhundert

100 Penz, *Metamorphosen der Schönheit*, 2001, S. 53.
101 Merta, *Wege und Irrwege zum modernen Schlankheitskult*, 2003, S. 377.
102 Ebd., S. 377f.

gab, wurden sie in den 1920ern immens populär. In der Rezeption polarisierten die Girls. Einerseits als gedrillte Bewegungsmaschinen kritisiert, dienten sie andererseits auch als Wunschbild, innerhalb dessen das weibliche Individuum zum Kollektiv verschmolz. Dabei ist wiederum die Maschinenmetapher nicht zwangsläufig Kritik, so schreibt Ramsbrock: »Florence Ziegfeld verglich die Körper der Mädchen gar mit einem ›Rolls-Royce-Wagen‹: eine ›schön lackierte Limousine‹, die ›gut behandelt‹ werden sollte.«[103]

In Europa steht der Bewegung ›von oben‹ jedoch auch eine Bewegung ›von unten‹ gegenüber, die sich von den elitären Ansätzen durchaus unterschied. Beispielhaft dafür steht der Berliner Lehrer Adolf Koch, der an Arbeiterkindern in Moabit »Rückgratverkrümmungen, schlechte[] Haltung und rachitische[] Merkmale[]« beobachtete und sowohl »Nacktturnen und -tanzen« einführte, als auch den Eltern hygienische Ratschläge erteilte, die sich verpflichteten, Hygienemaßnahmen und Atemübungen an ihren Kindern durchzuführen sowie diese über Sexualität aufzuklären. 1924 gründete Koch die Berliner »Körperschule Adolf Koch«; in der es vor allem um die Bildung eines »Einheitsbewusstseins von Leib und Seele« ging.[104]

2.5 Zusammenfassung

In ihrer Auseinandersetzung mit dem Schlankheitskult zitiert Merta die Kritik von Elisabeth Redler, nach der zur Jahrhundertwende eine Konzentration auf den eigenen Körper ablesbar ist. Diese sei eine Folge der Hilflosigkeit des Individuums, sich gesellschaftlich, also außerhalb des eigenen Körpers, noch sinnvoll und wirksam einzusetzen.[105] Die ›schlanke Linie‹ wurde zum Ausdruck des erstrebenswerten Körperbildes, vor allem bei Frauen, während die sichtbare Muskelkraft das Ziel des wohlgeformten Männerkörpers wurde.[106] Hierbei wird jedoch ein in der Regel wenig diskutierter Widerspruch deutlich: Schlanksein wird zunehmend mit Normalsein assoziiert, wobei eigentlich Schlank- und Dicksein zwei Markierungen sind, die nach Sarasin das Abweichen von der unmarkierten Mitte, dem Normalen, ausdrücken sollten. Das Ideal des Schlankseins speist sich aus verschiedenen Strömungen, die Merta wie in Abbildung 4

103 Ramsbrock, *Korrigierte Körper*, 2011, S. 200, wörtliches Zitat auf S. 201, mit Verweis auf Anonym, »Ziegfeld sucht 600 Girls«, in *Das Magazin* (54), 1929, S. 3193–3201, hier: S. 3195.

104 Merta, *Wege und Irrwege zum modernen Schlankheitskult*, 2003, S. 377–383, wörtliche Zitate im Absatz auf S. 381.

105 Ebd., S. 340–355.

106 Ebd., S. 497.

zusammenfasst. Daraus wird nicht nur ersichtlich, welche Strömungen zum modernen Schlankheitsideal führen, sondern es wird ebenfalls deutlich, dass viele der Strömungen sich aus den Diskursen des 19. Jahrhunderts heraus entwickelt haben, in denen ein Fortschritts- und Wettbewerbsgedanke immer stärker an Bedeutung gewann. Hier kann bereits die Frage gestellt werden, ob sich hinter dem Begriff der Freiheit, der gerade im Zusammenhang mit der ›Befreiung‹ der Frau vom Korsett in seiner Dialektik deutlich wurde, lediglich ein eingeschränkter Freiheitsbegriff verbirgt, der sich eher auf den losgelösten Zustand des Individuums in einem freien Markt bezieht.

Für die Entwicklung der Körpervorstellungen ließ sich zunächst eine Bewegung ›von oben‹ ausmachen, die später von einer Bewegung ›von unten‹ ergänzt wurde, wobei sich letztere von ersterer durchaus unterschied. Interessant ist dabei die Zuordnung: Während das gemeinsame Turnen aus Sicht der Populärwissenschaft und Hygiene durchaus erklärt werden kann (wie weiter oben auch das FKK Nacktturnen für Arbeiterkinder), so ist das elitäre Sporttreiben (insbesondere Reiten und Rudern) Ausdruck des individualisierten Konkurrenzdenkens ökonomischen Ursprungs.

Ziel des Kapitels war aber nicht, zu zeigen, dass es mehr als ein Körperideal gab. Vielmehr sollte es darum gehen, die Kräfte ausfindig zu machen, die auf die Körperbilder der Zeit einwirkten und ›an den Leibern zogen‹. Diese lassen sich auf vier Einflusskräfte bündeln: Individualisierung, Normalisierung, Rationalisierung und Naturalisierung. Die vier können darüber hinaus als jeweils zwei Gegensatzpaare aufgestellt werden, wie sie in Abbildung 5 angeordnet sind. Sodann wäre zu fragen, wer oder was diese Kräfte verursachte. So ließe sich der Kampf zwischen Normalisierung und Individualisierung in den eher individualistischen Hygiene- und normalistischen Gesundheitsdiskursen ablesen, die beide um die Jahrhundertwende in einen Schönheitsdiskurs mündeten. Die Spannung zwischen Rationalisierung und Naturalisierung fände sich im ökonomischen Diskurs und den reformerischen Gegendiskursen wieder. Während die Rationalisierung als Phänomen der Zeit recht schnell augenfällig wird, so ist der Zusammenhang mit der scheinbaren Gegenkraft, der Naturalisierung, die eigentliche Pointe. Gerade in der Vermarktung von Massenwaren, die nur unter einem starken Rationalisierungsgedanken möglich werden, wird der Begriff der Natur einerseits zum Sehnsuchtsbegriff einer rationalisierten Gesellschaft, andererseits wird er seiner Bedeutung entraubt und in der Werbung genau den Massenwaren angeheftet, denen viele eigentlich entsagen möchten. Naturalisierung und Rationalisierung sind damit Komplementär- und Gegenkräfte zugleich, die sich in der Moderne geradezu in Symbiose vereinen. Ebenfalls interessant ist die Beobachtung, dass die eigentlich oppositionellen Kräfte Ökonomie (Wirtschaft und Werbung, die vor allem rationalisieren) und

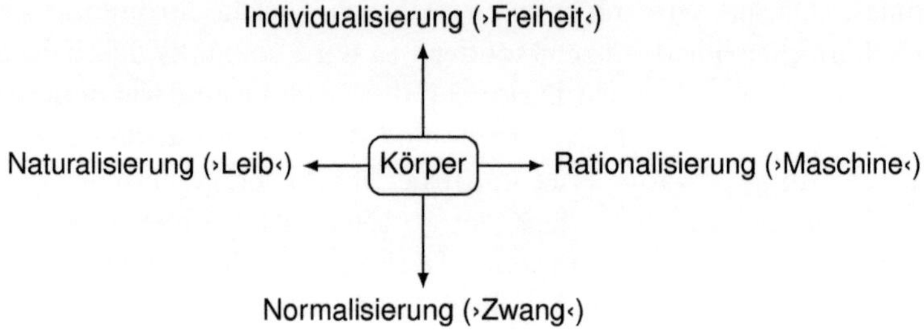

Abbildung 5: Vier Kräfte, die auf den Körper der Jahrhundertwende einwirkten.

Reformbewegungen (die vermeintlich oder vom Urgedanken her naturalisieren beziehungsweise renaturalisieren) in dem von der Wirtschaft und Werbung konstruierten Wunschbild konvergieren. Sowohl tayloristisch beeinflusste als auch manch reformerisch orientierte Körperbilder endeten an einer Körperoberfläche, die Kraft, Leistung und Jugendlichkeit ausdrückte.

Der Körper im Spannungsfeld zwischen Individualisierung und Normalisierung, zwischen Naturalisierung und Rationalisierung gehört gleichzeitig zu einem Denkstil der Moderne, der nachfolgend anhand einer Untersuchung der Gesangsästhetik der Zeit näher beleuchtet werden soll.

3 Gesang macht den Körper – Körperideale in der Gesangspädagogik

In seiner Analyse gesangspädagogischer Literatur zwischen 1777 und 1927 kommt Monahan zu einer Aufteilung der Quellen in drei historische Phasen.[1] Die erste bezeichnete er als eine frühe empirische Phase, die ab den 1840er-Jahren allmählich von einer wissenschaftlichen Phase abgelöst wird. Manuel García ist mit seiner Erfindung der Laryngoskopie der symbolische Begründer und vorläufige Höhepunkt dieser zweiten Phase, die stark von anatomischen Deutungsmustern durchzogen ist. Waren anfangs Gesangsschulen noch im Wesentlichen Notensammlungen, so finden sich nach Monahan zum Ende des 19. Jahrhunderts Schulen, in denen keine einzige Note mehr steht. Dafür fand er jede Menge anatomischer Zeichnungen. Die wissenschaftliche Phase wird nach seiner These um die Jahrhundertwende von einer dritten, einer »natürlichen Phase« (*natural era*), abgelöst, in der die Schriften auf Natürlichkeit setzen und sich als bewusste Gegenentwürfe zur sogenannten wissenschaftlichen Phase lesen lassen. Zwischen den Phasen erkennt er Übergangsbereiche; auch stellt er fest, dass eine neue Phase nicht zwangsläufig mit dem völligen Verschwinden der vorherigen einhergeht. Die Phasen drücken also inhaltliche Schwerpunkte und Tendenzen eines Diskurses aus, der jedoch immer heterogener wird. Vorsicht geboten ist aber bei der Verknüpfung des Wissenschaftsbegriffs mit den – oder gar dessen Reduktion auf die – Natur- und Technikwissenschaften, denn die Verknüpfung ist selbst wiederum ein Diskursphänomen. Statt von einer wissenschaftlichen Phase soll daher nachfolgend von einer physiologisch-mechanistischen Phase die Rede sein. Um die Jahrhundertwende gewannen auch Psychologie und Pädagogik an wissenschaftlicher Bedeutung, nicht zuletzt etabliert sich auch die Gesangspädagogik als Wissenschaft, beginnend mit der Einrichtung der ersten deutschen Musikhochschulen in den 1860er-Jahren.[2] Die Trennschärfe ist daher wichtig; für die Analyse des Körperdis-

1 Monahan, *The Art of Singing*, 1978. Dieser Absatz zu Monahan beruht auf dem Manuskript meines Vortrags »Der Begriff der Elastizität in Lilli Lehmanns ›Meine Gesangskunst‹«, gehalten auf der Arbeitstagung *Technologien des Singens* in Detmold am 27. Oktober 2017.

2 Hoos de Jokisch, *Die geistige Klangvorstellung*, 2015, S. 152.

positivs und die im vorigen Abschnitt herausgearbeiteten vier Kräfte ist solch eine Präzisierung bedeutsam.[3]

3.1 Zehn Schriften zur Gesangsausbildung

Nachfolgender Überblick ordnet die analysierten Quellen kurz ein. Gewählt wurden Schriften von damals bekannten Autorinnen und Autoren, die in mehreren Auflagen, zum Teil auch in verschiedenen Sprachen übersetzt, erschienen. Auch sollten sie eine gewisse historische und inhaltliche Breite abbilden. Ausnahme ist die Schule von Fischer, die deshalb herangezogen wurde, weil sie als einzige unter den hier verwendeten Lehrwerken das Lernen mit dem Grammophon propagiert. Der Bezug zum Grammophon mag sich vor allem dann erschließen, wenn die Analyse in den Kontext der gesamten Arbeiten zum Forschungsprojekt »Technologien des Singens« gestellt wird, in dessen Rahmen dieser Band entstand.

Das 19. Jahrhundert: Guttmann, Sieber und García

1861 veröffentlichte Oskar Guttmann seine *Gymnastik der Stimme*.[4] Guttmann stellt sich als »Mitglied des Hof- und Nationaltheaters in Mannheim« vor und legitimiert damit seine Expertise. Die Erstausgabe konzentriert sich zum großen Teil auf die Atmung und die Atmungsorgane (plus Kehlkopf), wobei die Muskulatur für ihn der Schlüssel für seinen methodischen Ansatz

3 Die nachfolgend untersuchten Gesangsschulen können zur zweiten Phase und zum Übergangsbereich zwischen der zweiten und dritten Phase gezählt werden. Zur Terminologie Monahans ließen sich weitere Anmerkungen machen, jedoch ist die Bedeutung der zweiten Phase an dieser Stelle vorrangig und eine Differenzierung notwendig. Gerade die Verbindung zu den Wissenschaften, Populärwissenschaften und dem Natürlichkeitsdiskurs ist zentraler Gegenstand der Schulen und damit auch der Analyse. Monahan ordnet einzelne Schulen durchaus anderen Phasen zu, als die Analyse der zehn Gesangsschulen nahelegt (so ordnet er Lilli Lehmann der späteren Phase zu, obwohl ihre Schule deutlich vom mechanistischen, wissenschaftlich-physiologischen Denken geprägt ist, vgl. Monahan, *The Art of Singing*, 1978, S. 228). Dennoch bildet Monahans' Analyse in ihrer Gesamtheit und in ihrem Ansatz eine geeignete Ausgangsbasis, die, wie alle Literatur und Sekundärliteratur, vor ihrem eigenen historischen Hintergrund gelesen werden muss.

4 Oskar Guttmann, *Gymnastik der Stimme, gestützt auf physiologische Gesetze. Eine Anweisung zum Selbstunterricht in der Uebung und dem richtigen Gebrauche der Sprach- und Gesangsorgane*, Leipzig 1861.

ist. Neben den ›üblichen verdächtigen‹ Körperteilen, wie Brust, Brustkasten, Gaumen, Kehlkopf, Lungen, Zunge, Muskeln, Schultern, Stimmbändern und Atmungsmuskeln erwähnt er auch Bauch, Busen, Lippen, Schleimhaut, Adern, die Schlundhöhle und andere Teile. Gesangstraining ist nach seiner Auffassung Muskeltraining und dieses Training bedarf eines freien Körpers, der nicht von Kleidung beengt wird. Die Erstausgabe ist klar gegliedert und die Kapitelstruktur enthält bis zu fünf Ebenen, jedoch noch keine Abbildungen. Diese kommen erst später hinzu. Seine englische Ausgabe von 1880, 1884 neu verlegt,[5] enthält 33 Abbildungen und anatomische Zeichnungen. Die spätere Ausgabe ist wesentlich erweitert; gerade im ersten Teil beschreibt er Kopf- und Rumpfübungen zur allgemeinen Entwicklung des Körpers abseits des Singens. Grundsätzlich ist das Buch mit vielen Anleitungen für praktische Übungen erweitert. Die fünfte deutsche Ausgabe von 1890[6] listet 24 Zeichnungen im Abbildungsverzeichnis auf und entspricht inhaltlich grob den englischen Ausgaben von 1880/1884. In der Auflage von 1890 differenziert er unter anderem den Kehlkopf weiter aus. 1861 betrachtet er nur die Muskeln, die den Schild- und Ringknorpel verbinden und die ersteren nach oben oder unten bewegen können. 1890 unterscheidet er zusätzlich die äußeren Muskeln, die den Kehlkopf als Ganzen bewegen (m. sterno- und hyo-thyreoideus) und die inneren, von denen er nur den m. crico-thyreoideus anticus erwähnt, der den Schildknorpel nach vorn abwärts bewegt und dadurch die Spannung der Stimmlippen ändert. Das zeigt, dass er sich sowohl der Möglichkeiten kostengünstiger Abbildungen bediente als auch Inhalte um neue Erkenntnisse erweiterte. Im Abschnitt zu den Rumpfmuskeln finden sich 1890 die Zwischenrippenmuskeln, die 1861 noch fehlten beziehungsweise die er unter Brustmuskeln allgemein und kürzer behandelt. In der 1861er-Ausgabe nimmt der Abschnitt b) Rumpfmuskeln knapp zwei Seiten ein, 1890 sind es elf inklusive dreier großer Abbildungen. Das Kapitel Atmungsorgane und Kehlkopf enthält 1890 viele Übungen zur Verbesserung der jeweiligen Körperteile. In der Fassung von 1861 schildert er vor dem Kapitel »Das Atmen in der Kunst. (Im Gesang und in der Rede)« zwei Klassen der Atembewegungen (Bauch- und Brustatmen), die er weiter in ruhiges und tiefes Atmen unterteilt. Diese Unterteilungen sowie die Beschreibung der vier Arten des Atmens fehlen 1890. Grundsätzlich fällt seine normative

5 Ders., *Gymnastics of the Voice. A System of Correct Breathing in Singing and Speaking, based on Physiological Laws. A Practical Guide in the Training and Use of the Singing and Speaking Voice. Designed for Schools and for Self-Instruction*, New York 1884.

6 Ders., *Gymnastik der Stimme, gestützt auf physiologische Gesetze. Eine Anweisung zum Selbstunterricht in der Uebung und dem richtigen Gebrauche der Sprach- und Gesangsorgane*, Leipzig [5]1890.

Ausdrucksweise auf, da der Text sehr häufig das Wort »muß« enthält, jedoch hebt er sein Publikum auf Augenhöhe, da er ebenfalls häufig vom »Wir« spricht. Wenn er Ausnahmen von der Regel bespricht, dann sind selbst diese Ausnahmen obligatorisch – etwa, wenn an manchen Stellen hörbar geatmet werden darf, dann »muss« dort aber auch hörbar geatmet werden. Trotz vieler mechanistischer Ausdrucksweisen enthält die Publikation immer auch Passagen, die von Reformbewegungen beeinflusst sind (wie die nachfolgenden Abschnitte noch zeigen werden). Die Verknüpfung von Reformideen mit mechanistischen Vorstellungen und einem Normalisierungsanspruch ist hier offenbar kein Widerspruch.

Ein Jahr nach Guttmanns Erstausgabe veröffentlichte Ferdinand Sieber seinen *Katechismus der Gesangskunst,*[7] der im Wesentlichen die konzentrierte Form der Ideen enthält, die er bereits 1856 in seinem *Lehrbuch der Gesangskunst*[8] ausgeführt hatte. Der Katechismus ist in fünf Abteilungen und 58 Paragrafen mit einigen Notenbeispielen gegliedert und enthält einen ausführlichen Anhang mit weiterführenden Quellen zu Musik, Gesang, Akustik und Physiologie. Technik ist hier die unabdingbare Grundlage des Gesangs, mechanisch wie körperlich. Auf ihr baut er eine vor allem mit dem Geist und dem Genie des Künstlers verbundene Kunst auf. Seine Regeln der Stimmbildung dienen zunächst dem Erlernen und Beherrschen; in der künstlerischen Anwendung jedoch dürften und müssten die Regeln auch wieder – allerdings bewusst – verlassen werden. In der Ausgabe von 1894[9] wurden Anpassungen der Rechtschreibung vorgenommen, die Behandlung der Vokale und Diphthonge zusammengelegt und im Anhang Werke der Musik- und Harmonielehre ergänzt. Deutlich erweitert ist die Abteilung der Aussprache und Betonung. Auch für Sieber ist der Atem wichtig, jedoch kommt bei ihm auch der Aspekt des Intellekts und der Bildung und damit ein ganzheitlicher Ansatz stärker zum Tragen. Bereiche der Brust und des Kopfes dominieren, was vor allem seiner ausführlichen Besprechung der Register geschuldet ist, aber er thematisiert auch den Kehlkopf sowie Muskeln, Organe (bis hin zu den »Stimmsaiten«) und den Körper in seiner Gesamtheit. Sieber spricht weniger normativ, indem er stellvertretend von »dem Sänger« schreibt, in Einzelfällen auch vom »jungen Künstler.«[10] Die Verwendung des Begriffs Sänger hält die

7 Ferdinand Sieber, *Katechismus der Gesangskunst*, Leipzig 1862.

8 Ders., *Vollständiges Lehrbuch der Gesangskunst zum Gebrauche für Lehrer u. Schüler des Sologesanges*, Magdeburg 1856.

9 Ders., *Katechismus der Gesangskunst* (= Webers illustrierte Katechismen 12), Leipzig 1894.

10 Sieber, *Katechismus der Gesangskunst*, 1862, S. 44.

Distanz, aber eine, die respektiert. Dass er den Sängerbegriff im Sinne eines generischen Maskulinums verwendet und Sängerinnen mit meint, schreibt er nicht explizit, aber er bezieht sich in Beispielen auf Sängerinnen und Sänger gleichermaßen.

Der Vergleich zwischen den beiden frühsten Werken, die hier gewählt wurden, zeigt, dass Guttmann und Sieber bereits ein Spannungsfeld abstecken, das viele Themen enthält, die sich im Verlaufe weiter ausprägen. Die These von Monahan, nach der sich erst zur Jahrhundertwende die Ansichten stark unterscheiden, ist daher etwas zu relativieren beziehungsweise erklärungsbedürftig: Bei Sieber ist mit der deutlichen Akzeptanz der Individualität sowie mit der Klangvorstellung bereits sehr vieles von dem enthalten, was sich nach Barbara Hoos de Jokisch vor allem nach der Jahrhundertwende ausprägt.[11] Der Umstand, dass Monahan die Literatur um die Mitte des 19. Jahrhunderts als homogener empfindet, erklärt sich aus der überbordenden Fülle an kleineren und möglicherweise als weniger bedeutsam wahrgenommenen Schriften sowie im Austragen offener Konflikte verschiedener Parteien um 1900.[12]

Manuel Garcías *Hints on Singing*[13] aus dem Jahr 1894 ist eine Zusammenfassung seiner Methoden und Ansichten, die er seit Mitte des 19. Jahrhunderts stetig weiterentwickelt hatte. García steht prototypisch für den Naturwissenschaftler im Gewand des Gesangspädagogen. Das wird in der Regel mit seiner Entwicklung des Kehlkopfspiegels verbunden, mit dessen Hilfe er seine Drei-Register-Theorie begründete. Neben dem reinen Inhalt ist es jedoch auch die Art und Weise, wie er ihn präsentiert, die ihn zu einer zentralen Figur der als modern geltenden Gesangspädagogik und -forschung macht. Sein *Hints on Singing* ist mit vielen Abbildungen versehen und in einer konsequenten und äußerst kleinteiligen Dialogstruktur gehalten. Auf Fragen folgen stets souveräne Antworten, die kaum Raum zum Nachdenken geben. Die gesamte Struktur suggeriert, hier sei bereits alles durchdacht worden. Zudem gibt es Marginalien, die ein schnelles Auffinden wesentlicher Abschnitte erleichtern sollen. Seine Ausdrucksweise ist stark rational und mechanistisch. Indem er Listen verwendet, werden seine Schilderungen geradezu technisch. Hauptsächlich behandelt García die Lungen, die Nase und den Rachen, jene Organe, die für seine Register- und Resonanztheorie wesentlich sind. Garcías Dialogstil maximiert die Distanz zum Publikum, indem er einen unbekannten Fragenden zwischen den Leser und den antwortenden García schaltet. Jedoch ist diese Distanz keine hierarchische, die den Sänger zum Schüler degradiert. Eher wird

11 Hoos de Jokisch, *Die Geistige Klangvorstellung*, 2015.

12 Monahan, *The Art of Singing*, 1978, S. 227f.

13 Manuel García, *Hints on Singing*, New York ²1894.

García in seiner wissenschaftlich-philosophischen Manier dem Lesepublikum entrückt. Als über-den-Dingen-stehender Erklärer wirkt er zwar erhoben, jedoch erniedrigt dieses Vorgehen nicht zwangsläufig das Publikum. Die extreme Sprache, die den naturwissenschaftlich-rationalistischen Zeitgeist wie keine andere auf den Punkt bringt, mag zur Profilierung/Konturierung und Imagebildung und darüber zum Erfolg Garcías beigetragen haben.

Die Jahrhundertwende: Hugo Goldschmidt, Lilli Lehmann und August Iffert

1890 veröffentlichte Hugo Goldschmidt mit *Die Italienische Gesangsmethode des XVII. Jahrhunderts und ihre Bedeutung für die Gegenwart. Nach Quellen jener Zeit dargestellt und erläutert*[14] eine von vielen Schriften, die sich mit älteren Aufführungstraditionen beschäftigt. Seine Schrift ist Julius Stockhausen gewidmet und beginnt mit einer Liste von 23 historischen Quellen. Goldschmidts Buch ist insofern eine Ausnahme, als es sich mit zeitgenössischen Ansichten zurückhält. Sein Anliegen ist, altes Wissen zu bewahren und Gesangsweisen als historisch zu betrachten, wobei sein Interesse dem 17. Jahrhundert gilt. So spielen Körperteile weniger eine Rolle; seine Angaben beschränken sich zudem auf Körperteile oberhalb der Hüfte. Bedeutung bekommen vor allem Brust, Kopf und Kehle, der auch Kehlkopf und Hals zugeordnet werden können. Eine besondere Rolle nimmt die Schule von Giulio Caccini ein, auf die er immer wieder in bisweilen sehr langen Zitaten sowohl im Original als auch in der Übersetzung zu sprechen kommt. In seiner Anrede benutzt er häufig das »Wir«, spricht aber auch allgemein von »dem Sänger«.

Lilli Lehmanns *Meine Gesangskunst*[15] von 1902 wurde noch im gleichen Jahr unter dem Titel *How to Sing*[16] ins Englische übersetzt veröffentlicht und wird bis heute von Sängerinnen und Sängern rezipiert.[17] Auch Lehmann bedient einen rationalistischen und mechanistischen Stil. Häufig schreibt sie über Zwerchfell, Gaumen und Kehle beziehungsweise Kehlkopf; auch sie kommt nicht um Brust, Bauch und Muskulatur herum, jedoch finden sich auch Bezüge zu Seele, Herz und zum Bewusstsein. Lehmann spricht sich explizit gegen eine

[14] Hugo Goldschmidt, *Die Italienische Gesangsmethode des XVII. Jahrhunderts und ihre Bedeutung für die Gegenwart. Nach Quellen jener Zeit dargestellt und erläutert*, Breslau 1890.

[15] Lilli Lehmann, *Meine Gesangskunst*, Berlin 1902.

[16] Dies., *How to Sing [Meine Gesangskunst]*, New York 1902.

[17] Ich danke Rosamund Cole für diesen Hinweis.

Überbetonung der Atmung aus und verweist Interessierte explizit auf Guttmann.[18] Im Gegensatz zu Garcías mechanistischem Stil bedient sich Lehmann eher Metaphern und Erfahrungsberichten. Lehmanns Werk ist in mehrfacher Hinsicht interessant. Ein wichtiger Punkt ist dabei der Eindruck, dass die späteren Ausgaben[19] intensiv durchgesehen wurden, da nicht nur einige Teile weggelassen, umgestellt oder ergänzt, sondern an vielen Stellen einzelne Sätze minimal verändert wurden, selbst dann, wenn sich die Aussage dadurch kaum änderte. Dennoch bleibt die Grundhaltung im Wesentlichen gleich, mit Ausnahme der Registerbezeichnung. Lehmann spricht sehr häufig über sich und ihre Erfahrungen als Sängerin. Damit legitimiert sie sich einerseits, andererseits zeigt sie sich so offen, ungeachtet des Umstandes, ob sich die Leserin oder der Leser als Schülerin oder Schüler, Sängerin oder Sänger sieht.

August Ifferts *Allgemeine Gesangsschule*[20] von 1906 ist ebenfalls von mechanistischen Ausdrucksweisen geprägt, jedoch trägt sie deutlich traditionellere Züge und betont die allumfassende Bildung und Ausbildung, die für das Erlernen des Kunstgesangs nötig seien. Das vergleichsweise großformatige Buch beginnt mit der Widmung: »Seiner Majestät dem Könige Albert von Sachsen in tiefster Ehrfurcht zugeeignet.« Vom Sänger verlangt er nichts weniger als eine ganzheitlich umfassend überragende Persönlichkeit. Iffert ist auffallend skeptisch gegenüber wissenschaftlicher Forschung und insbesondere gegenüber einer physiologisch geprägten Gesangspädagogik. Für ihn gilt nicht nur die Natur als Gradmaß, sondern die »Naturwahrheit«, die sich – ohne dass er es direkt so formuliert – der wissenschaftlichen Wahrheit gegenüberstellen lässt. Die von ihm betrachteten Körperteile sind vor allem der Hals mit Stimmlippen, Kehlkopf und Kehle sowie die Brust und die Resonanzräume des Kopfes. Trotz alles Heraufbeschwörens der Natur und der Ablehnung von Naturwissenschaften kennzeichnet sein Stil eine übermäßige Normativität. Die Natur wird zum Argument für nahezu jede ihm wichtige Aussage. So betont er, dass es nur eine Möglichkeit für eine Methode gäbe (»und die Natur hat sie deutlich angegeben«[21]). Dennoch benutzt Iffert häufig das »Wir« und spricht damit sein Publikum auf Augenhöhe an. Die italienische Gesangsweise, die er mit dem Belcanto assoziiert, hält er für überlegen, gerade im Vergleich zur deutschen Gesangsschule. Die italienische Gesangsschule zeichne sich

18 Lilli Lehmann, *Meine Gesangskunst*, 1902, S. 5f.

19 Ich beziehe mich hier jeweils auf den Vergleich der ersten mit der dritten Ausgabe: Lilli Lehmann, *Meine Gesangskunst*, Berlin ³1922.

20 August Iffert, *Allgemeine Gesangsschule*, Leipzig 1906.

21 Ebd., S. 3.

durch eine hohe Leistungsbereitschaft in der Ausbildung aus.[22] Damit wirft er nicht das Argument des Stimmklangs, der Aussprache oder Interpretation ins Feld, sondern eine grundsätzliche Einstellung zum Singen, die auffallend dem modernen Fortschrittsglauben das Wort redet. Interessant ist jedoch, dass er am Ende die Individualität des Schülers betont: »Daß alles dies [das Studium] von seiten [sic] des *Lehrers* eine volle Selbstverleugnung und ein Sichversenken in die Individualität des Schülers voraussetzt, ist selbstverständlich.«[23] Das mag zunächst im Widerspruch zu den restlichen Aussagen stehen; jedoch geht es an dieser Stelle um das Individuum, welchem mit der einen korrekten Methode und dem einen korrekten Ansatz letztlich die eine korrekte Art des Singens und Singenlernens beigebracht werden soll.

Das Grammophon als Lehrer: Fischer et al.

1910 veröffentlichte Eugen Fischer seine *Neue Gesangsschule mit praktischen Beispielen auf dem Grammophon.*[24] Das Buch ist eine Kollektivarbeit von Fischer, weiteren sieben Sängerinnen beziehungsweise Sängern sowie einem Mitarbeiter. So wirkten Elise Elizza und Grete Forst am Kapitel zum Sopran mit, Laura Hilgermann zum Mezzosopran, Erik Schmedes und Arthur Preuß zum Tenor, Leopold Demuth zum Bariton und Richard Mayr zum Bass. Das Besondere ist, dass die praktischen Übungen auch von den Autorinnen und Autoren gesungen und auf beiliegenden Plattenaufnahmen mit veröffentlicht wurden. Die originalen Aufnahmen gelten inzwischen als verschollen, wurden aber vom Deutschen Rundfunkarchiv in Teilen überspielt und digitalisiert.[25] So besticht das Buch weniger durch seine Texte, als durch die Möglichkeit des Vergleichs von Theorie und Praxis.

Für einen diskursanalytischen Blick ist die Zuordnung der Abschnitte zu den jeweiligen Autorinnen und Autoren äußerst wichtig. Leider ist das nur in den wenigsten Fällen eindeutig möglich. Die Schule enthält Abschnitte und größere Teile, die von den Gästen geschrieben oder entworfen wurden oder, wie im Falle von Demuth, auf stenografierten Interviewaussagen beruhen. Teils sind die Abschnitte kenntlich, teils ist jedoch nicht klar, welcher Abschnitt auf

[22] Ebd., S. V.

[23] Ebd., S. 71.

[24] Eugen Fischer, *Neue Gesangsschule mit praktischen Beispielen auf dem Grammophon*, Leipzig 1910.

[25] Ich danke dem Deutschen Rundfunkarchiv, insbesondere Jörg Wyrschowy dafür, mir die digitalisierten Aufnahmen zur Verfügung gestellt zu haben.

welche Person zurückgeht. In der Regel verzichtet Fischer auf Anführungszeichen. Anfänge von Zitaten sind zwar zum Teil markiert, jedoch nicht ihr Ende, sodass lediglich Brüche im Ausdruck nahelegen, dass die Autorschaft wechselt. Die mehrdeutige Kennzeichnung der Zitate und der bisweilen auffällige Bruch im Stil lassen auch die Frage aufkommen, inwieweit Fischer wörtliche Zitate wirklich wörtlich wiedergegeben hat, und inwieweit er hier seinen eigenen Sprachstil oder gar eigene Ansichten hat einfließen lassen. Typisch für Fischers Ausdrucksweise scheint die Verwendung des Begriffs »Schüler« und eine deutlich normative Sprache (mit häufigem »man«), die mit Substantiven, Substantivierungen und einem gelegentlichen Stichpunktstil gepaart ist. Dadurch wirken Fischers Teile deutlich autoritär. Ebenso typisch für Fischer ist ein negativer Sprachstil; das heißt, er verwendet fast ausschließlich die definitio ex negativo und konzentriert sich auf die Schilderung von Fehlern und warnt vor Vermeidlichem oder Falschem. Die Gastautorinnen und Gastautoren zeigen dagegen mitunter deutlich andere Ausdrucksweisen, benutzen die erste Person Singular, beziehen sich stark auf Natur und Natürlichkeit, benutzen positive Anweisungen, also schildern das, was zu tun ist, anstatt zu verbieten, was zu unterlassen ist, und sie adressieren ihre Texte an einen »Sänger« oder eine »Sängerin«. Lediglich im Kapitel zur Baritonstimme ist Fischer einleitend ausführlicher. Er weist darauf hin, dass das Kapitel auf stenografischen Notizen eines Interviews mit Leopold Demuth beruht. Daher ist zu erwarten, dass sich hier Demuths Inhalte mit den Ausdrucksweisen Fischers mischen. Explizit nimmt Fischer die Unterkapitel zu Legato, Messa di voce, Geläufigkeit und Treffsicherheit für sich in Anspruch mit der Begründung, dass Demuth zu diesen Themen keine Aussagen machte. Um nachfolgend die Ambivalenz der Autorschaft zu kennzeichnen, wird in den Verweisen daher das jeweilige Autorenkollektiv des betreffenden Kapitels genannt. Beispielsweise werden Aussagen aus der Schule für Sopran grundsätzlich mit Fischer/Elizza/Forst gekennzeichnet. Sind Zuweisungen zu einer Person deutlich gekennzeichnet, wird das jeweils gesondert erwähnt.

Das Kapitel zum Mezzosopran und Alt von Fischer/Hilgermann setzt sich am deutlichsten von den anderen ab. Der Wortstamm »natur« ist äußerst dominant und sein häufiges Auftreten markiert einen stilistischen Bruch, der den Schluss zulässt, dass sich Hilgermann tatsächlich als Mitautorin deutlich einbringen konnte. Bis zu welchem Grad bleibt dennoch spekulativ. Besonders interessant ist ihr Kapitel aus der Sicht einer Altistin. Gerade zu Beginn liest es sich wie eine Huldigung an die Altstimme, die sich mit ihren Besonderheiten bewusst von der Sopranstimme absetzen soll. So handle es sich bei Altistinnen um »Sängerinnen, welche von der Natur mit einer tiefen Stimme beschenkt wurden […].«[26] Möglicherweise ist gerade die Besonderheit der Tiefe der Frauenstimme Grund für Hilgermann gewesen, ihre Ansichten nicht nur mit Vehemenz zu verfechten, sondern sicherzustellen, dass sich ihre Ansichten auch tatsächlich in der Publikation wiederfinden.

Das Interessanteste ist sicherlich Fischers Einstellung zum Grammophon, die er in seiner Schule ausdrückt. Hier zeigt sich eine gewisse Widersprüchlichkeit. Vor allem besteht sie in der Aussage, dass das Grammophon den Klang der Stimme unverfälscht wiedergäbe, aber dass dies gleichzeitig bei einigen Sängern besser funktioniere als bei anderen. So schreibt er gleich in der Einleitung: »Nicht jeder gute Sänger ist auch ein guter Grammophonsänger.«[27] Letztere Aussage impliziert jedoch, dass die technische Übertragung durchaus etwas mit dem Stimmklang macht. Technische Artefakte werden nicht erwähnt, stattdessen führt er Intensitätsunterschiede allein auf die Gesangstechnik und die Physiologie zurück.[28]

> »Der Schüler, der diese meine Übungen anhört, wird bei genauem Lauschen auf den Klang der Vokale finden, daß das i stärker klingt, als das o. Sagte ich vorhin, daß das i eine kleinere Ansatzfläche habe als das o, und nun trotz dieser Behauptung die gegenteilige Wirkung hervorbringe, so ist das damit zu erklären, daß eben die Nase, oder deutlicher gesagt, die Ansatzstelle in der Nase ein besserer Schallreflektor ist, als der des o, dem die Lippen, welche die Zähne umschließen, sehr viel von der Schallkraft rauben.«[29]

Fischers *Neue Gesangsschule* findet in den anderen hier behandelten Werken zur Gesangspädagogik keine Notiz, während sich unter den anderen Schulen durchaus Querverweise finden. Es ist durchaus zu fragen, ob sich das Buch vorrangig an kaufkräftige Laien richtete, die vor allem autodidaktisch das Singen erlernen wollten. Diese Vermutung wird auch durch die zahlreichen Rezensionen gestützt, die am Ende des Buches in Kleinschrift zusammen mit Dankesschreiben von Einzelpersonen angefügt wurden. Diese Art der Selbstlegitimation ist in den anderen Schulen unüblich. Dabei fällt auf, dass sich unter den Rezensionen kaum eine findet, die aus einer explizit musikbezogenen Zei-

[26] Fischer, *Neue Gesangsschule*, 1910, S. 28 (Schule für Mezzosopran – Alt).

[27] Ebd., S. VI.

[28] Zur Problematik der ambivalenten Kenntnis von technischen Artefakten und sängerischer Eigenleistung vgl. Tilo Hähnel und Karin Martensen, »How Thomas A. Edison shaped today's singing ideal: Tracking his ambiguous concept of tremolo by analysing archival documents and sound recordings«, in: *Empirical Musicology Review* 14/1–2 (2019), S. 22–49.

[29] Fischer, *Neue Gesangsschule*, 1910, S. 89 (Schule für Bariton).

tung stammt. Drei der Rezensionen (aus dem »Fremdenblatt«, dem »Deutschen Volksblatt« und der »Neuen Freien Presse«) am Ende des Buches sind bereits am Schluss des Kapitels zum Bariton in Teilen abgedruckt. Am auffälligsten sind dabei Fußnoten mit Aussagen von damals bekannten Sängerinnen und Sängern. Beim Lesen dieser Fußnoten kann man den Eindruck gewinnen, dass Fischer sich nicht nur in den Ausdrucksweisen einbrachte – wie etwa durch die Verwendung des Begriffs »Schüler«, den dichten Folgen von Substantiven und der Fokussierung auf dessen Fehler – sondern auch in den Inhalten. So doppeln sich etwa ganze Ausdrücke und die Reihenfolge der Argumente, wie die Fußnoten mit den Zitaten zeigen, die Leo Slezak und Grete Forst zugewiesen sind.

> »Das System der Selbstkontrolle des Gesangsunterrichts durch phonographische Aufnahmen scheint mir sehr praktisch zu sein, da dem Schüler bei der Reproduktion die gemachten Fehler in Intonation, Vortrag und Phrasierung klar und deutlich vor Augen gehalten werden.
>
> Leo Slezak.«[30]

> »Es ist wohl einleuchtend, daß durch Beobachtung der eigenen Phonogramme dem Schüler die gemachten Fehler, sei es in der Intonation, Textaussprache oder Phrasierung viel deutlicher vor Augen gehalten werden, als es sonst der Fall ist, und ich halte aus diesem Grund Ihr System der Kontrolle durch phonographische Aufnahmen für sehr vorteilhaft.
>
> Grete Forst.«[31]

Die Zehnerjahre: Ottmar Rutz, Karl Scheidemantel und Benno Pulvermacher

Ottmar Rutz' *Sprache, Gesang, Körperhaltung. Handbuch zur Typenlehre*[32] von 1911 ist ein vergleichsweise kleinformatiges Buch und in elf Abschnitte gegliedert. Rutz' Hauptaussage ist, dass mit der korrekten Rumpfhaltung alle anderen Bewegungen (Hals, Kopf, Mund, Arme, Beine, Schauspielbewegungen und Mimik) sich automatisch ebenfalls richtig einstellen. Kurz: Rutz' Schule

30 Ebd., S. 86.
31 Ebd.
32 Ottmar Rutz, *Sprache, Gesang, Körperhaltung. Handbuch zur Typenlehre*, München 1911.

ist eine Schule über das Singen mit dem Torso. Es ist mit der richtigen Rumpfhaltung nicht mehr nötig (und sogar untersagt), zusätzlich Willkürbewegungen auszuführen. Seine Wissensquellen sind sein Vater, der selbst Sänger war, und eigene ›Untersuchungen‹, die des Vaters Ansichten validieren sollen. So einfach diese Methode zunächst scheint, so komplex wird sie bei näherer Betrachtung. Es gibt bei ihm durchaus mehrere Arten von Körperhaltungen, die Rutz an Charaktere knüpft und mit Physiognomie, Nationalitäten und Temperaturen (sic) zu einem komplexen System zusammenführt. Für ihn ist es »fast selbstverständlich, daß man neben der *Gesichtsphysiognomik* jetzt auch noch die *Körperphysiognomik* in großem Maßstab betreiben kann [...]«[33]. Dabei unterscheidet er drei Hauptarten (Typen) der Körperhaltung: I (italienisch), II (deutsch) und III (französisch), die er weiter in jeweils zwei Unterarten warm und kalt unterteilt. Am Ende enthält das Buch neben Fotografien des Rumpfes auch ein Merkblatt der Muskelbewegungen und zwei große aufklappbare Tabellen mit seiner Systematik von Typus und Unterart sowie einer weiteren Unterteilung jeder Unterart in jeweils einen großen und kleinen Ton. Würde man einen Homunkulus zeichnen, der auf den in Rutz angesprochenen Körperteilen beruht, hätte er kaum einen Kopf, sondern würde fast schon an einen antiken und kopflosen Torso erinnern. Der Vergleich mit dem antiken Torso fügt sich durchaus mit seinen Ansichten über die Körpertypen, deren Ideale von Darstellungen der bildenden Kunst geprägt sind. Wie um die Bedeutung des (kopflosen) Rumpfes hervorzuheben, kommen seine zahlreichen Abbildungen mit einer Ausnahme sämtlich ohne Kopf, Beine und Arme aus.[34] Rutz' Sprache zeugt vom Reformdenken der Zeit, enthält aber auch mechanistische Züge. Diese Kombination ist grundsätzlich nicht selten. Einzigartig ist jedoch, dass diese Körperschule zum Singen ohne Hals und Kopf auskommt.

Nach Hoos de Jokisch zählt Karl Scheidemantel zur zweiten von vier Generationen von Gesangspädagogen, die die sogenannte deutsche Gesangspädagogik prägten. Unter der deutschen Gesangspädagogik versteht sie einen »Sammelbegriff, unter dem eine Vielheit von höchst individuellen und zum Teil widersprüchlichen Methoden zu bündeln versucht wird.«[35] Diese Absicht, zu vermitteln oder eine eigene Mittelposition zu behaupten, finde sich etwa bei

33 Ebd., S. 42.

34 Ebd., S. 153f.

35 Hoos de Jokisch, *Die geistige Klangvorstellung*, 2015, S. 44, wörtliche Zitate im Satz ebd.

1. »Gesangspädagogik und interpretatorischem Ausdruck«
2. »Natur und Kunst« oder dem
3. »Anspruch auf überregionale Allgemeingültigkeit und nationaler Vorherrschaft«

Daraus leitet Hoos de Jokisch ab, dass die deutsche Gesangskunst einen »vermischten Stil« vertrete.[36] Statt einer bloßen Gegenhaltung gegenüber der italienischen Gesangsschule nähme sie vier Faktoren für sich in Anspruch:

1. »Einflussnahme des politischen Nationalbewusstseins«
2. »Ausprägung der Naturwissenschaften«
3. »Aufmerksamkeit auf das Sprachelement im Gesang«
4. »Bewahrung des Klangelements«[37]

Scheidemantels *Gesangsbildung* ist in zwei Teile gegliedert, mit einem Teil zur »Stimmbildung« und einem zur »Vortragskunst«.[38] Er setzt sich ausgiebig mit der Kehlkopfstellung auseinander, mit Resonanzen und der Registerverwendung, die er in einem dynamischen Schema visualisiert. Ein zweiter Schwerpunkt sind Vokalfärbungen und Studienbeispiele. Obwohl es keine Fotografien oder Abbildungen im Sinne von Zeichnungen gibt, finden sich Schemata und Notenbeispiele in der *Gesangsbildung*. Für Scheidemantel ist die reine Stimmbildung[39] lediglich die Grundlage, wie sie auch im Schulgesang verwendet wird. Die *Gesangsbildung* baut auf der Stimmbildung auf beziehungsweise führt sie weiter. Sie richtet sich damit an die Gesangspädagogik und an ›professionelle‹ Sängerinnen und Sänger und er fordert:

> »Die Gesangsbildung [...] setzt also beim Schüler eine von den Unterweisungen des Lehrers frei gewordene selbstständige Kenntnis und Beherrschung aller stimmbildnerischen Elemente voraus, ebenso die Fähigkeit, diese den Forderungen des künstlerischen Vortrags dienstbar zu machen.«[40]

[36] Ebd., S. 44f. Punkt 1 der Liste auf S. 44; alle weiteren wörtlichen Zitate bis hier hin S. 45.
[37] Ebd., S. 45 (alle Zitate der Liste).
[38] Karl Scheidemantel, *Gesangsbildung*, Leipzig 1913.
[39] Ders., *Stimmbildung*, Leipzig 1907.
[40] Scheidemantel, *Gesangsbildung*, 1913, S. III.

Scheidemantel benutzt naturwissenschaftliche Aussagen und Hypothesen wie selbstverständlich und nimmt nicht explizit zu seiner Haltung Stellung. Im Gegensatz zu der von Hoos de Jokisch aufgestellten These, dass die deutsche Gesangspädagogik eine Mittelposition einnimmt und sich nicht gegen ein – wie auch immer zu definierendes – Belcanto-Ideal stellt, findet sich bei Scheidemantel durchaus eine solche Tendenz. Scheidemantel verweist auf Franz Schubert als ersten, der durch seine Kompositionen die Abkehr vom Belcanto forderte und auf Richard Wagner, der diese Forderung als erster aussprach. Nach Scheidemantel entwickelte Schubert die Musik aus dem Gedicht und aus den sprachlichen Anforderungen, statt ›einfach nur‹ Worte über eine Melodie zu legen, wozu sich lediglich die italienische Sprache eigne. Damit stellt sich Scheidemantel klar gegen eine Belcanto-Ästhetik – wie auch immer diese nach seiner Sicht aussah. Ausgehend von Paul Bruhns Kritik an Stockhausen und Lilli Lehmann verteidigt er Stockhausen mit vielen weitläufigen Zitaten Richard Wagners und stellt so dar, warum seine Idee eines deutschen Gesangs gegenüber dem italienischen Belcanto vorzuziehen sei.[41] Letztlich rechnet er auch ausführlich mit Rutz' Konzept der Körperhaltung ab, dem er unter anderem vorwirft, Wirkung mit Ursache zu verwechseln.[42] Zentral ist für Scheidemantel die Stellung des Kehlkopfes, den er als das »Instrument« bezeichnet. Oft verwendet er bewusst eigene Begriffe, die er den geläufigen vorzieht, wie etwa »Aufsatzrohr« statt »Ansatzrohr«, das er wegen der Verwechslung mit dem Stimmansatz als Begriff ablehnt; ebenso schreibt er von »gespannten« und »ungespannten« Vokalen, statt von »offenen« und »geschlossenen«. Wenn er bei Kindern Registergrenzen angibt, verweist er auf eine umfangreiche Studie, die er eigens in Auftrag gab:

> »Vom Dresdner Gesanglehrerverein wurden nach meiner Anweisung 1840 Schulkinder auf den Umfang ihrer Register hin geprüft, um festzustellen, welcher Umfang der Register allen Kindern gemeinsam ist. / Diese Prüfungen haben ergeben, daß alle Kinder von 7 Jahren von c1 bis e2 mit Kopfstimme singen können, daß ihnen aber die Mittelstimme nur von d1 bis a1 zur Verfügung steht, und daß von 120 7jährigen Kindern nur 6 Kinder (3 Jungen und 3 Mädchen) Bruststimme hatten im Umfang von c1 bis e1.«[43]

Diese Art der empirischen Untersuchung findet sich in keiner anderen hier untersuchten Gesangsschulen und zeugt durchaus von einem ernsten Anspruch

41 Ebd., S. 32.
42 Ebd., S. 41–43.
43 Ebd., S. 131.

und einem Wissens- und Erkenntnisdrang. Der empirisch-wissenschaftliche Anspruch zeigt sich sowohl im Inhalt als auch in der normativen Sprache, die mit Substantiven und Substantivierungen arbeitet und so von einem, wenn nicht mechanistischen, wohl aber büro- oder technokratischen Stil geprägt ist.

Benno Pulvermachers *Die Schule der Gesangsregister als Grundlage der Tonbildung*[44] von 1911/1915 enthält den Untertitel *Die Gesangsregister. Die Gesangsaussprache. Die Gesangstechnik. Die Gesangsverzierungen. 350 Tonstudien und 48 Solfeggien* und ist seiner Frau, der Großherzoglich hessischen Kammersängerin Jettka Finkenstein mit einer Huldigung an ihre Stimme gewidmet. Das Inhaltsverzeichnis macht unmittelbar klar, dass der Schwerpunkt auf den Übungen liegt. Diese sind mit 50 fettgedruckten Kapitelüberschriften durchnummeriert. Im ersten Teil finden sich Erklärungen, nachfolgend vornehmlich Übungsbeispiele mit nur noch kurzen Erläuterungen. Am Schluss des Buches fügt Pulvermacher Kadenzen und ein Verzierungsbeispiel von Finkenstein ein. Das Buch hat ein vergleichsweise großes Format, eine kleine Schrift und geringe Randabstände, weshalb der Text umfang- und inhaltsreicher ist, als die wenigen Seiten zunächst vermuten lassen. Pulvermacher beginnt im ersten Teil gleich mit Körperhaltung und Kleidung, bevor er zur Atmung und dann zum Tonansatz kommt. Die Beherrschung des Körpers und dessen Freiheit sind für ihn wesentliche Vorbedingungen für das Singen – und womöglich dem Zeitgeschmack geschuldet. Auch die Anmerkungen zum Einzwängen des Körpers und zu damit verbundenen Verspannungen fügen sich in den damaligen Diskurs. Vor dem Hintergrund der Reformbewegungen können diese Vorannahmen allerdings auch geeignet sein, ein bestimmtes Publikum, welches sich bereits deutlich gegen solche einzwängenden Kleidungsstücke positioniert haben mag, anzusprechen und sich als Autor auf deren Seite zu stellen. Abgesehen von seinem normativen Argumentationsstil sticht die Ausdrucksweise nicht sonderlich hervor. Das Buch ist eine Gesangslehre, die auf der Grundlage der Drei-Register-Theorie steht und die die Klangeinheit, also das Überblenden der Register, zur Voraussetzung macht und somit zum ästhetischen Ideal erhebt. Das ist an sich keine Besonderheit (vgl. Abschnitt 3.5), nur streicht Pulvermacher diesen Punkt am deutlichsten heraus.

[44] Benno Pulvermacher, *Die Schule der Gesangsregister als Grundlage der Tonbildung. Die Gesangsregister. Die Gesangsaussprache. Die Gesangstechnik. Die Gesangsverzierungen. 350 Tonstudien und 48 Solfeggien*, Leipzig nach [6]1915/1911.

3.2 Das Verhältnis zu naturwissenschaftlichen Erkenntnissen und Methoden

Bevor es um konkrete gesangspädagogische Inhalte geht, soll das Verhältnis der Autorinnen und Autoren zur Naturwissenschaft, namentlich der Physiologie, ihren Methoden und Hypothesen beleuchtet werden. Die Einstellung zu Naturwissenschaften ist an dieser Stelle bedeutsam, weil sie sich unmittelbar mit dem Aspekt der Rationalisierung und Normalisierung sowie mit der Haltung zum funktionalen mechanistischen Denken verknüpfen lässt. Verschiedene Positionen in diesem Diskurs ziehen entsprechende Auswirkungen auf das Körperdenken nach sich. Oft positionieren sich die Autorinnen und Autoren am Anfang oder bereits im Vorwort ihrer Schulen. Das allein zeigt schon, wie sehr sie sich der Bedeutung des Themas und ihrer Positionen bewusst waren. So finden sich deutliche Unterschiede zwischen Haltungen, die Naturwissenschaften und Physiologie a) affirmieren, b) kritisch reflektieren und c) offen ablehnen.

a) Lehmann hält es für die Pflicht eines jeden Sängers und jeder Sängerin, über naturwissenschaftlich fundiertes Wissen über den Körper zu verfügen. Kunstgesang unterscheide sich vom Naturgesang »[d]urch genaue Kenntnis aller Stimmwerkzeuge und deren Funktionen, wie sie im einzelnen sowie im Zusammenhang wirken«, wobei sie »an sich selbst gewissenhaft studierte[] und wissenschaftlich erklärte[] Stimmempfindungen« gleichermaßen meint.[45] Ähnlich ist auch für Scheidemantel ein höheres intellektuelles Verständnis der physiologischen Vorgänge Bestandteil der Gesangsbildung, die er, wie im vorigen Abschnitt bereits erwähnt, von der Stimmbildung unterscheidet, die ihr voraus geht. Letztere

> »[…] durfte dem Schüler theoretische Erläuterungen ihrer wissenschaftlichen Grundlagen – so weit sie ihm überhaupt förderlich sein konnten – nur im bescheidenen Maße geben, immer die Fassungsgabe des fortschreitenden Schülers wohl im Auge behaltend. / Die Gesangsbildung dagegen, die die Selbständigkeit des Schülers anstrebt, muß einen umfassenden Überblick über die wissenschaftlichen Grundlagen der Stimmbildung und der daraus abgeleiteten Lehrsätze geben, um den Schüler zu befähigen, sich weiter zu

[45] Lilli Lehmann, *Meine Gesangskunst*, 1902, S. 3, wörtliche Zitate im Satz ebd.

> bilden und seinen Vortrag nach freiem Ermessen technisch und künstlerisch vollendet auszuarbeiten.«[46]

b) Während Lehmann und Scheidemantel zur Jahrhundertwende kaum Kritik an wissenschaftlichen Erkenntnissen durchscheinen ließen, ist sich Sieber Jahrzehnte zuvor noch äußerst bewusst über den Stand der Wissenschaften und deren Bedeutung gewesen, wenn er schreibt:

> »Geben wir uns namentlich in Bezug auf die physiologische Stimmbildung [...] nicht zu großen Erwartungen hin. Begrüßen wir alle Forschungen auf diesem Gebiete mit Freuden [...], verwechseln wir aber nicht Hypothesen mit der Wirklichkeit und die Resultate der Experimente an leblosen Kehlköpfen mit den Wundern des lebendigen, für uns wohl ewig räthselhaften Stimmorganismus.«[47]

Sieber hält die Kenntnis von wissenschaftlichen Ergebnissen für sinnvoll, macht aber auf ihren Hypothesencharakter aufmerksam und vertritt damit eine Haltung, wie sie Helmholtz erst zwölf Jahre später für die Populärwissenschaften ausformulierte und einforderte[48] und die seitdem mehr und mehr den Anschein hat, vernachlässigt worden zu sein. So mahnt Sieber auch an anderer Stelle:

> »Unsere größten Physiologen sind bemüht gewesen, das räthselhafte Zusammenwirken aller Gesangsorgane zu ergründen und haben auch versucht, die Ursache der Registerunterschiede nachzuweisen; doch darf man solche Erklärung eben nur als Hypothese hinnehmen, da der Einblick in die aktiven Gesangsorgane dem Auge nicht offen steht.«[49]

Kritischer wird er in einer Fußnote, in der er auf die »für Mediciner und Operateure höchst wichtige Einführung des vor nicht langer Zeit erfundenen Gaumen- oder Kehlkopfspiegels« hinweist, der nach seiner Ansicht »für die Gesangskunst von sehr untergeordneter Bedeutung« ist und kritisiert, dass »die Laryngoskopie (Kehlkopfschau) von Charlatanen bereits als das Alpha und Omega gesanglichen Wissens ausgedeutet zu werden beginnt.«[50]

46 Scheidemantel, *Gesangsbildung*, 1913, S. III.
47 Sieber, *Katechismus der Gesangskunst*, 1862, S. IX.
48 Helmholtz, »Über das Streben nach Popularisierung der Wissenschaft«, [5]1903 / 1874, vgl. Abschnitt 2.1.
49 Sieber, *Katechismus der Gesangskunst*, 1862, S. 13.
50 Ebd. (Fußnote), wörtliche Zitate im Satz ebd.

Siebers Haltung kann noch als wohlwollend-kritisch bezeichnet werden. Bei Pulvermacher dagegen zeichnet sich bereits eine latent skeptisch-kritische Haltung ab – wenngleich er keine offenen Vorbehalte gegenüber der physiologischen Forschung und ihren Ergebnissen formuliert. Seine Skepsis bezieht sich eher auf den Nutzen der Erkenntnisse für die Gesangspraxis und -pädagogik.

> »Die Gesangsschulen enthalten aber in den meisten Fällen anstatt praktischer Belehrung über die Bildung der Register nur physiologische Untersuchungen über die Entstehung der Register, die ansich noch Probleme der Wissenschaft sind und als Erklärungen für den Anfangsunterricht im Gesange ungeeignet erscheinen. / Es fehlte daher an einer Anleitung für die *Schulung der Gesangsregister.* / Auf dieser Basis, die nicht mit wissenschaftlichen Problemen zu rechnen hat, sondern die die Resultate ihrer praktischen Erfahrung darbietet, ist, nach meiner Ansicht, nur eine Klärung der Registerfrage zu erzielen.«[51]

Von der Aussage her ist Pulvermacher damit gar nicht so weit von Sieber entfernt, denn auch Sieber, obwohl offen neugierig und aufgeschlossen gegenüber den Naturwissenschaften, warnt vor einer Verschiebung der Deutungshoheit über die Gesangspädagogik und macht seine Stellung als Gesangslehrer klar, wenn er schreibt:

> »Wohin soll z.B. der Wahnsinn der Annahme von vier, fünf und mehr Oktaven für die Stimme führen? Der Gesangsunterricht wird [...] auch künftig in den Händen bewährter *Gesangmeister* bleiben müssen, denen es auch ohne Kehlkopfspiegelei, Zwerchfellinspektion u.s.w. gelingen wird, tüchtige Sänger herauszubilden [...].«[52]

Auch bei Fischer/Hilgermann kommt eine eher skeptisch-kritische Haltung zum Ausdruck. Bezüglich der Anweisungen zu den Vaccai'schen Übungen[53] heißt es: »Bei allen diesen Übungen wird das Anhören der Wiedergabe wirkungsvoller sein, als alle theoretischen Erläuterungen.«[54] Das ist selbstver-

[51] Pulvermacher, *Gesangsregister*, 1915, S. III.

[52] Sieber, *Katechismus der Gesangskunst*, 1862, S. IX.

[53] Gemeint sind die Übungen aus Nicola Vaccais *Metodo pratico di canto italiano per camera in 15 lezioni e un'appendice*, London 1832, vgl. Claudio Toscani, Art. »Vaccai, Nicola, WERKE, Schriften«, in: *MGG Online*, hrsg. von Laurenz Lütteken, Kassel 2016ff., zuerst veröffentlicht 2006, online veröffentlicht 2016.

[54] Fischer, *Neue Gesangsschule*, 1910, S. 37 (Schule für Mezzosopran – Alt).

ständlich keine explizite Verurteilung der Physiologie oder eines intellektuellen Herangehens, aber eine Stellungnahme wird geradezu ›vornehm ausgelassen‹. Zusammen mit der Betonung der Natur, die sehr deutlich zutage tritt, wird eine typische Sichtweise der Jahrhundertwende deutlich: Eine Skepsis gegenüber einer ›Vernaturwissenschaftlichung‹ und Ökonomisierung der Gesangsbildung und eine Betonung auf eine natürliche intuitive Bildung, bei der sich das Individuum selbst erkennt.

c) Eindeutig gegen die physiologische Forschung seiner Zeit wendet sich Iffert. Dabei führt er den Naturbegriff gegen die Naturwissenschaft ins Feld und plädiert für eine Pädagogik, die aus der Selbsterfahrung beim Singen heraus ihre Erkenntnisse gewinnt:

> »Zuvörderst erschien es mir dringend nötig, die Frage zu erörtern, ob die Art und Weise, in der man heutzutage die Forschungsresultate der Physiologie in unsere Kunst hineinzutragen und für dieselbe zu verwerten bestrebt ist, Berechtigung hat. Indem ich diese [...] nach der naturgemäß negativen Seite beantworte, glaube ich, dem Unterricht im Kunstgesange eine widernatürliche, durchaus unhaltbare Basis und einen falschen Nimbus zu nehmen und der Weiterverbreitung gefahrbringender Irrlehren den Boden zu entziehen. / [...] / Wahre Theorien können nur den natürlichen Verhältnissen entsprechend aufgestellt werden und müssen sich mit den Ergebnissen der Praxis decken.«[55]

Eine Gesangskunst, die auf den Füßen der Naturwissenschaften steht, verknüpft er mit einem Widernatürlichen, also mit etwas, was der Natur diametral entgegen steht. Im Vorwort zur vierten Auflage pointiert er diese Ablehnung noch stärker und verweist darauf, dass sich die Situation noch verschlimmert habe. »Geleistet wurde also wenig, aber – geschrieben viel, erschrecklich viel! Und was! Und wie! Und von wem!«[56] Seine Kritik richtet sich hier womöglich nicht gegen die Naturwissenschaften, sondern gegen ihre zunehmende Diskurshoheit, die auch vor der Kunstausübung nicht mehr haltmacht. So betont Iffert die Bedeutung von Introspektion und Aufmerksamkeit, die Möglichkeit der Selbstbeobachtung als Erkenntnisweg und rät:

> »Wir haben uns also den Gesangston als eine die Brust, den Schlund und die Kopfhöhlen ausfüllende Klangmasse vorzustellen, aus welcher der Ent-

[55] Iffert, *Allgemeine Gesangsschule*, 1906, S. VII.
[56] Ebd., S. X.

stehungsort des Tones, d. i. die Berührungsstelle von Expirationsstrom und Stimmbändern, nicht (auch für die tiefen Töne kaum) vernehmbar sein soll.«[57]

Am im wahrsten Sinne des Wortes fasslichsten formuliert er das Prinzip der Erkenntnis durch Selbsterfahrung an der Empfindung der eigenen Vibration:

> »Demgemäß haben wir es bei der künstlerischen Tonbildung mit der akustischen Wirkung zu tun, mit dem, was wir klanglich hören – und *fühlen* können. Man braucht nur die Hand auf die Brust zu legen, um die Tonvibrationen wahrzunehmen, die aber auch ohnedies sich in Brust und Kopf bald dem Gefühl aufdrängen.«[58]

Die Resonanzempfindungen sind hier Wegweiser; sie sind unmittelbar und Argumente gegen die Naturwissenschaft, die Iffert aus der Gesangspädagogik verbannen möchte.

Bemerkenswert ist jedoch die offenkundige Immunität Hermann von Helmholtz'; insbesondere seine *Lehre von den Tonempfindungen*[59] scheint jeder Kritik erhaben. Seine Auseinandersetzung mit der physikalischen Basis musikalischer Klänge wird von vielen Autoren erwähnt, ausschließlich in einen positiven Zusammenhang gestellt und zur Kenntnisnahme empfohlen. Selbst Iffert hält einzig die Akustik für wert, studiert zu werden – wenngleich nicht geeignet, um in der Praxis des Gesangsunterrichts Anwendung zu finden.[60]

3.3 Atmung

Die Beschreibungen des Atemvorgangs sind über alle Schulen hinweg von technischen Ausdrucksweisen (Substantivierungen, Listen) geprägt, von mechanistischen Vokabeln und funktionalen Beschreibungen. Guttmann listet zu Beginn seiner *Gymnastik der Stimme* diejenigen Körperteile auf, die er in Bezug auf die Atmung für wesentlich hält, und beschreibt sie zum Teil auch funktional:

57 Ebd., S. 14f.
58 Ebd., S. 15.
59 Hermann von Helmholtz, *Die Lehre von den Tonempfindungen, als physiologische Grundlage für die Theorie der Musik*, Braunschweig 1863.
60 Ebd., S. 11–13.

> »Die Organe, welche wir zum Athmen bedürfen, sind:
>
> 1) der *Brustkasten* mit den Athmungsmuskeln;
> 2) die *Luftwege*, durch welche die atmosphärische Luft in die Luftbehälter (Lungen) gezogen wird und wozu *Mund-* und *Nasenhöhle, Kehlkopf* und *Luftröhre* gehören.
> 3) die *Lungen* (Luftbehälter).«[61]

Zu diesem mechanistisch-rationalistischen Ansatz gehört für ihn auch die Ansicht, dass für den Gesang ein auf der Physiologie aufbauendes Verständnis der Kraftäußerungen des Körpers wesentlich sei.[62] Physiologische Grundlagen sind zum Singenlernen für fast alle Schulen zentral, so heißt es bei Sieber:

> »Die Lungen und die Luftröhre bereiten als Athmungsapparat den Ton vor; der Kehlkopf mit seinen Muskeln und Membranen ist (im Verein mit der durch die Stimmbänder streichenden Luft) das den Ton erzeugende Organ, während die Rachen- und Mundhöhle, die Nasenhöhlen, der harte und weiche Gaumen, die Zunge, die Zähne und Lippen den Ton modificiren und ausbilden helfen.«[63]

Siebers weitere Beschreibungen des Atmens und der Anregung der Stimmlippen lesen sich geradezu wie technische Vorgänge:

> »Indem nun die also eingeathmete Luft wieder entweichen will, beginnt mit dem Ausathmen die eigentliche Gesangsthätigkeit. Die Brust sinkt allmälig wieder zusammen, die ausgedehnten Rippen treten in ihre vorige Lage zurück und der Luftstrom dringt – in einer vom Willen des Sängers abhängigen Quantität – durch die Luftröhre in den Kehlkopf ein, setzt die elastischen [...] Stimmbänder in Schwingungen und erzeugt so den Ton, der alsdann bei seinem Eintritte in die Schlund- und Mundhöhle, [...] artikuliert und in seinem Klange wesentlich modificirt wird.«[64]

Der Umgang mit dem Atem soll – darin sind sich alle Schulen einig – sparsam sein. Jedoch lässt sich ein wesentlicher Unterschied finden, den man mit der Überschrift »Masse versus Ökonomie« zuspitzen könnte.

61 Guttmann, *Gymnastik der Stimme*, 1861, S. 4f.
62 Ebd., S. 5f.
63 Sieber, *Katechismus der Gesangskunst*, 1862, S. 4.
64 Ebd., S. 4f.

Viel und wenig Luft

Die Schulen unterscheiden sich in der Aufmerksamkeit, den sie einem der beiden Aspekte der Atemökonomie widmen: dem Einatmen von viel Luft und dem Ausatmen von möglichst wenig Luft. Beides erlaubt, den Prozess des Ausatmens zu verlängern. Sieber gehört ersteren an. Er fordert vor allem, viel Luft zu holen. Dazu müssen sehr viele Körperteile zusammenspielen, was bei dem Versuch des Nachahmens das Gefühl wecken kann, es werde jeder kleinste Winkel, jedes Potential ausgeschöpft.

> »Er [der Sänger] muß [...] völlig unhörbar eine beträchtliche Quantität Luft einsaugen lernen. Hierbei wird sich die Brust allmälig heben, der Thorax (Brustkasten) durch die Rippen vorwärts und seitlich bedeutend erweitert werden, während das Zwerchfell (ein die Brusthöhle von der Bauchhöhle trennender Muskel) durch seine Zusammenziehung den Athmungsorganen auch nach unten noch Spielraum gewährt und so den Eintritt der Luft in die Lungen wesentlich erleichtern hilft.«[65]

Die erste Aussage Fischers zur Atemtechnik bringt seine Ansichten auf den Punkt: »Viel Luft – ein großer Ton, wenig – ein kleiner.«[66] Die Forderung nach viel Luft wiederholt sich in jedem Kapitel, so heißt es bei Fischer/Hilgermann, dass man für den richtigen Ansatz »eine große Luftmenge gebrauchen [wird], wie überhaupt der wichtigste Faktor in der richtigen Atmung zu sehen ist.«[67] Fischer/Schmedes/Preuß verbinden das Atmen sogar mit dem Belcanto, den sie an verschiedenen Stellen als Ziel des Gesangs schlechthin vorstellen. Für die korrekte Atemtechnik im Sinne des Belcanto ist

> »eine ruhige, bewußte Atemführung nötig [...], bei welcher der Sänger ganz genau über die Vorgänge im Halse informiert sein muß. Man muß sich mit Atem vollsaugen, und beim Einziehen der Luft soll man vor allem das Gefühl der Erquickung haben.«[68]

Der Zusammenhang des Belcanto mit der Tiefatmung wird an späterer Stelle wiederholt.[69] Hier ist der Hals zwar Zentrum der intellektuellen Aufmerksam-

65 Ebd., S. 22f.
66 Fischer, *Neue Gesangsschule*, 1910, S. 3 (Schule für Sopran).
67 Ebd., S. 29 (Schule für Mezzosopran – Alt).
68 Ebd., S. 46 (Schule für Tenor).
69 Ebd., *Neue Gesangsschule*, 1910, S. 47 (Schule für Tenor).

keit, jedoch nicht Gegenstand willkürlicher Aktionen und es zeichnet sich bereits eine Tendenz ab, die sich auch in anderen Werken der Zeit findet: Über den Hals sollte man viel wissen, jedoch nicht zwangsläufig ›mit dem Hals singen.‹ Die allgemeine »Marginalisierung des Kehlkopfes«, die Grotjahn als ein Kennzeichen der Moderne in der Gesangsausbildung festgestellt hat,[70] wird auch an mehrfacher Stelle noch eine Rolle spielen.[71] Fischer/Mayr argumentieren in ihrer Schule für Bass, dass hier sogar noch mehr Atem als bei den anderen Stimmen nötig ist, denn:

> »Gleichwie die langen Darmsaiten der Baßinstrumente durch langsame Schwingungen den Ton erzeugen, sind auch die Stimmbänder des menschlichen Kehlkopfes geartet. Zu ihrer Inbetriebsetzung bedürfen sie einer großen Menge von Luft.«[72]

Ökonomischer beschreibt García den Atemvorrat, denn er legt lediglich Wert auf einen gut dosierten und gleichmäßigen Druck des Zwerchfells (»a continuous and well-managed pressure of the diaphragm«), der für ihn die Bedingung für einen gleichmäßigen Fluss einer längeren Phrase ist.[73] Auch Goldschmidt geht stärker auf das Ausatmen ein. Trotz seiner ansonsten eher reformorientierten und historisierenden Perspektive formuliert er, wenn es um das Atmen geht, ebenso rationalistisch:

> »Die Kunst der Athembeherrschung besteht zunächst in der öconomischen Verwendung des Athems. [...] Deshalb muß der Sänger vom Beginn des Unterrichtes an lernen, mit seinem Athemvorrath haushälterisch umzugehen, es vermeiden, unnöthig Luft ausströmen zu lassen. Daß die alten Meister hierauf ihr Augenmerk richteten, dafür liegen uns ausdrückliche Zeugnisse vor.«[74]

Auch bei Iffert gilt für die Tonproduktion der Effizienzgedanke, mit möglichst wenig Energie möglichst viel Resonanz zu erzeugen. Dabei sollen Atem und Halsmuskeltätigkeit im Gleichgewicht stehen.[75] Scheidemantel geht bei der

70 Grotjahn, »Seelenvolle Maschinen«, 2019, S. 95–97.
71 Beispielsweise in Abschnitt 3.7, S. 123ff. zur Lockerheit oder, auf Lehmanns paradoxes Verhältnis zum Kehlkopf bezogen, in Abschnitt 3.10, insbesondere S. 155.
72 Fischer, *Neue Gesangsschule*, 1910, S. 114 (Schule für Baß).
73 García (1894), *Hints on Singing*, 1894, S. 13, wörtliche Zitate im Satz ebd.
74 Goldschmidt, *Die italienische Gesangsmethode*, 1890, S. 127.
75 Iffert, *Allgemeine Gesangsschule*, 1906, S. 15.

Atemökonomie noch einen Schritt weiter, indem er auf das Ausatmen geradezu verzichtet:

> »Nicht ein durch die Stimmritze streichender Luftstrom versetzt und erhält die Stimmbänder in Schwingung, sondern die stehende Luftmasse, die von unten her Druck, von oben her durch Widerstand verdichtet, vermöge ihrer nach Ausdehnung strebenden Spannkraft den Stimmbandverschluß löst, um durch den augenblicklich wieder hergestellten Stimmbandverschluß aufs neue verdichtet zu werden. Die im Organ stehende Luftmasse gerät durch die fortgesetzte, regelmäßige Lösung und Schließung der Stimmritze selbst in regelmäßige Schwingungen, die sich als Tonwellen kugelförmig fortpflanzen und vom Ohr als Klang wahrgenommen werden.«[76]

> »Der von Müller-Brunow (›Tonbildung oder Gesangsunterricht‹, S. 27) angewendete und von anderen Schriftstellern (Bruns) aufgenommene Vergleich der ›aufsteigenden klingenden Luftsäule mit dem gerade aufsteigenden Wasserstrahl eines Springbrunnens‹ ist falsch. Beim Singen kommt es eben gerade darauf an, daß die Atmungsluft nicht aufsteigt oder aufwärts ausströmt. Sie muß ›stehen‹, d. h. verhalten werden.«[77]

Seine Beschreibung ist dabei auffallend mechanistisch, als würde er die Funktionsweise eines Motors oder eines rein physikalischen Prinzips beschreiben. Über diese physikalistische Beschreibung wird allerdings auch der Eindruck eines Naturgesetzes erweckt, das allen Gegenargumenten widerstehen kann und damit als ›Wahrheit‹ im Raum steht. Das, was vorher als Ausatmen bezeichnet wurde, ist nur noch ein Druckausgleich zwischen Innen und Außen. Nach Scheidemantel ist dafür nötig, die Kraft des Atemdrucks und der Kehlkopfmuskeln äußerst präzise auszubalancieren, wofür die Atmungsmuskulatur gleichmäßig gespannt sein muss.[78]

Geräuschlose Bauch- und Zwerchfellatmung

Das Atemholen soll geräuschlos sein. Auch darin sind sich alle Schulen einig. Die Frage aber, mit welcher Atemtechnik geatmet werden soll, beantworten die Schulen nur relativ einheitlich. Die Rede ist von Tief-, Bauch-, Zwerch-

[76] Scheidemantel, *Gesangsbildung*, 1913, S. 26.
[77] Ebd., S. 27.
[78] Ebd., S. 24–26.

fell- und Flankenatmung, die entweder bevorzugt wird oder in Kombination auftritt, teils unterschieden wird, teils aber auch das Gleiche zu meinen scheint. Trotz der Unterschiede verweisen die Atmungsarten auf Bereiche unterhalb der Rumpfmitte. Geräuschhaftes Atmen, so Goldschmidt, ist ein Zeichen für falsches Atmen, bei dem sich das Schlüsselbein hebt. Doch dieser Fehler kann vermieden werden, indem die Bauchatmung verwendet wird. Auch Guttmann präferiert die Bauchatmung und verwendet sie synonym mit der Zwerchfellatmung:

> »Obgleich [...] bei dem weiblichen Geschlechte die Athembewegungen mehr den oberen Theil des Brustkastens in Bewegung setzen, so muß die Kunst (die Uebung) es doch dahin bringen, daß sie nur mit dem *unteren Theile* der Brust und mit dem *Bauche* athmen, also hauptsächlich das *Zwerchfell* in Thätigkeit setzen. / Man glaube nicht, daß dies unmöglich sei. Die unvergeßliche *Schröder-Devrient* hatte (allerdings durch unablässiges Ueben, wie sie mir selbst sagte) eine Stufe der Vollkommenheit erreicht, die zum Erstaunen war.«[79]

Aus seinem theoretischen Verständnis von Physiologie sind ›Frauenkörper‹ biologisch benachteiligt, obwohl ihm der Gegenbeweis in Gestalt von Wilhelmine Schröder-Devrient bereits gegenüber stand. Die Begründung dieser Ausnahme von der Regel jedoch ist das »unablässige Üben.« Solch eine Aussage widerspricht allerdings der allgemeinen Forderung zu üben, die gleichermaßen ausnahmslos für alle Frauen wie für Männer gilt, wie sie auch der Aussage widerspricht, dass übermäßiges Üben kontraproduktiv sei (darauf wird an späterer Stelle noch näher eingegangen).

Auch Fischer beginnt die Schule für Sopran und damit die *Neue Gesangsschule* insgesamt mit einer Aussage zum Geschlechterunterschied bei der Atmung:

> »Daß Frauen- und Männerstimmen trotz aller Gleichheit der theoretischen Voraussetzungen nicht in allen Punkten gleich behandelt werden dürfen, ist nur natürlich. Der Bau des weiblichen Körpers und nicht zuletzt die Kleidung bringen es mit sich, daß die Regeln und Normen für das Gesangsstudium [...] abweichen.«[80]

79 Guttmann, *Gymnastik der Stimme*, 1861, S. 110f.

80 Fischer, *Neue Gesangsschule*, 1910, S. 3. Der Absatz ist sehr wahrscheinlich von Fischer selbst und kein Produkt der Kooperation von Fischer/Elizza/Forst, da er

Vor allem bezieht er diesen Abschnitt auf die Atemtechnik, ohne jedoch den Unterschied an Ort und Stelle zu benennen oder auch später auf ihn zurückzukommen. Interessanterweise, und im Gegensatz zu Guttmann, ist es hier nicht nur die Physiologie der Frauen, die hier einen Unterschied zu den Männern macht, sondern auch deren Kleidung. Bei Fischer gilt also, dass sich die Regeln der Atmung nach der Kleidung richten und nicht umgekehrt. In Fischer/Elizza/Forst heißt es jedoch: »Ich bediene mich, sagt Fräulein Forst, beim Singen ausschließlich der Zwerchfellatmung. Je tiefer genommen, desto besser, wobei ich das Einatmen ganz langsam durch die Nase besorge.«[81] Nach der Logik von Fischer/Elizza/Forst ist die Zwerchfellatmung ideal, da sie für die nötige Bewegungsfreiheit des Kehlkopfes sorgt. Der Grund ist für sie simpel: Das Zwerchfell ist am weitesten vom Kehlkopf entfernt (verglichen mit Flanken und Rippen).[82] Ähnlich formulieren es auch ihre männlichen Kollegen Fischer/Demuth im Zusammenhang mit ihren Zwerchfellübungen:

> »Zu sämtlichen Übungen ist noch zu bemerken, daß alle dem Kehlkopfe naheliegenden Teile in vollkommener Ruhe bleiben müssen und von dem Atemholen nicht tangiert werden dürfen. Der Kehlkopf, der wertvollste, aber auch empfindlichste Teil der menschlichen Kehle, verträgt gar keine äußeren Einwirkungen und braucht, da die verschiedenen Tonhöhen auch ein Heben und Senken mit sich bringen, sonst absolute Ruhe und Schonung. Die Körperhaltung sei eine ungezwungene; die Schultern dürfen beim Einatmen nicht angehoben werden. […].«[83]

Nicht nur soll der Kehlkopf unberührt bleiben, sondern es soll auch eine möglichst große Sicherheitszone um ihn herum geschaffen werden. Geradezu virtuos verknüpfen Fischer/Elizza/Forst ihre Ansichten mit dem Namen Patti – der uns im Verlaufe dieser Auseinandersetzung mit den Gesangsschulen noch zwei weitere Male begegnen wird –, jedoch ohne dass Adelina Patti am Ende irgendetwas mit dieser Aussage zu tun hätte:

> »Schon die berühmte Zeitgenossin der Patti, die Sängerin Wilt, sagte, daß sie beim Singen jeden Ton im Unterleibe spüre, das heißt genauer: daß sie jeden Ton mit dem Zwerchfell einzeln anschlage. […] Diese Kraftäußerungen […]

als kurzer einleitender Abschnitt vor dem ersten Unterkapitel steht. Auf die Mitautorinnen verweist er erst im Verlaufe.

81 Ebd., S. 4 (Schule für Sopran).

82 Ebd., S. 6f. (Schule für Sopran).

83 Ebd., S. 66 (Schule für Bariton).

und die von Fräulein Forst im Kapitel ›Register‹ besprochenen Ansatzenergien sind die beiden einzigen Willkürakte, welche beim Singen erlaubt sind. Alle anderen Teile des Körpers müssen sozusagen passiv bleiben.«[84]

Schulter-, Flanken- und Tiefatmung

Iffert unterscheidet zunächst »drei Arten der Atmung: 1) den Ober- oder Schulteratem, 2) den Mittel- oder Flankenatem und 3) den Unter- oder Zwerchfellatem« und hält lediglich den Flankenatem für geeignet, um zu singen. Beim Flankenatem »[dehnt sich d]er Rippen-(Brust)korb [...] aus, der darunter liegende weiche Teil des Leibes geht nach innen.« Nur selten taucht überhaupt der Begriff Leib auf, wie ihn Iffert hier verwendet. »Der Schulteratem ist vom Kunstgesange auszuschließen«, begründet er weiter, denn er »macht den Ton gepreßt und unschön, weil die Luft hart unter der Kehle steht«.[85]

> »Nach ärztlichen Beobachtungen steht der Zwerchfellatem quantitativ ¼ bis ⅓ dem *Flanken- oder Brustatem* nach. Diese letztere Art der Atmung, der in allen alten wertvollen Überresten der italienischen Blütezeit mit dem bekannten ›Brust heraus, Bauch herein!‹ das Wort geredet wird [...], ist meiner Ansicht nach die für gesanglich-künstlerische Zwecke am besten geeignete und durchaus empfehlenswerte.«[86]

Interessanterweise bemüht er – trotz aller Ablehnung der Wissenschaften – hier die ärztliche Autorität, die gerade geeignet ist, seine Theorie des überlegenen Belcanto zu stützen. Die Flankenatmung ist auch für Pulvermacher wichtig, jedoch fordert er eine Kombination mit der Zwerchfellatmung, die er Tiefatmung nennt:

> »Das Ein- und Ausatmen darf sich also nicht etwa durch auffälliges Heben und Senken des Brustkorbes oder der Schultern bemerkbar machen. Das Anfüllen und Entleeren der Lungen muß sich durch ruhiges Ausdehnen und Einziehen des Rippenkorbes (Flanken) derart kontrollieren lassen, daß dieser sich beim Einatmen verbreitert, beim Ausatmen wieder zusammenzieht, während der Brustkorb unverändert hochgestellt bleibt. / Durch genaue,

[84] Ebd., S. 19 (Schule für Sopran).
[85] Iffert, *Allgemeine Gesangsschule*, 1906, S. 17, wörtliche Zitate im Absatz ebd.
[86] Ebd.

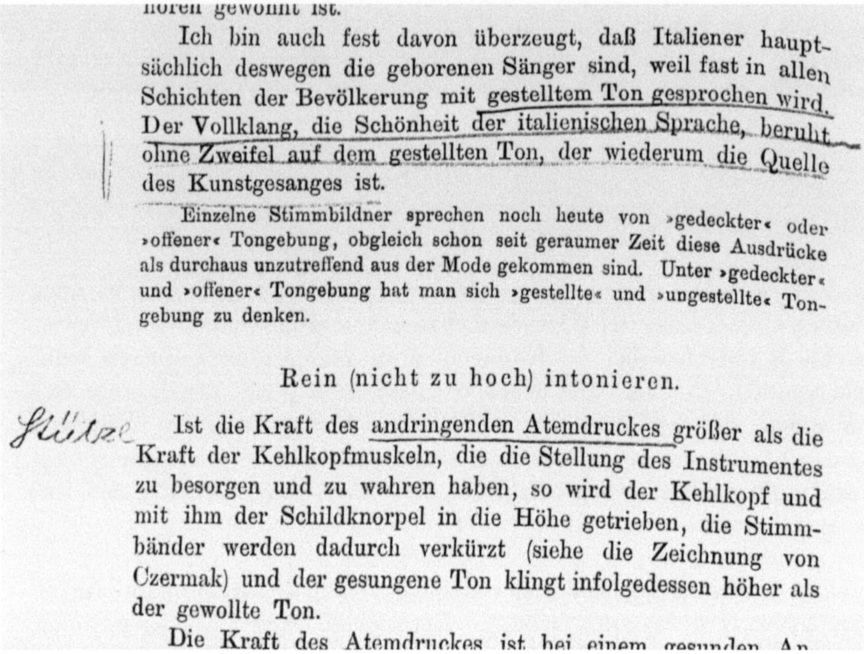

hören gewohnt ist.

Ich bin auch fest davon überzeugt, daß Italiener hauptsächlich deswegen die geborenen Sänger sind, weil fast in allen Schichten der Bevölkerung mit gestelltem Ton gesprochen wird. Der Vollklang, die Schönheit der italienischen Sprache, beruht ohne Zweifel auf dem gestellten Ton, der wiederum die Quelle des Kunstgesanges ist.

Einzelne Stimmbildner sprechen noch heute von »gedeckter« oder »offener« Tongebung, obgleich schon seit geraumer Zeit diese Ausdrücke als durchaus unzutreffend aus der Mode gekommen sind. Unter »gedeckter« und »offener« Tongebung hat man sich »gestellte« und »ungestellte« Tongebung zu denken.

Rein (nicht zu hoch) intonieren.

Ist die Kraft des andringenden Atemdruckes größer als die Kraft der Kehlkopfmuskeln, die die Stellung des Instrumentes zu besorgen und zu wahren haben, so wird der Kehlkopf und mit ihm der Schildknorpel in die Höhe getrieben, die Stimmbänder werden dadurch verkürzt (siehe die Zeichnung von Czermak) und der gesungene Ton klingt infolgedessen höher als der gewollte Ton.

Die Kraft des Atemdruckes ist bei einem gesunden An-

Abbildung 6: Handschriftliche Annotationen in einem Leihexemplar von Scheidemantels *Gesangsbildung* (S. 24) aus der musikwissenschaftlichen Bibliothek Detmold. Obwohl Scheidemantel offener Verfechter einer deutschen Gesangspädagogik ist, wurde der nahezu einzige positive Satz, der sich mit dem Belcanto in Verbindung bringen lässt, hervorgehoben (auf die Stelle wird im Zusammenhang mit der Natur und Natürlichkeit noch einzugehen sein). Außerdem wurde der beliebte Begriff »Stütze«, den Scheidemantel – möglicherweise sehr bewusst – vermied, nachgetragen. Diese Eintragungen zeigen die Diskursmacht einiger weniger Konzepte und Begriffe, die, einmal etabliert, kaum auszulöschen sind. Warum der Eintrag gerade an einer Stelle eingefügt wird, in der Scheidemantel einen Fehler beschreibt, und was er also bedeuten soll, ist unklar. Eine Erklärungsmöglichkeit ist die Stütze als Methode, einen gleichmäßig kontrollierten aber minimalen Atemstrom zu produzieren – also um sowohl einen zu hohen als auch zu geringen subglottalen Druck zu vermeiden.

> stete Befolgung dieser Regeln erlangt man mit der Zeit die sogenannte Tiefatmung (Zwerchfell- und Flankenatmung), welche allein in den Stand setzt, längere musikalische Phrasen in einem Atem zu singen.«[87]

Die Vorteile der Tiefatmung sind für ihn, dass mit ihr die größtmögliche Menge Luft aufgenommen werden kann:

87 Pulvermacher, *Gesangsregister*, 1915, S. 2.

> »Wenn man vor Beginn der Flankenatmung den Brustkorb hochgestellt [...] und den Leib etwas eingezogen hält, so erweitert sich beim Einatmen nicht nur der Rippenkorb, wie bei der Flankenatmung, sondern die Bauchwand tritt auch, wie bei der Zwerchfellatmung, etwas nach außen. (Tiefatmung) / Diese Vereinigung von Flanken- und Zwerchfellatmung [...] bietet dem Sänger in dem hochgestellten Brustkorbe, der eine ähnliche Wirkung ausübt wie der Resonanzboden eines Instrumentes, die beste Stütze für den Ton.«[88]

Hier taucht bereits der Begriff der Stütze auf, der im Verlauf des 20. Jahrhunderts einen regelrechten Siegeszug in der Gesangsterminologie antreten wird. Selbst Autoren, die diesen Begriff vermeiden, werden von ihren Leserinnen und Lesern bisweilen vermeintlich ›durchschaut‹ und korrigiert, wie Abbildung 6 zeigt, in der handschriftlich der scheinbar unausweichliche Begriff nachgetragen wurde.

Die Schulteratmung dagegen erwähnt Pulvermacher lediglich der Vollständigkeit halber:

> »Eine dritte Art der Atmung, die aber für den Gesang nicht angewandt wird, soll hier nur erwähnt werden. / Es ist die ›Schultern- oder Schlüsselbeinatmung‹, die darin besteht, daß man beim Einatmen die Schultern in die Höhe zieht. / Abgesehen von dem unvorteilhaften Anblick, den dies gewährt, führt diese Atmungsart den Lungen die geringste Quantität Luft zu und beeinträchtigt die ruhige Haltung des Kehlkopfes.«[89]

Auffallend ist hier die Bedeutung des visuellen Eindrucks. Zwar nur beiläufig erwähnt, ist er aber nicht unwichtig. Der Anblick einer singenden Person soll vorteilhaft sein. Als zusätzliches Argument findet sich der visuelle Eindruck beim Singen auch in anderen Schulen und an anderen Stellen; darauf wird später noch einzugehen sein. Das Beispiel ist außerdem typisch für den häufig anzutreffenden normativen Stil. Die Aussage, dass die Schulteratmung nicht angewandt wird, ist weder Bitte noch Aufforderung, sondern schlichte Aussage. Dadurch wird nicht einmal der Eindruck erweckt, dass über diesen Punkt diskutiert werden könnte.

[88] Ebd., S. 3.
[89] Ebd.

3.4 Über die Einteilung der Stimmen

Mit der Einteilung der Stimmen werden auch Körper eingeteilt, weil die Stimmen primär an der ihnen zu Grunde liegenden funktionellen Anatomie gemessen werden. Damit kommt es zu einer Ausdifferenzierung auch nach Geschlecht und nach weiteren Kategorien, die im Zusammenhang mit verschiedenen Charakteren stehen. Die Anzahl der Kategorien ist aber selbst wichtig, hängt von ihr doch womöglich der Raum für Individualität oder zumindest zulässiger Vielfalt ab.

Bereits Sieber teilt Singstimmen vergleichsweise kleingliedrig und auf mehreren Ebenen ein. Zunächst unterscheidet er Männerstimmen einerseits und Frauen- und Kinderstimmen andererseits. Diese beiden Stimmen unterteilt er weiter in die Stimmgattungen Sopran, Mezzosopran, Alt, Tenor, Bariton und Bass, die er wiederum mit jeweils verschiedenen Ausprägungen angibt.

> »Innerhalb des Baßgebiets unterscheidet man zunächst den tiefen Baß (*Basso profundo, serio, cantante*) vom komischen Baß (*Basso buffo, parlante*). Die Stimme des Ersteren entfaltet, neben größeren Ausdehnungen nach der Tiefe hin, mehr Kraft und Würde, die des *Basso buffo* eine größere Beweglichkeit, Höhe und Sprechfertigkeit. Beim Bariton macht man einen Unterschied zwischen Baßbariton und Tenorbariton [...]. Die Tenorstimmen theilt man wiederum in heroische (*Tenore eroico, robusto*) und lyrische (*Tenore lirico, Contraltino*) ein [...].«[90]

Und bezogen auf die Frauenstimmen:

> »Auch hier [bei den Frauenstimmen] macht man einen Unterschied zwischen *Contralto* und *Mezzocontralto*, d. h. einer tiefen und schwer einherschreitenden und einer weichen, leicht beweglichen (in die Höhe des Mezzosoprans hinüberspielenden) Altstimme. Die mittlere Klasse [...] weist nur die eine Rubrik des *Mezzosoprano* auf; dagegen unterscheidet man bei der oberen Klasse einen kraftvollen, dramatischen Sopran (*Soprano sfogiato*) von einem anmuthigen, leicht beweglichen, sehr hoch hinaufreichenden, aber im Klange dünneren Sopran (*Soprano acuto*), den man in der Regel den hohen Sopran zu nennen pflegt.«[91]

Diese Systematik findet sich im Wesentlichen auch noch bei Iffert. Er beschreibt

90 Sieber, *Katechismus der Gesangskunst*, 1862, S. 10.
91 Ebd., S. 10f.

zunächst die gleichen »sechs Gattungen der menschlichen Stimme: Sopran, Mezzosopran, Alt; Tenor, Baryton und Baß«[92], die er weiter unterscheidet in

> »den seriösen und den komischen Baß [...], den Baß- und den Tenor-Baryton, den Helden- und den lyrischen Tenor, den tiefen und den hohen Alt; Mezzosopran- und Sopranstimmen zusammen kann man einteilen in den tiefen vollen, den dramatischen, den lyrischen und den Koloratur-Sopran.«[93]

Siebers und Ifferts Unterteilungen und Charakterisierungen der Stimmen mögen Assoziationen mit der Temperamentenlehre wecken. Hinsichtlich der Frage nach Individualisierung oder Normalisierung ist das durchaus eine Überlegung wert; die Frage ist aber: Handelt es sich bei einem kleinteiligeren System um eines, welches individuellen Stimmen entgegen kommt, oder normalisiert das System dennoch Stimmen, weil es sie in feste Kategorien steckt? Ein kleinteiliges System bietet viele ›Schubladen‹, die Unterschiede berücksichtigen. Das kann zunächst den Anschein erwecken, dass es mehr Raum für Individualität gäbe. Bei weniger und daher gröberen Kategorien müssten sich ja mehr Individuen die gleichen Kategorien teilen. Andererseits könnte ein gröberes System durchaus mehr Spielraum in den größeren Kategorien erlauben. Fischer/Hilgermann verweisen auf Rossinis *Il barbiere di Siviglia* als bestes Beispiel dafür, dass »auch die Altstimmen früherer Zeiten [...] beträchtliche Höhen zu erreichen [hatten]«[94]. Diese Beobachtung ließe sich durchaus so lesen, als wäre innerhalb älterer und gröberer Stimmsysteme der Spielraum in den einzelnen Kategorien durchaus größer gewesen. Zudem gibt es genügend Beispiele gerade virtuoser Arien, die eher für individuelle Stimmen als für Stimmfächer komponiert wurden. Grotjahn verweist in diesem Zusammenhang pointiert auf die Zunahme von Arien als »Konfektionsware.«[95] Es gibt aber noch einen wesentlich bedeutsameren Unterschied der Stimmsysteme zur Temperamentenlehre: Letztere spannt einen Raum verschiedener Temperamente auf, innerhalb dessen sich jedes Individuum einen eigenen Platz suchen kann. Es ist ein Koordinatensystem, in dem die Temperamente unabhängige Dimensionen (Ko-

[92] Iffert, *Allgemeine Gesangsschule*, 1906, S. 31.

[93] Ebd.

[94] Fischer, *Neue Gesangsschule*, 1910, S. 27 (Schule für Mezzosporan – Alt).

[95] Vgl. Grotjahn, »Mit der Seele statt mit der Kehle«, 2017, S. 282, wobei sie an dieser Stelle verweist auf Daniel Brandenburg und Thomas Seedorf (Hrsg.), *»Per ben vestir la virtuosa.« Die Oper des 18. und frühen 19. Jahrhunderts im Spannungsfeld zwischen Komponisten und Sängern* (= Forum Musikwissenschaft 6), Schliengen 2011.

ordinatenachsen) darstellen und das somit erlaubt, jedes Individuum mit seiner einzigartigen Mischung aus Temperamenten zu bestimmen. Stimmfächer sind dies nicht. Sie sind Kategorien und keine Dimensionen. Wären sie Dimensionen, dann müsste jede Stimme als individuelle Mischung aus Anteilen von komischem Bass, heroischem Tenor und dünnem, beweglichem Sopran bestimmt werden. Das ist nicht nur kaum möglich, sondern mutet geradezu absurd an. Die Konsequenz ist jedoch, dass sich Individuen auch innerhalb eines kleinteiligen Stimmsystems eindeutig zuordnen lassen müssen. Können sie das nicht, haben sie entweder die Wahl, mehrere Kategorien auszubilden oder aber bleiben ›zwischen den Stühlen hängen.‹

Gleichzeitig bilden sich in den Stimmfächern mit steigender Ausdifferenzierung auch Wertungen der verschiedenen Kategorien aus – und hier lassen sich doch noch Ähnlichkeiten zur Entwicklung der Temperamente finden. So, wie sich aus den Temperamenten wenige herausbildeten, die angesehener als die anderen waren, so kommt es auch bei den Stimmen zu einer Unterscheidung der Wertigkeit. Vor allem die Tenor- und Sopranstimmen sind es, die an Bedeutung gewinnen, weshalb die Wahl des Stimmfachs auch über die Erfolgsaussichten einer Person entscheidet. Hilgermann ist sich der Dominanz hoher Sopranstimmen über die Mezzosopran- und Altstimmen in der Öffentlichkeit geradezu schmerzhaft bewusst. Sie warnt regelrecht davor, das Rollenfach zu erweitern und dem »ureigenen Stimmcharakter untreu [zu] werden«[96], versteht aber den Grund dieser Untreue:

> »[M]an [muß] in erster Linie der modernen Komposition die Schuld geben. Daß Sängerinnen mit tiefen Stimmen sich nicht mit einer kleinen Anzahl von Rollen, welche weder effektvoll noch bedeutend sind, begnügen, ist leicht begreiflich. [...] / Auch Verdi hatte seine Amneris, die für eine tiefe Frauenstimme gedacht ist, derartig in die Höhe geführt, daß zwischen ihrem Stimmumfang und jenem der Aïda kein erheblicher Unterschied besteht. Als natürliche Folge ergab sich nun, daß Altistinnen, die sich einmal in der hohen Stimmlage versucht hatten, auch Rollen in ihr Repertoire aufnahmen, welche der Natur ihrer Stimme widersprachen. Eine solche Rücksichtslosigkeit gegen die natürliche Veranlagung rächt sich aber gar zu bald.«[97]

Stimmsysteme scheinen eher einem modernen wissenschaftlichen Denken zu entspringen, das sich einerseits um Präzision bemüht, andererseits aber in sei-

96 Fischer, *Neue Gesangsschule*, 1910, S. 27 (Schule für Mezzosporan – Alt).
97 Ebd.

nen Kategorien eindeutig bleiben möchte. Kontinuitäten, die für eine wirklich individuelle Verortung der Elemente im System unabdingbar sind, sind für dieses Denken problematisch. Iffert jedoch scheint sich dieses Umstandes vage bewusst zu sein und gesteht in Hinblick auf den Stimmumfang: »Den Umfang dieser verschiedener Stimmarten kann man nur im allgemeinen angeben, denn die Natur läßt bei der Verteilung der Stimmen größte Mannigfaltigkeit walten.«[98] Was das in der Praxis und der Lehre für Konsequenzen hat, lässt er allerdings offen. Wenn er nachsetzt, dass es bei der Ausbildung aller Stimmen vor allem um den Ansatz gehe und hinzufügt: »Es gibt in der Tat nur *einen* richtigen Ansatz des Tones und *kann nur einen* geben«[99], dann mag das wie ein Widerspruch wirken. Er gesteht den Stimmen einen individuellen Umfang zu, aber beim Ansatz des Tones sind alle gleich. Letztlich bleibt es beim Normalisieren der Stimme. Iffert gesteht den Menschen zu, als Individuen in den Unterricht hineinzugehen, aber er möchte sie dennoch mit der gleichen Methode unterrichtet wissen.

Wie auch bei Erwachsenen, fordert Scheidemantel für Kinder eine Einordnung in hohe und tiefe Stimmen, die nach ihrer Veranlagung erfolgen solle, nicht nach musikalischem Bedarf. Falsche Zuweisungen sind für ihn gesundheitsbedenklich:

> »Für die Einordnung eines Kindes in die erste oder zweite Stimme darf nicht seine musikalische Begabung den Ausschlag geben, sondern einzig und allein seine stimmliche Veranlagung. / Leider geschieht es nur zu oft, daß Kinder mit hohen Stimmen zweite Stimme singen müssen, weil ihre musikalische Begabung die richtige Ausführung [...] sichert. Ein gewissenhafter Stimmbildner [...] wird das nie tun, denn er weiß, welcher Schaden einer kindlichen Stimme droht, wenn man sie zwingt, sich dauernd in einer falschen Lage zu bewegen: Stimmschwäche, sogar Stimmlähmung.«[100]

Eine zunehmende Charakterisierung von Stimmtypen oder ein zunehmendes Bewusstsein über Charaktere, die an Stimmtypen gebunden sind, hat auch Auswirkungen auf die Frage, ob Kompositionen überhaupt transponiert oder gar oktaviert werden können. Ist der Charakter einmal mit der Stimmlage verknüpft, so ist sie auch in der Komposition eingeschrieben, ›einkomponiert.‹ Diese Frage löst noch immer Debatten aus, genauer gesagt, dauert diese Debatte noch immer an – so stellte sich beispielsweise Grotjahn in ihrer Analyse ver-

98 Iffert, *Allgemeine Gesangsschule*, 1906, S. 31.
99 Ebd.
100 Scheidemantel, *Gesangsbildung*, 1913, S. 131.

schiedener Beispiele aus Schumanns *Dichterliebe* jüngst auf die Seite derjenigen, die eine Oktavierung kritisch sehen.[101] Schon Sieber zieht entsprechende Konsequenzen aus der klangfarblichen Charakterisierung der Stimmgattungen. Eine Transposition von Arien lehnte er ab, weil für bestimmte Stimmgattungen komponierte Arien damit auch an die mit der Stimmgattung verbundenen Klangfarben gebunden seien. Ein Wechsel der Stimmgattung würde den Charakter des Stückes ändern. Eine Ausnahme macht er bei einfachen Liedern.

> »Bei Liedern, die […] an die Stimme keinerlei besondere Anforderungen in Bezug auf technische Schwierigkeit stellen, mag man sich solche Doppelbezeichnungen [für Sopran oder Tenor, Alt oder Bass etc.] wohl gefallen lassen – obschon sich auch hier Fälle genug nachweisen ließen, wo sie unstatthaft erscheint –, bei größeren Arien aber […] ist sie geradezu widersinnig.«[102]

Dagegen ist für García das Transponieren grundsätzlich geboten, um die Stimme zu schonen, wenn er schreibt, es solle ohne Skrupel angewendet werden (»[it] ought to be used without scruple«[103]). Er räumt zwar ein, dass ein Stück, welches sich nicht für eine Transposition eignet, auch nicht gesungen werden soll,[104] verrät aber nicht, woran man das erkennt.

3.5 Register und Resonanz

Noch heute gibt es Uneinigkeit darüber, was mit »Register« gemeint ist.[105] Das ist durchaus bekannt und so überrascht es auch kaum, dass der Registerbegiff unter den betrachteten Schulen uneinheitlich verwendet wird. Die Bedeutungen der Begriffe Register, Mechanismus und Resonanz vermischen sich häufig, weshalb diese kaum trennbaren Begriffe auch an dieser Stelle gemeinsam betrachtet werden. Nachfolgend sollen deshalb die Begriffe Brust-, Mittel- und Kopfstimme jeweils die Einheit aus Resonanz, Klang und Register

101 Vgl. Grotjahn, »Mit der Seele statt mit der Kehle«, 2017.

102 Sieber, *Katechismus der Gesangskunst*, 1862, S. 11.

103 García, *Hints on Singing*, 1894, S. 19.

104 Ebd.

105 Vgl. Matthias Echternach, Art. »Register«, in: *Lexikon der Gesangsstimme. Geschichte. Wissenschaftliche Grundlagen. Gesangstechniken. Interpreten*, hrsg. von Ann-Christine Mecke u. a., Laaber 2016, S. 502–507 und ders. und Bernhard Richter, »Stimmregister«, in: *Die Stimme. Grundlagen. Künstlerische Praxis. Gesunderhaltung*, hrsg. von Bernhard Richter, Leipzig 2013, S. 132–143.

bezeichnen. Eine Differenzierung wäre eine künstliche und nachträgliche Systematisierung, die dem Diskurs nicht gerecht wird, um den es hier geht.

Ungeachtet der Probleme ist das Thema Register in den meisten Schulen äußerst wichtig und wird von Vielen sehr detailliert beschrieben. Auf eine Wiedergabe der einzelnen Aussagen zu Registern, Mechanismen und ihrer Resonanzen wird hier verzichtet; stattdessen erfolgt eine Gesamtschau der Aussagen nach Konsens und Widersprüchen. Zudem soll gefragt werden, mit welchen Körperkonzepten Register gedacht wurden und wie sich die Registeransichten der einzelnen Autorinnen und Autoren im Vier-Kräfte-Modell jeweils einordnen lassen.

Mit den Registerbegriffen verbinden sich Vorstellungen von Klangfarben, aber auch in hohem Maße Körpervorstellungen. Die Empfindung der Körperlichkeit des Tons selbst wird maßgeblich über Register beschrieben, wobei eine Entkörperlichung von unten nach oben, von Brust nach Kopf hin zu beobachten ist. Da Register gleichzeitig auch an Geschlechter gebunden werden, ergibt sich hier ein komplexes Wechselspiel von Körper, Geschlecht und Register. Komplex auch deshalb, weil die Begriffe männlich und weiblich einmal als tatsächliche Bezeichner für das Geschlecht singender Personen verwendet werden, aber mitunter auch als Stellvertreterbegriffe für allgemeine binäre Phänomene oder Modellannahmen. Diese gab es – und gibt es noch immer – zuhauf, wie etwa die männliche und weibliche Kadenz, oder – im landläufigen Technikjargon – den männlichen und weiblichen Teil einer Steckverbindung. Natürlich gilt auch in letzterem Fall, dass die Verwendung von männlich und weiblich für binäre Verhältnisse Aufschluss über ein Menschenbild gibt, das wesentlich von einem binären Geschlechtermodell geprägt ist, und bei dem die Metaphern für binäre Modelle keineswegs zufällig sind. Dennoch ist es im konkreten Falle nicht das gleiche und es bleibt bisweilen unklar, ob ein Autor nun mit weiblich wirklich auch die Weiblichkeit eines Menschen bezeichnet, oder nur lose assoziiert und im Sinne einer rhetorischen Konvention benutzt. (Auf eine weitere Ausdifferenzierung von Geschlechtern wird hier und auch weiterhin verzichtet, da grundsätzlich anzunehmen ist, dass die damalige Gesellschaft, in der sich der hier zu untersuchende Diskurs abspielt, von einem binären Geschlechterbild geprägt war und andere Geschlechtermodelle im Diskurs praktisch keine Rolle spielten).[106]

[106] Vgl. hierzu auch Anke Charton, *Prima donna, primo uomo, musico. Körper und Stimme: Geschlechterbilder in der Oper* (= Leipziger Beiträge zur Theatergeschichtsforschung 4), Leipzig 2012.

Frühe und späte Schulen

Auffallend ist, dass die Schulen des 19. Jahrhunderts, also die von Sieber und Goldschmidt, die Begriffe Brust-, Kopf- und Falsettregister benutzen, um die Jahrhundertwende herum und danach hingegen von einer Brust-, Mittel-, und Kopfstimme geschrieben wird. Selbst García, der wohl wie kaum ein anderer mit der Registertheorie verbunden wird, unterscheidet 1894 zwischen einem Brust- (*chest*), Mittel- (*medium*) und Kopfregister (*head register*)[107] und revidiert damit die Begrifflichkeiten seiner als bahnbrechend rezipierten Studie von 1840, in der er noch von einem Brust- (*poitrine*), einem Falsett- (*fausset*) und einem Kopfregister (*tête*) sprach und diese drei Register physiologisch begründete.[108]

Dass hier mit dem Falsett auch der Begriff des ›Falschen‹ fällt und gegen einen vermittelnden Begriff der ›Mitte‹ ausgetauscht wird, ist bemerkenswert wie bedeutsam. Mit dem Auftauchen der Mittelstimme verschwindet das Falsett nämlich keineswegs. Es wird zunehmend widersprüchlich behandelt und diese Widersprüchlichkeit wird von den Autorinnen und Autoren durchaus wahrgenommen und bisweilen geradezu als belastend empfunden. Die Unklarheiten über das oder die Register insgesamt nehmen zu. Das macht sich durch sehr heterogene Lösungsansätze bemerkbar, aber auch durch eine bisweilen geradezu aggressive Sprache. Letztlich änderte Lehmann sogar den Titel ihres Kapitels »Über Stimmregister«[109] später in »Über Stimmlagen – Register gibt es nicht«[110] um und erklärt: »Solange das Wort *Register* beibehalten wird, werden die *Register* auch nicht verschwinden.«[111] Lehmann scheint sich hier durchaus der Macht der Sprache auf das Denken bewusst zu werden und möchte das Problem über die Ausmerzung des Begriffes in der Sprache lösen. Die gleiche Aussage findet sich auch schon in ihrer Erstausgabe von 1902, wobei Lehmann hier noch einführend die drei Register Brust-, Mittel-, und Kopfstimme unterscheidet, dann aber deren Aufhebung fordert.[112] Das kann als Forderung nach einem Registerausgleich gelesen werden, mit dem es keine abrupt hörbaren Klangunterschiede mehr gibt und damit auch keine hörbaren Register. Scheidemantel dagegen versucht, das

107 García, *Hints on Singing*, 1894, S. 7f.

108 Vgl. Manuel García, *Mémoire sur le voix humaine présenté à l'Académie des Sciences en 1840*, Paris 1840, referenziert in Echternach, »Register«, 2016, S. 505 und zit. nach Echternach und Richter, »Stimmregister«, 2013, S. 133.

109 Lilli Lehmann, *Meine Gesangskunst*, 1902, S. 19.

110 Lilli Lehmann, *Meine Gesangskunst*, ³1922, S. 31.

111 Ebd., S. 32.

112 Lilli Lehmann, *Meine Gesangskunst*, 1902, S. 20.

Problem über weitere Differenzierungen zu lösen und unterscheidet Register und Mechanismus. Dabei bezieht sich der Mechanismus auf die physiologischen Vorgänge im Kehlkopf, womit der Registerbegriff wieder frei zur Verfügung steht, um ihn für kategorische Klangunterschiede zu gebrauchen. Diese hängen von mehreren Faktoren ab, wie Ansatz, Körperhaltung und Resonanz. Indem nun aber die mit dem Register verbundenen Begriffe bereits vergeben sind, braucht Scheidemantel neue Begriffe, um die Mechanismen zu unterscheiden, weshalb er von einem männlichen und einem weiblichen Mechanismus schreibt. Beide jedoch seien ausdrücklich in allen Menschen vorhanden, also prinzipiell geschlechtsunabhängig.[113]

In vielen Schulen lässt sich ein wenig reflektierter Übergang von Hypothesen zu Tatsachen beobachten. Sieber ist der einzige, der die von García beschriebenen Unterschiede im Stimmlippenschluss erwähnt und gleichzeitig auf die Hypothesenhaftigkeit der Annahmen verweist, indem er schreibt: »Bei der Bruststimme sollen die Stimmbänder in ihrer ganzen Ausdehnung, bei der Kopfstimme dagegen nur die inneren Ränder dieser sogenannten Stimmsaiten schwingen.«[114] Zudem fügt er an, dass er die Ergebnisse laryngoskopischer Untersuchungen für überbewertet hält. In späteren Schriften ist die Hypothese zum Schwingungsverhalten der Stimmlippen bereits zur Konsenswahrheit geworden, oder aber sie wird insgesamt – und, wie im Falle von Iffert, mit ihr gleich die physiologische Forschung als Ganze – abgelehnt oder als nutzlos verworfen. Eine wissenschaftlich präzise Formulierung, wie sie Helmholtz 1874 insbesondere auch für die Populärwissenschaften einforderte, bleibt aus und es zeichnet sich bereits ab, was Fleck 1931 an der Genese wissenschaftlicher Tatsachen kritisiert (vgl. Abschnitt 2.1). Bei Scheidemantel vollzieht sich dieser Übergang von der Annahme zur Tatsache bereits innerhalb einer Publikation. Ausgehend von der Prämisse, dass Frauen im Gegensatz zu Männern Mechanismen bruchlos austauschen können, schreibt er:

> »Die physiologische Erklärung dafür [...] muß ich natürlich den Kehlkopfforschern überlassen. Ich vermute, daß sie in der zarteren Bauart des weiblichen Kehlkopfes zu suchen ist, der, in allen Teilen zierlicher, beweglicher und nachgiebiger als der männliche, gern bereit ist, die Mechanismen ohne Lärm auszutauschen.«[115]

113 Scheidemantel, *Gesangsbildung*, 1913, S. 46.
114 Sieber, *Katechismus der Gesangskunst*, 1862, S. 13.
115 Scheidemantel, *Gesangsbildung*, 1913, S. 65.

An späterer Stelle ist daraus bereits eine Tatsache geworden:

> »Der männliche Mechanismus verfügt über drei Register: Kopfstimme, Mittelstimme und Bruststimme. Der weibliche Mechanismus verfügt über zwei Register: Kopfstimme und Mittelstimme. [...] Da die Frau auch vom männlichen Mechanismus im Kunstgesang gebrauch macht, so stehen ihr streng genommen fünf Register zu Gebote [...] Kraft ihres zierlichen und geschmeidigen Kehlkopfes ist die Frau aber imstande, ihre beiden Kopfstimmen und ihre beiden Mittelstimmen, die sich ohnedies im Klange ähnlich sind, unbemerkbar auszutauschen, und so zählt man auch für die Frau nur drei Register: Kopfstimme, Mittelstimme, Bruststimme.«[116]

Zudem geht er davon aus, dass sich Kinder- und Frauenstimmen nicht in Hinblick auf die Mechanismen und Register unterscheiden. Nur die »Leistungsfähigkeit« des »Gesangsorgans« des Kindes sei geringer als die der Frau.[117]

Bruststimme

Konsens unter allen Schulen ist die Erwähnung der Bruststimme. Bei näheren Beschreibungen wird sie in der Regel mit Resonanzempfindungen im Brustbereich assoziiert. Scheidemantel spricht gar von einer heftigen »Erschütterung des Kehlkopfes und der Luftröhre [...].«[118] Unterschiede bestehen in der Frage, ob und bis zu welchem Grade von der Bruststimme Gebrauch gemacht werden sollte. Während Sieber beobachtet, dass Frauen zunehmend mit der Bruststimme singen, was er jedoch offen und energisch kritisiert,[119] spricht sich Pulvermacher eindeutig für die Verwendung aller drei Register aus, zu denen die Stimme in der Lage ist, und betont auch, dass alle Register in allen Stimmen vorkämen.[120] Jedoch schränkt er ein, dass sich die Bruststimme für bestimmte

116 Ebd., S. 108.

117 Ebd., S. 124.

118 Ebd., S. 76.

119 Sieber, *Katechismus der Gesangskunst*, 1862, S. 30, wörtlich heißt es ebd.: »Man hat seit vielleicht funfzehn Jahren einer eben so unschönen, als verderblichen Behandlung der *tiefen Lage* der Frauenstimmen bei den Studien Raum gegeben und sich nicht entblödet, solcher gemeinen Tonerzeugung – einer zweiten Art des Kehlklanges [...] – den Namen und die Berechtigung eines eigenen Registers gegeben [...] Grund dafür ist] die verkehrte Sucht, von den tiefen Tönen der Frauenstimmen eine ganz besondere Kraft und Klangdicke zu verlangen, welche ihnen bei der natürlichen Behandlung der Stimme unerreichbar zu sein schien.«

120 Pulvermacher, *Gesangsregister*, 1915, S. 16.

»[z]arte Stimmen, zum Beispiel hohe Koloratur-Sopranstimmen« nicht eigne.[121] Fischer/Hilgermann gehen noch einen Schritt weiter, wobei anzunehmen ist, dass hier Hilgermann als Altistin und als Ausnahme unter den Autorinnen federführend war, wenn es heißt:

> »Der Kontralt und Mezzosopran findet seine schönsten Töne im Brustregister; die richtige Behandlung desselben bei der Frau läßt sich mit der des singenden Mannes vergleichen. Gleich ihm wird sie bestrebt sein, den Ton an den harten Flächen des Brustkorbes erklingen zu lassen; sie wird dadurch das Schwergewicht des Gesanges in die Brust verlegen, der Klang dieser Töne wird ein summender, dunkel rollender werden.«[122]

Für Pulvermacher eignet sich »[d]ie Bruststimme [...] vorzugsweise für den Ausdruck der Kraft und des Pathetischen.« Verglichen mit den anderen Stimmen beziehungsweise Registern beschreibt er die Bruststimme als kräftiger, aber weniger beweglich.[123] Nur Siebers Charakterisierung der Bruststimme wirkt widersprüchlich, wenn er schreibt, »Die Bruststimme [...] liebt [...] die offenen, hellen Vokale [...].«[124] Denkbar ist jedoch, dass Sieber hier bereits versucht, dem dunklen Klang des Registers im Sinne eines Registerausgleichs entgegenzuwirken, indem er Sänger von vornherein dazu anhält, ihm eine hellere Farbe zu verleihen. Auf dieses Prinzip wird später bei anderen Autoren im Zusammenhang mit dem Registerwechsel (S. 109) eingegangen.

Unterschiede beziehen sich auf die Grenzen der Bruststimme und die Frage, ob es sinnvoll oder überhaupt möglich ist, die Bruststimme wesentlich nach oben auszubauen. Die Warnungen richten sich aber nicht nur an Sängerinnen, sondern auch an Sänger. Das Beibehalten der Bruststimme in höheren Lagen hält Sieber grundsätzlich für schädlich.[125] Pulvermacher hält eine hohe Bruststimme für »möglich und auch hohen Tenorstimmen noch ziemlich leicht zugänglich«, wendet aber ein, dass das »eine so große Muskelanspannung [erfordert], daß die Stimme dadurch überanstrengt werden kann«[126]. Allerdings bezieht er sich hier noch auf Tonhöhen deutlich unterhalb des c'' und meint also nicht die Verwendung der Bruststimme in Extremlagen. Vor einer Überanstrengung der Stimme, die sich bereits abzeichnet, aber auch vor dem Gebrauch der Bruststimme in höheren Lagen warnen andere Autorinnen und Autoren deutlicher.

121 Ebd., S. 10, wörtliches Zitat ebd.

122 Fischer, *Neue Gesangsschule*, 1910, S. 29 (Schule für Mezzosopran – Alt).

123 Pulvermacher, *Gesangsregister*, 1915, S. 9f., wörtliches Zitat auf S. 9.

124 Sieber, *Katechismus der Gesangskunst*, 1862, S. 41.

125 Ebd., S. 15.

126 Pulvermacher, *Gesangsregister*, 1915, S. 9 (beide Zitate).

Scheidemantel widmet gleich mehrere Kapitel der ›hochgeschraubten‹ Frauenstimme, wobei er vor allem ästhetische Gründe anführt. So gilt:

> »Die hinaufgeschraubte Bruststimme [der Frau] klingt höchst widerwärtig, brutal und hart und kann immer nur stark gesungen werden, so daß eine weiche Kantilene, oder ein weicher Ansatz gar nicht mehr möglich ist.«[127]

Kopf- als Gegensatz zur Bruststimme

Die Kopfstimme wird in der Regel als Gegenentwurf zur Bruststimme dargestellt und ist für Fischer/Elizza/Forst der »wichtigste und schönste Teil« der Sopranstimme.[128] Nach Pulvermacher steht »[d]em vollen dramatischen Gepräge der Bruststimme [...] der zarte, duftige Ton der Kopfstimme gegenüber.«[129] Sieber macht ebenfalls aus der Kopfstimme das Gegenteil der Bruststimme. Erstere ergeht sich »– wenigstens bei den Männerstimmen – lieber in gedehnten Vokalen und dunkleren Tonfarben;« bei weiblichen Stimmen jedoch lässt er deutlichen Spielraum für individuelle Züge erkennen: »Doch giebt es [...] der Stimmen genug [...], die unserer Charakteristik der Register spotten und vielleicht gerade im Kopfregister mehr Tonfülle und eine ruhigere Athemführung aufweisen u. dergl. m.«[130] Goldschmidt beruft sich auf Caccini und unterscheidet mit diesem ein natürliches und künstliches Register, wobei er hinter letzterem die Kopfstimme vermutet (er verwendet dabei nicht den Falsettbegriff).[131]

Insgesamt wird die Kopfstimme als ›leichter‹ beschrieben, mit Resonanzen im Kopf, wobei auch innerhalb des Kopfes differenziert wird, wenn mit der Tonhöhe die Resonanzen an immer höhere Teile des Kopfes gebunden werden. Am deutlichsten formuliert das Iffert, der zusätzlich auf die Bedeutung der Selbsterfahrung hinweist, die er wissenschaftlichen Erkenntnissen – denen gegenüber er sich offen ablehnend verhält – vorzieht:

127 Scheidemantel, *Gesangsbildung*, 1913, S. 90f.
128 Fischer, *Neue Gesangsschule*, 1910, S. 8 (Schule für Sopran), wörtliches Zitat ebd.
129 Pulvermacher, *Gesangsregister*, 1915, S. 10.
130 Sieber, *Katechismus der Gesangskunst*, 1862, S. 41, wörtliche Zitate im Satz ebd.
131 Goldschmidt, *Die italienische Gesangsmethode*, 1890, S. 81.

> »[B]eobachten wir zuerst, wie die tiefsten Töne hauptsächlich unten in der Brust sich bemerkbar machen; von Ton zu Ton aufsteigend, fühlen wir ebenso ein Aufsteigen der Töne im Körper, bis wir, bei den höchsten Tönen angekommen, diese ganz deutlich hauptsächlich oben im Kopfe resonieren fühlen. Wir haben auch in unserem Körper deutlich vernehmbar eine Resonanzleiter erstiegen.«[132]

Lehmann geht durchaus ähnlich vor, verknüpft jedoch Erfahrungen mit physiologischen Hypothesen. Darüber im Klaren, dass Empfindung und physiologische Grundlage nicht zwangsläufig identisch sind, schreibt sie: »Bei sehr hohen Kopftönen habe ich das Empfinden, als lägen sie weit über dem Kopfe, als setzte ich sie in der Luft an.«[133] Scheidemantel beschreibt ähnlich eine geradezu ›Entkörperlichung‹ der Kopfstimme:

> »Wenn man aber mit Kopfstimme singt, so hat man das Gefühl, als ob der gesungene Ton ganz und gar vom Instrument losgelöst sei. Seine Resonanz läßt ihn im wahrsten Sinne des Wortes unkörperlich erscheinen. Der Ton schwebt frei im Äther, seine Klangkraft-Eigenart ist ein gesättigtes, überirdisches piano, das Frauen zu Engeln, Männer zu Verführern macht.«[134]

An dieser Stelle ließe sich trefflich über den implizierten Unterschied von ›Helden‹ und ›Diven‹ spekulieren, die in einen direkten Zusammenhang von körperlicher Verführung und geistiger Engelhaftigkeit gestellt werden. Es zeugt von einer Umkehr der Attribute, wenn im christlich-religiösen und kunsthistorischen Kontext Engel einst als männlich und Frauen häufig als (böse und körperliche) Verführerinnen dargestellt wurden. Deutlich wird jedoch die Ablösung der Stimme vom Körper bei hohen Tönen, die in stärkerem Maße Frauenstimmen zugeordnet werden, sowie die Gleichsetzung von Körper und Instrument. Obwohl der Kopf unzweifelhaft ein Körperteil ist, so ist er dennoch geeigneter für Vorstellungen des ›Körperlosen‹ – sei es, weil er zu jener Zeit als Sitz des Geistes und der Seele angesehen wurde, oder aber schlichtweg, weil er den höchsten Punkt eines aufrecht stehenden Menschen bildet. Der Widerspruch ist Scheidemantel jedenfalls bewusst, weshalb er ihn nachfolgend pointiert in Anführungszeichen setzt und fordert, dass »der Lehrer [...] dem Schüler die ›unkörperliche Resonanz‹ der Kopfstimme sobald wie möglich zum

132 Iffert, *Allgemeine Gesangsschule*, 1906, S. 15.
133 Lilli Lehmann, *Meine Gesangskunst*, 1902, S. 17.
134 Scheidemantel, *Gesangsbildung*, 1913, S. 76f.

Bewußtsein zu bringen [hat]«, indem er ihn »leise gesungene, dunkel gefärbte Vokalreihen« singen lässt.[135]

Der Eindruck einer schwächeren Kopfstimme, der aus den Charakterisierungen der Brust- und Kopfstimmen hervor gehen könnte, spiegelt eine grundsätzliche Annahme wider, die auch Lehmann als falsches Vorurteil begreift, gegen das sie argumentiert: »Man solle nur nicht denken, die Kopfstimme habe keine Kraft. Sie ersetzt durch Klang, wenn sie richtig verwandt wird, alle Kraft.«[136] Ähnlich äußern sich Fischer/Elizza/Forst im Zitat von Forst, deren Aussage den Annahmen über eine leichte und körperlose Kopfstimme widerspricht:

> »[Die Kopfstimme] erfüllt meinen ganzen Kopf mit derartiger Intensität, daß ich es doppelt schmerzhaft empfinde, wenn ich einmal mit Kopfschmerzen singen muß. Es ist merkwürdig, daß meine Stirn- und Nasenknochen stark mitvibrieren, wenn ich einen gut gesungenen Kopfton höre.«[137]

Der Widerspruch zwischen den Annahmen, die Autoren über weibliche Stimmen haben, und denen, die Autorinnen über ihre eigenen Stimmen haben, wird hier deutlich und wiederholt sich in ähnlicher Form auch bei der Kleidung, auf die am Ende der Untersuchung eingegangen wird.

Die Mitte zwischen Brust- und Kopfstimme

Die Mittelstimme taucht Ende des 19. Jahrhunderts auf und ersetzt das Falsett im Drei-Register-Modell. Obwohl García den Eindruck erwecken könnte, lediglich die Begriffe ausgetauscht zu haben, so überlebt das Falsett jedoch als eigene Klangqualität.

Für Fischer/Elizza/Forst ist bei der Mittelstimme »die Brustresonanz ausgeschaltet«, stattdessen taucht hier der Begriff der »Gesichtsmaske« auf, an deren harten Stellen die Mittelstimme wiederklingt.[138] Scheidemantel geht im Gegensatz dazu davon aus, dass sich die Register derart umfassen, dass die Bruststimme immer auch Mittel- und Kopfstimmanteile besitzt und die Mittelstimme immer auch Kopfstimmanteile. Entgegen dieser grundsätzlichen Annahme hält er es für möglich, eine Mittelstimme ohne tiefe Kopfresonanzen

135 Ebd., S. 77, wörtliche Zitate im Satz ebd.

136 Lilli Lehmann, *Meine Gesangskunst*, 1902, S. 23.

137 Fischer, *Neue Gesangsschule*, 1910, S. 9. (Schule für Sopran).

138 Ebd., S. 8 (Schule für Sopran), wörtliche Zitate im Satz ebd.

zu singen. Diese ›kopfstimmlose‹ Mittelstimme besitze dann einen »scharfen Klang«, »schneidigen, kernigen Charakter« und insbesondere »[h]ochliegende Mittelstimmtöne, die fortissimo gesungen werden müssen, erhalten damit eine ungeheure Durchschlagskraft, die auch vom stärksten Orchester nicht übertönt werden kann«.[139] Solch eine Art der Mittelstimme empfiehlt er vor allem Männern, denn deren Bruststimmen seien nach oben begrenzt.

> »Das hohe C der Tenoristen ist noch niemals, so lange die Welt besteht, mit Bruststimme gesungen worden, sondern immer mit Mittelstimme, auch wenn es noch so männlich, voll und strahlend erklang, und von seinen Besitzern mit Überzeugung behauptet wird, daß sie es mit voller Brust genommen hätten.«[140]

Hier begrenzt Scheidemantel nicht nur die Bruststimme nach oben, sondern konstatiert der Bruststimme und der (kopfstimmlosen) Mittelstimme einen männlichen Charakter. Er formuliert es dabei so, als ob dieser Charakter bei der Mittelstimme durchaus möglich, aber bei der Bruststimme allgemein bekannt ist.

Wie beim Hochschrauben der Bruststimme kritisiert Scheidemantel auch das Hochschrauben der Mittelstimme, wofür er vor allem modernen Kompositionen die Schuld gibt:

> »Die hochdramatischen Bühnensängerinnen schrauben neuerdings auch ihre Mittelstimme ganz gewaltig in die Höhe, weil in ihren Rollen hochgelegene ff-Töne gesungen werden müssen, für welche die Klangkraft der Kopfstimme […] in der Tat nicht ausreicht. Da nützt auch alle Schulweisheit nichts. Das starke Orchester der Neuzeit und der gesteigerte dramatische Ausdruck moderner Kompositionen gebieten der Frauenstimme forte-Töne in unnatürlicher Höhe, und sie muß wohl oder übel ihre Mittelstimme gewaltsam in die Höhe treiben. […] Der Stimmbildner[…] kann nur einen guten Rat geben, der darin besteht, daß die Sängerinnen […] sich begnügen sollten, wenn sie nach abgeschlossener Studienzeit alle Jahre einen Ton gewinnen. Den neugewonnenen Ton sollten sie aber in sorgsamste Pflege nehmen und mit Liebe, d.h. mit Kopfstimme umhüllen.«[141]

139 Scheidemantel, *Gesangsbildung*, 1913, S. 75, wörtliche Zitate im Satz ebd.
140 Ebd., S. 76.
141 Ebd., S. 91.

Dieser Rat richtet sich ausdrücklich an »Berufssängerinnen« nach Ende ihrer Ausbildungszeit.[142] Die Verknüpfung von Liebe und Kopfstimme erinnert ein wenig an die bereits zitierte Verwandlung zum ›Engel‹, die ebenfalls auf Scheidemantel zurück geht. Zusammengenommen lässt sich diese Liebe als göttliche Liebe verstehen. Sie steht sinnbildlich für die geistige Liebe, die idealisierte christlich-abendländische Liebe der Mutter. Ihr Gegensatz wird die sinnlich und körperlich ›verführerische‹ Liebe des Mannes. Die Überlegung ist insofern bedeutsam, als auch hier ein latenter Unterschied zwischen den Assoziationen körperlich/männlich und geistig/weiblich zu finden ist. Zur Kritik der Falsettstimme als verweiblicht und verachtungswürdig ist es von hier aus kein weiter Sprung mehr.

Das Falsett

Sieber unterscheidet Bruststimme, Kopfstimme und Falsett.[143] Goldschmidt verweist darauf, dass es sowohl Theorien über zwei als auch drei Register gäbe; beide gingen von einer Brust- und einer Kopfstimme aus; die Drei-Register-Theorie ergänze beide um das Falsett.[144] Ebenso weisen Fischer/Schmedes/Preuß zwar darauf hin, dass Männerstimmen nur über ein Brust- und Kopfregister verfügten,[145] widmen an anderer Stelle jedoch auch dem Falsett einen eigenen Abschnitt.[146] Den auf García zurückgehenden Kenntnisstand, nach dem beim Falsett nur die Ränder der Stimmlippen sich berühren, beschreiben auch Fischer/Schmedes/Preuß. Wenn um die Jahrhundertwende das Falsett zunehmend weniger über das Drei-Register-Modell abgedeckt und mit dem Mittelregister ausgetauscht wird – Fischer/Schmedes/Preuß sind hier die Ausnahme –, verbleibt das Falsett dennoch im Diskurs. Allerdings werden sehr verschiedene Strategien angewendet, um mit ihm umzugehen. Vor allem zwei Strategien fallen auf: die Beschreibung als Registermischung oder die grundsätzliche Verachtung des Falsetts für den Gebrauch im Kunstgesang.

In sich widersprüchlich hinsichtlich der Erlernbarkeit des Falsetts sind die Aussagen von Fischer/Schmedes/Preuß. Nach ihnen ist es einzig die Veranlagung, die einige Menschen zum Falsettieren befähige, da das Randschwingen der Stimmlippen nicht bewusst ausführbar sei. Jedoch gäbe es die

[142] Ebd., S. 93.
[143] Sieber, *Katechismus der Gesangskunst*, 1862, S. 12.
[144] Goldschmidt, *Die italienische Gesangsmethode*, 1890, S. 79.
[145] Fischer, *Neue Gesangsschule*, 1910, S. 47 (Schule für Tenor).
[146] Ebd., S. 56–59 (Schule für Tenor).

»voix mixte«, bei der zum Falsett »zum Teil die Kopfstimme mitklingt«. Die »voix mixte« könne über das Summen von hohen Tönen erlernt werden, die so lange in ihrer Lautstärke zurückgenommen werden, bis sich ein Falsett bemerkbar mache. Mit dem für Fischer typischen Ex-Negativo-Stil, heiß es weiter: »[D]er Singende [kann] nichts weiter tun, als darauf zu achten, daß durch keinen Druck und durch kein sonstiges Hemmnis die Tätigkeit des Kehlkopfes gestört werde.«[147] Pulvermachers Falsett unterscheidet sich von diesem, ist aber auch eine Mischung, »weder Mittel- noch Kopfstimme, sondern [...] eine Vereinigung beider zu einem Klangbegriff«, weshalb es auch nicht zur Registertheorie gehöre.[148]

Ein grundlegender Konflikt besteht in der Frage, ob das Falsett überhaupt für Männer ein ernstzunehmendes Register ist, beziehungsweise, ob es eine ernsthaft einsetzbare Klangqualität besitzt. Fischer/Schmedes/Preuß halten den Gebrauch einer leichten Stimme und des Falsetts für wichtig. Auch Lehmann spricht sich ebenso für die Verwendung des Falsetts bei Männerstimmen aus, indem sie kritisiert: »Die meisten männlichen Stimmen, Tenöre zumeist, halten es unter ihrer Würde, womöglich unnatürlich oder lächerlich das Falsett, das *allen* Männerstimmen [...] zu eigen ist, zu gebrauchen.«[149] Auf der anderen Seite der wohl radikalste Gegner des Falsetts ist Scheidemantel:

> »In Anbetracht ihres weibischen Klanges hat kein ernster Komponist für die Fistel des Mannes auch nur eine Note geschrieben, sei es denn zur komisch wirkenden Nachahmung einer Frauenstimme (Falstaff), oder zur Kennzeichnung eines lächerlichen Menschen, dessen Stimme im Augenblicke der Erregung überschlägt (Beckmesser)./[...] Es nützt ihm [dem Tenor, der fistelt] auch nichts, seine Fistel unter so stolz klingenden Namen wie Falsett oder gar voix mixte segeln lassen zu wollen [...]./Vom Standpunkt der Gesangskunst aus muß ich es höchst bedauerlich finden, daß die Anwendung der Fistel in Männerchören so überhand genommen hat. Ist es nicht ein geradezu peinlicher Eindruck, wenn Männer sich plötzlich in Frauen verwandeln, weil ihnen ein männliches piano unbekannt – oder unbequem ist?«[150]

147 Ebd., S. 56f. (Schule für Tenor), wörtliche vorhergehende Zitate in diesem Absatz auf S. 57.

148 Pulvermacher, *Gesangsregister*, 1915, S. 16–18, wörtliches Zitat auf S. 16.

149 Lilli Lehmann, *Meine Gesangskunst*, ³1922, S. 34.

150 Scheidemantel, *Gesangsbildung*, 1913, S. 59.

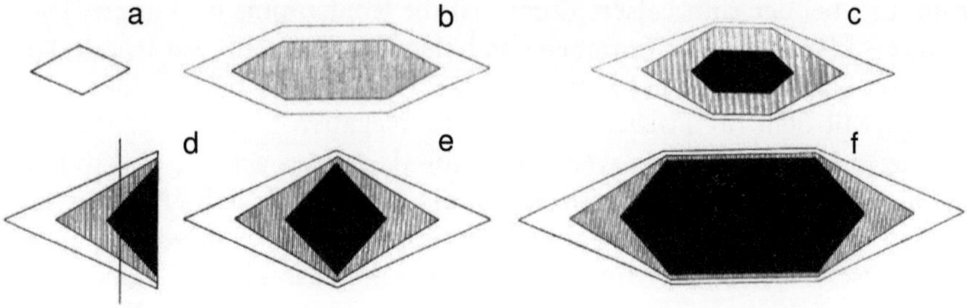

Abbildung 7: Scheidemantels Grafiken zur Registerüberblendung (S. 104f.). Die jeweilige Höhe der Form verbildlicht die Stimmintensität, die Breite den Zeitverlauf von links nach rechts und die Musterung das Register beziehungsweise die Resonanzen. a) An- und abschwellender Ton, nur mit Kopfstimme (leere Form) gesungen; b) anschwellender Ton, der mit Kopfstimme beginnt, dann zunehmend Mittelstimmanteile bekommt (schraffierte Form), gehalten wird und am Ende wieder spiegelsymmetrisch abschwillt. c) Wie b), nur mit etwas Bruststimme (ausgefüllte Form). Während b und c nur leichte Anteile der tieferen Register nutzen, werden diese bei d–f vollständig entwickelt (das heißt sie nehmen in der Grafik die jeweils volle Höhe ein). f) Das Schema des vollen Brusttons, der bei Scheidemantel wie jeder Ton immer mit einem Moment der Kopfstimme beginnt und über Kopf- und Mittelstimme entwickelt wird.

Er macht damit einen klaren Unterschied zwischen den Mechanismen oder Registern, die möglich sind, und denen, die er für den Kunstgesang als zulässig anerkennt. Scheidemantel selbst möchte sich jedoch keineswegs gegen Lehmanns Ansicht stellen. Hermann Gutzmann, Julius Hey und Lilli Lehmann, die den Begriff verwenden, unterstellt er, sie meinten mit Falsett in Wirklichkeit das, was er unter der Kopfstimme verstünde. Er widerspricht lediglich ihrer Terminologie, nicht aber dem, was sie seiner Ansicht nach meinen. Doch die ›weibische Fistel‹ ist nicht das einzige, was er aus dem Pantheon der Kunstgesangsregister verbannt. So moniert er unter anderem auch das Strohbassregister (nach Scheidemantel müsste es präziser Strohbass-Mechanismus heißen), wenn er schreibt: »Die Tatsache, daß russische Kirchenchorsänger vom Strohbaß einen sehr wirkungsvollen Gebrauch machen, erhebt den Schnarrmechanismus […] noch lange nicht in das Gebiet des Kunstgesangs.«[151]

151 Ebd., S. 110.

Registerausgleich als Normalität

Die an den Klang von Brust- und Kopfstimme gebundenen Register wurden bisher mit kontrastierenden Klangeigenschaften beschrieben. Trotz der erheblichen Unterschiede der verschiedenen Register mitsamt ihren außermusikalischen Assoziationen sind sich alle Schulen darin einig, dass beim Gesang die Register ausgeglichen werden müssen. Der gelungene Ausgleich wird häufig sogar zum zentralen Unterschied zwischen dem Kunstgesang und dem sogenannten Naturgesang gemacht. Auf die Beziehung von Natur, Kunst und Technik, die hier bedeutsam ist, wird an späterer Stelle (Abschnitt 3.11) noch eingegangen. Fischer / Elizza / Forst zitieren Forst mit der Empfehlung, »die ersten zwei Register leicht« zu nehmen und »die Resonanz der Kopftöne [als] eine außerordentlich starke« zu empfinden.[152]

Das Leicht-Nehmen der Brust- und Mittelstimme vereinfache die Registerüberblendung, da somit die Klangcharaktere beider Register bereits in Richtung des Charakters der Kopfstimme verschoben würden. Auch soll die Tragweite des Tons über den Vordersitz, nicht über Kraft oder Größe des Tons erreicht werden. Fischer / Mayr bringen hier den Begriff des Deckens ins Spiel: Töne oberhalb des g »sind von Natur aus heller als die bisher gelernten« tieferen Töne und müssten deshalb verdunkelt werden, »indem man die Vokale umfärbt.« Decken bedeutet für sie, den Vokal a in Richtung o und die Vokale e und i in Richtung ü zu färben, ohne jedoch die Vokale zu ersetzen.[153] Auch Lehmann geht auf das Gedecktsingen ein, beschreibt es allerdings nur physiologisch, ohne den Klangeindruck zu erwähnen, der damit erzielt werden soll.[154] Ein ähnliches Prinzip des Klangausgleichs beschreibt Pulvermacher, wenn er fordert, die tieferen Töne »nicht zu dunkel« zu bilden, und dann schreibt: »*Über* dem eingestrichenen *c* müssen die Brusttöne aber gedeckt, d.h. mit *dunklerer* Vokalisation gebildet werden, wodurch der Übergang zur Mittelstimme zugleich erleichtert wird.«[155] Siebers im Abschnitt zur Bruststimme zitierte Aussage, das hohe Register liebe das dunkle, das tiefe jedoch die hellen Vokale,[156] würde sich nahtlos in dieses Prinzip des Registerausgleichs fügen. Indem er das Dunkle der Brust- und das Helle der Kopfstimme denken lässt, nähern sich beide Register einander an.

[152] Fischer, *Neue Gesangsschule*, 1910, S. 9 (Schule für Sopran), wörtliche Zitate im Satz ebd.

[153] Ebd., S. 117 (Schule für Baß), wörtliche Zitate im Satz ebd.

[154] Lilli Lehmann, *Meine Gesangskunst*, 1902, S. 18.

[155] Pulvermacher, *Gesangsregister*, 1915, S. 10.

[156] Sieber, *Katechismus der Gesangskunst*, 1862, S. 41, vgl. Abschnitt zur Brust auf S. 68.

Neben dem Ausgleich der Vokalklänge beziehungsweise dem Decken, weist Pulvermacher (aber auch die meisten der anderen Autoren) auf ein weiteres Prinzip des Registerausgleichs hin: den Schwellton beziehungsweise das »messa di voce«. Ihn fordert er für den Übergang zwischen Brust- und Mittelstimme. Dabei solle »der leise eingesetzte Ton mit dunkler Klangfarbe beginne[n]. Beim Anschwellen des Tones lasse man den Klang heller, beim Abschwellen wieder dunkler werden.«[157] Scheidemantel ist bestrebt, Register innerhalb der gleichen Mechanismen ebenfalls über Schwelltöne miteinander zu verbinden, wobei die Resonanzen, die die Register kennzeichnen, sich umfassen, wie in Abbildung 7 dargestellt.[158] Das Überblenden von Mechanismen dagegen sei physiologisch ausgeschlossen, außer, wie bereits erwähnt, bei Frauen. Bei ihnen sei die Überblendung von Mechanismen »eine [...] notwendige Ergänzung«, damit sie auf die Bruststimme zugreifen könnten.[159]

Scheidemantel weist darauf hin, dass eine ausgeglichene Stimme »bei Nichtsachverständigen den Eindruck hervorruft, als ob gut gebildete Sänger und Sängerinnen nur mit einem Register sängen.« Das »darf aber nicht verwechselt werden mit dem so gern und unbedachtsam ausposaunten Einregister«, wobei er explizit auf Wilhelm Reineckes *Die Kunst der idealen Tonbildung* verweist.[160] Auch Pasqual Mario Marafioti vertritt die Einregisterthese und verwirft die Register als künstlich produziert (»artificial division of the voice«) und schlägt eine Idealvorstellung nicht unähnlich der Resonanzleiter von Iffert vor, die von den tiefsten zu den höchsten Tönen eine unmerkliche graduelle Verschiebung des Klangs mit sich bringen soll.[161] In ähnlicher Weise nimmt auch Lehmann an, dass die Register eigentlich Konstrukte sind, die erst bewirken, dass die Stimme verschiedene Klangqualitäten ausbildet.[162] Der Registerausgleich sei demnach ein Wiedererringen des Normalzustandes und damit das Gegenteil einer ›Kunst‹-gesangstechnik.

Drei Aufnahmen

Auf den Plattenaufnahmen der Autorinnen und Autoren in Fischers *Neue Gesangsschule* finden sich auch einige lang gehaltene Töne, die sie mit wenig oder ohne Begleitung eingesungen haben. Diese eignen sich prinzipiell dazu, die

157 Pulvermacher, *Gesangsregister*, 1915, S. 15.
158 Scheidemantel, *Gesangsbildung*, 1913, S. 107f.
159 Ebd., S. 64, wörtliche Zitate im Satz ebd.
160 Ebd., S. 94, wörtliche Zitate im Absatz ebd.
161 Pasqual Mario Marafioti, *Caruso's Method of Voice Production. The Scientific Culture of the Voice*, New York 1922, S. 145–147, wörtliches Zitat auf S. 145.
162 Lilli Lehmann, *Meine Gesangskunst*, 1902, S. 20.

in den dazugehörigen Texten angesprochenen Klang- und Registerunterschiede zu überprüfen. Der Bereich der Textanalyse im engeren Sinne[163] soll daher an dieser Stelle kurz verlassen werden, um den Klang der gesungenen Beispiele selbst unter die Lupe zu nehmen beziehungsweise anzusehen. Die auf den Aufnahmen gespeicherten Klänge sollen sowohl beschrieben als auch in einen analysierbaren Text überführt werden, der dann wiederum mit den Aussagen zu Registern und Registergrenzen verglichen werden kann. Selbstverständlich sind die Grammophonaufnahmen keine getreue Abbildung des Gesangs der Autorinnen und Autoren. Dennoch werden sie in der Gesangsschule so behandelt, als wären sie mit dem Gesang identisch (die dabei zurückbleibenden inneren Widersprüche bezüglich der Originaltreue wurden bereits in Abschnitt 3.1 angesprochen). Das Publikum von Fischers Gesangsschule sollte die Aufnahmen als Blaupause für den eigenen Gesang benutzen und damit die Klangspektren, die beim Abspielen zutage traten, auch als vollwertige originale Klangspektren eines mustergültigen Gesangs betrachten. Damit betrifft die Frage, inwieweit die Gesangsaufnahmen den Gesang tatsächlich auch übertragen, ein anderes Problem und spielt für die Diskursanalyse hier keine Rolle. Nicht der Gesang sondern die Aufnahme ist hier musikalisches Vorbild für die Gesangsschule. Damit kann die Aufnahme auch als solches analysiert werden.

Da der Zustand der Aufnahmen durchaus unterschiedlich ist und auch die Zuordnung der Aufnahmen nicht immer gelang, ist ihr Vergleich schwierig. Drei Aufnahmen ließen einen Vergleich des Klangspektrums zu. In ihnen wurde die Stärke des Grundtons f0 und der ersten vier Obertöne f1–f4 gemessen. Die Quelle war eine digitale Version von Tonbandaufnahmen, die das Deutsche Rundfunkarchiv zur Verfügung stellte. Die Dateien wurden in das WAV-Format gebracht und in die Software R[164] eingelesen. In Tonabschnitten, die keine hörbaren Anteile von Klavierbegleitung mehr aufwiesen, wurden zunächst das Klangspektrum und die Grundtonhöhe bestimmt. Anschließend wurden die Frequenzen des Spektrums in Cent umgerechnet, wobei die mittels R berechnete Grundtonhöhe des jeweiligen Ausschnitts als Referenzwert galt (Abbildung 9). Um die Stärke des jeweiligen Partialtons zu messen, wurden die Intensitäten der Frequenzen bei 0 ct, 1200 ct, 1902 ct, 2400 ct und 2786 ct in einer Fensterbreite (Messintervall) von ± 80 ct betrachtet. Innerhalb dieses Fensters diente das 9. Dezil der Intensität (die intensivsten 10 %) als Maß

163 Auch eine Tonaufnahme oder Musik selbst lässt sich mitunter als Text verstehen; mit der Textanalyse im engeren Sinne ist die Analyse des schriftsprachlichen Texts gemeint.

164 <https://www.r-project.org/>, 18.05.2021.

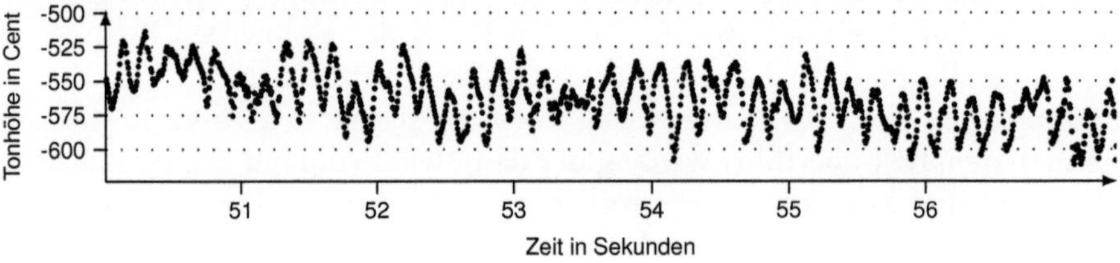

Abbildung 8: Ton es' auf der Aufnahme mit Hilgermann. Bei einer Stimmung von a'= 440 Hz müsste das Vibrato um es' eigentlich um einen Bereich von -600 ct (= eine Quarte unterhalb des a') herum schwingen. Abgesehen von der grundsätzlichen Abweichung der Tonhöhe fällt ihre kontinuierliche Fluktuation auf, die auf Rotationsschwankungen der Platte hindeutet. Außerdem nimmt die mittlere Tonhöhe kontinuierlich ab, was auf eine zusätzliche stetige Verlangsamung der Rotation hindeutet (oder eine Beschleunigung während der Aufnahme). Dass es sich nicht um Intonationsschwierigkeiten handelt, wird durch Klaviertöne hörbar und im Spektrogramm sichtbar, da diese ebenso auf- und abwärts gleiten.

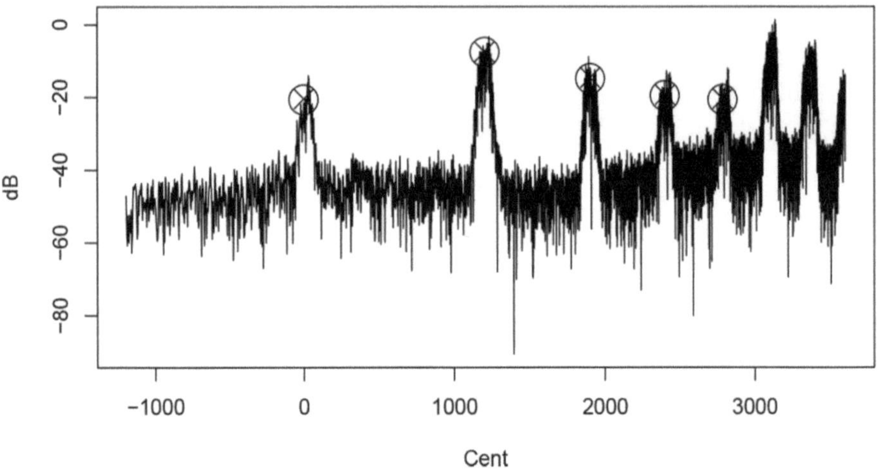

Abbildung 9: Beispielspektrum eines fis' von Schmedes / Preuß. Für die ersten fünf Partialtöne wurde der Pegel und die Lage relativ zum Grundton automatisch ermittelt und hier mit Kreisen markiert.

für die Stärke des Partialtons. Die Größe der Fensterbreite für jeden Partialton hatte zwei Gründe: Zum einen konnten leichte Verschiebungen bei der Berechnung des Grundtons ausgeglichen werden, wenn die empirische Höhe des Partialtons etwas neben der theoretischen Höhe lag; zum anderen war die Intensitätskurve durchaus breit und verrauscht. Die Breite der Pegelspitzen um die theoretische Lage der Partialtöne herum ergab sich aus gesungenen Vibratos, die mit Tonhöhenschwankungen verbunden sind. Die Verrauschtheit kann mehrere Gründe haben, wie leichte Messungenauigkeiten aber auch das Grundrauschen und die bisweilen mäßige Abbildungstreue der Tonträger selbst. Die Positionen der Partialtöne und deren Intensitäten wurden zu Kontrollzwecken auf das Spektrum projiziert, um eine visuelle Validierung der Methode zu ermöglichen. Abbildung 9 zeigt die Positionen und Intensitäten der Messpunkte für ein Beispiel; sie lagen hinreichend auf den Spitzen der Partialtöne. Um die Intensitäten der Partialtöne untereinander vergleichbar zu machen, wurden sie normalisiert. Alle Dezibelwerte für jeden Ton wurden am lautesten der ersten fünf Partialtöne ausgerichtet, der auf 0 dB gesetzt wurde. Da Schmedes/Preuß (der Sänger dieser Aufnahmen konnte nicht mit abschließender Sicherheit ermittelt werden) zudem eine aufsteigende und absteigende Skala sang, wurden die bereits normalisierten Lautstärken gleicher Tonhöhen gemittelt, um stabilere Ergebnisse zu erhalten.

Die Ergebnisse der Intensitäten sind in Abbildung 10 dargestellt. Um sie schnell visuell zu erfassen und einordnen zu können, wurden die Zellen schattiert. Je dunkler die Zelle, desto stärker ist die Intensität des Partialtons. Zusätzlich sind die exakten Dezibelwerte der Partialtonpegel in jeder Zelle angegeben (bezogen auf den lautesten der ersten fünf Partialtöne im Klangspektrum des betreffenden Ausschnitts).

Bei Hilgermann wurden Tonhöhen von b bis e'' gemessen. Da sie die Töne als Schwelltöne sang, wurde einmal ein Bereich größerer Stimmintensität und einmal ein Bereich von geringer Intensität des gleichen Tons betrachtet, in der Regel am Ende des Tons. Schmedes/Preuß sang Töne zwischen c' und h'. Andere Tonhöhen wurden entweder zu kurz gehalten oder von Klaviertönen überlagert, die das Spektrum verfälschen würden. Deshalb ist hier ein Vergleich nur von c' bis h' möglich.

Innerhalb des vergleichbaren Tonraums von c' bis h' findet nach Hilgermann der Übergang von der Brust- zur Mittelstimme statt. In einer weniger normativen Ausdrucksweise, die typisch für Hilgermann zu sein scheint, berichtet sie, dass sie ihre Mittelstimme von fis' bis e'' nutze. Angrenzende Halbtöne sänge sie gemischt. Bei tiefen Altstimmen verschiebe sich die Untergrenze der Mittelstimme – und damit der höchste Ton der reinen Bruststimme – um einen Halbton nach oben. Doch auch hier ist Hilgermann weniger normativ als ihre

Tonhöhen

dBSPL (Obertöne)

Laura Hilgermann (zurückgenommener Teil des Schwelltons)

	a♯	h	c'	c♯'	d'	d♯'	e'	f'	f♯'	g'	g♯'	a'	a♯'	h'	c"	c♯"	d"	d♯"	e"	⌀ c'–h'
f4	-25	-24	-29	-24	-26	-27	-24	-22	-32	-33	-36	-34	-25	-30	-29	-32	-38	-36	-30	-29
f3	-22	-25	-24	-12	-19	-25	-22	-24	-32	-34	-36	-34	-27	-29	-27	-27	-17	-22	-29	-26
f2	-8	-6	-6	-15	-15	-18	-16	-18	-32	-28	-27	-36	-27	-29	-28	-27	-37	-40	-33	-22
f1	0	-3	-9	-1	0	0	0	-6	-12	-13	-21	-27	-14	-23	-20	-21	0	0	0	-11
f0	-1	0	0	0	-13	-10	-4	0	0	0	0	0	0	0	0	0	-31	-29	-23	-2

Laura Hilgermann (mittelstark gesungenes Zentrum des Schwelltons)

	a♯	h	c'	c♯'	d'	d♯'	e'	f'	f♯'	g'	g♯'	a'	a♯'	h'	c"	c♯"	d"	d♯"	e"	c'–h'
f4	-20	-20	-26	-29	-33	-39	-31	-32	-41	-39	-40	-36	-33	-32	-31	-34	-46	-50	-45	-34
f3	-14	-22	-28	-4	-16	-22	-17	-24	-38	-38	-39	-36	-34	-29	-26	-26	-15	-19	-16	-27
f2	0	0	0	-3	-12	-18	-13	-16	-17	-15	-23	-21	-32	-29	-20	-28	-46	-53	-50	-17
f1	-2	-6	-12	0	0	0	0	0	-3	-6	-16	-13	-6	-11	-10	-6	0	0	0	-6
f0	-7	-8	-8	-4	-15	-21	-12	-7	0	0	0	0	0	0	0	0	-39	-47	-42	-6

Schmedes / Preuß (kräftig gesungen)

	c'	c♯'	d'	d♯'	e'	f'	f♯'	g'	g♯'	a'	a♯'	h'	c'–h'
f4	-20	-24	-31	-32	-30	-21	-16	-11	-11	-5	0	-1	-17
f3	-7	-10	-21	-29	-29	-22	-15	-13	-16	-13	-7	-7	-16
f2	-2	-13	-26	-27	-23	-12	-10	-9	-5	-4	-5	0	-11
f1	0	0	0	0	0	0	0	0	-8	-6	-12	-12	-3
f0	-9	-18	-33	-36	-32	-16	-9	-2	0	0	-3	0	-13

Demuth (auf a♯)

	si	do	re	mi
f4	-35	-38	-33	-37
f3	-36	-11	-24	-38
f2	-28	-17	-16	-34
f1	-6	0	0	-7
f0	0	-16	-12	0

Grauwerte:
0 dB
−6 dB
−12 dB
−24 dB
−48 dB

Abbildung 10: Pegel des Grundtons (fo) und der ersten vier Obertöne von gesungenen Vokalen auf verschiedenen Tonhöhen. Alle Pegel wurden für jeden Ton normalisiert, so dass der lauteste Partialton jeweils bei o dB liegt. Die Tenoraufnahme konnte nicht eindeutig Schmedes oder Preuß zugeordnet werden. Demuth sang alle Silben auf ais. Je stärker der Partialton, desto dunkler die Färbung der jeweiligen Zelle. Mit den in der Literatur bezeichneten Registergrenzen verschiebt sich die Lage des jeweils stärksten Partialtons; oberhalb von d'' kommt es zu einer auffälligen Verstärkung ungerader Obertöne bei Hilgermann.

männlichen Kollegen es in der Regel sind. Wenn sie schreibt: »Als Gesangspädagogin lasse ich den Kontralto (also besonders tiefe Frauenstimmen) noch regelmäßig das fis' mit Bruststimme singen [...].«[165] Dann lässt sie die Möglichkeit offen, dass jemand anderes auch anders singen lassen kann oder selbst anders singt. Andere Autoren hätten an ähnlicher Stelle die gleiche Aussage womöglich mit ›man singt‹ eingeleitet oder schlichtweg konstatiert, dass das fis' mit der Bruststimme gesungen wird. Hilgermann empfiehlt eine Übung, bei der man ausgehend vom as' langsam chromatisch nach unten schreitet, um den Übergang von der Mittel- zur Bruststimme zu trainieren. In den Aufnahmen singt sie selbst diese Übung vor, wobei sie jeden Ton circa zehn Sekunden lang hält, vom as' zum b absteigt und anschließend vom a' zum e'' wieder chromatisch aufsteigt. In Abbildung 10 wäre daher eine leichte Änderung des Klangs um f' zu erwarten, die auch bei dem Versuch eines Registerausgleichs nicht völlig verschwinden dürfte. Beim Klangwechsel verliert sich zwar der Registerbruch durch ein graduelles Überblenden; dennoch bleibt er ein bewusster und notwendiger Klangwechsel, den man nunmehr graduell über wenige Tonhöhen führt. In der Tat fällt auf, dass ab dem f' aufwärts der dritte Oberton (f3) im Vergleich zu den vorhergehenden an Intensität stark abnimmt, sowohl bei den leichten (oberstes System), als auch bei den stärkeren Anteilen der Töne (zweites System von oben).[166] Ebenso ändert sich die Position des stärksten Partialtons. War das von d'–f' noch der erste Oberton (f1), so ist ab fis' der Grundton (f0) der stärkste. Interessant ist hier die Verschiebung der Intensitäten auf gleichen Tonhöhen, wenn der Ton leicht und ›kopfiger‹ beziehungsweise ›mittelstimmenlastiger‹ genommen wird, gegenüber einem volleren, ›brustlastigeren‹ Ton: Während beim lauteren f' noch der erste Oberton der stärkste ist, tritt beim leiseren f' bereits der Grundton am stärksten hervor. Es handelt sich also nicht nur um ein schlichtes Leiserwerden, sondern auch um eine deutliche Umfärbung des Tons. Die Änderung des Klangs, die im Zusammenhang mit Registern diskutiert wird, scheint hier offensichtlich.

Am oberen Ende der Mittelstimme wären ebenfalls Änderungen zu erwarten, jedoch singt Hilgermann nicht über das e'' hinaus, welches sie als obere Grenze der Mittelstimme angibt. Doch hier tritt bereits beim d'' ein deutlicher Bruch auf. Oberhalb des d'' dominieren die ungeraden Obertöne (erster und dritter, f1

165 Fischer, *Neue Gesangsschule*, 1910, S. 30 (Schule für Mezzosopran – Alt). Das fis' ist im Original in Notenschrift angegeben.

166 Für die Eindeutigkeit der Notation sei daran erinnert, dass die Tonhöhe f und der Partialton f wie folgt unterschieden werden: Alle Partialtöne werden stets mit einem f plus einer Ziffer (0–4) angegeben (f0, f1, ..., f4); Tonhöhen dagegen werden stets als Buchstaben ohne Ziffer geschrieben. Die Oktavlage aller Töne und somit auch des Tons f wird mit Hochstrichen gekennzeichnet (f, f' und f'').

und f3); dagegen nehmen Grundton sowie gerade Obertöne extrem an Intensität ab. Sie verschwinden nahezu im Grundrauschen der Aufnahme. Dieser Kontrast ist bei den lauteren Anteilen der Töne deutlicher als bei den leiseren.

Bei der Tenoraufnahme von Schmedes oder Preuß findet sich ebenso ein Wechsel vom dominierenden ersten Teilton f1 zum Grundton, allerdings erst beim gis', also eine kleine Terz über dem vergleichbaren Klangwechsel bei Hilgermann. Beim g' sind jedoch beide Partialtöne, fo und f1, sehr ähnlich in ihrer Intensität. Bemerkenswert ist auch, dass ab dem gis' die Partialtöne nicht nach oben hin abnehmen, wie es noch bei Hilgermann der Fall ist. Stattdessen sind die geraden Obertöne (fo, f2, f4) intensiver als die ungeraden. Jedoch ist der Unterschied zwischen ihnen schwach und der Klangeindruck keinesfalls mit ›kopflastig‹ beschreibbar. Die Tenortöne wirken allesamt forte gesungen, ohne An- und Abschwellen, und klingen kräftig und ›körperlich‹. Insgesamt steigt die Intensität der höheren Partialtöne mit zunehmender Tonhöhe, bis beim ais' der vierte Oberton (f4) zum stärksten Ton überhaupt wird. Dieser Oberton liegt mit knapp 2.4 kHz bereits nah am sogenannten Sängerformanten, der sich bei den Tenoraufnahmen sehr deutlich über alle Tonhöhen hinweg zeigte, bei Hilgermann jedoch überhaupt nicht.

Eine zweite Auffälligkeit bei den Tenoraufnahmen wie auch den lauteren Tönen Hilgermanns ist der Bereich zwischen d' und e'. Dort ist der erste Teilton f1 äußerst dominant. In den Tenoraufnahmen liegen die anderen Teiltöne allesamt 20 dB unter der Intensität von f1. Grund dafür kann sein, dass der erste Teilton in den Bereich des unteren Formaten des Vokals /a/ fällt, der hier gesungen wurde. Das /a/ wird jedoch kaum als klares [a:] oder [ɑ:] gesungen, sondern weicht zum Teil deutlich ab. Hilgerman beginnt die Schwelltöne häufig mit einem [o:], welches sie erst mit steigender Intensität zum [ɑ:], im Ausklang des Tons wieder zum [o:] oder gar [u:] umfärbt. Das würde auch erklären, warum sich die intensivsten f1-Pegel nur in den lauteren Abschnitten zur Mitte des Tons hin finden. Bei den höher liegenden Tönen verlässt sie das [u:] kaum noch. Die Tenortöne sind sich untereinander ähnlicher, jedoch ist auch hier das /a:/ deutlich in Richtung [o:] gefärbt.

Die Auswirkungen verschiedener Vokalklänge werden in der Solminationsübung des Baritons Demuth einmal mehr deutlich. In dem hier verwendeten Beispiel singt er die Silben /si/, /do/, /re/ und /mi/ auf der Tonhöhe ais. Der Wechsel vom Vokal /(s)i/ zum /(d)o/ bewirkt auch hier eine Verschiebung des dominanten Partialtons vom Grundton (fo) zum ersten Oberton (f1) sowie eine leichte Verstärkung des zweiten Obertons (f2), die sich beim nachfolgenden /(r)e/ nicht mehr findet. Demuths Stimme klingt, ähnlich wie die von Hilgermann, nicht forte ausgesungen, sondern eher nach einem Mezzoforte mit dynamischen Schattierungen.

Die letzte Spalte (rechts außen) in Abbildung 10 bei Hilgermann und Schmedes/Preuß enthält die mittlere Intensität der Partialtöne über den Tonhöhenbereich von c' bis h', also den vergleichbaren Bereich, den beide sangen. Es zeigt sich, dass bei Schmedes/Preuß der erste Teilton f1 auch im Durchschnitt dominiert. Bei Hilgermanns mittelstarken Tönen liegen dagegen Grundton f0 und erster Oberton f1 gleich auf. Höhere Partialtöne sind bei ihren Aufnahmen weniger stark ausgeprägt als bei denen von Schmedes/Preuß. Das mag vor allem dem ›Loch‹ zwischen fis' und gis' geschuldet sein, in dem die dritten und vierten Obertöne f3 und f4 deutlich gedämpft sind. Das entsprechende ›Loch‹ der Tenöre zwischen d' und e' ist weniger stark ausgeprägt.

Welches Fazit lässt sich nun aus den Beobachtungen ziehen? Um die Registergrenzen herum ändert sich der Klang der Vokale in den Aufnahmen hör- und messbar. Die Aussagen zu Registergrenzen, die sich in den Schulen finden lassen, werden durch die Aufnahmen nicht widerlegt, könnten damit also gestützt werden. Doch stützen sie deshalb wirklich die Überlegungen zur Registertheorie, die hinter den Klangphänomenen stehen? Die Antwort ist: nein, und zwar aus mehreren Gründen. Es lässt sich nicht ausschließen, dass der beobachtbare Klangunterschied durch die Vokalfarbe hervorgerufen wird. Ebensowenig lässt sich ausschließen, dass die Stimmlippenschwingungen oder andere Resonanzphänomene eine Rolle spielen. Zu welchem Anteil welches Phänomen in einem komplexeren Modell verantwortlich ist, lässt sich anhand dieser Aufnahmen nicht feststellen. Register, Resonanz, Ansatz und Aussprache sind am Ende allesamt klangformende Faktoren (der erhebliche Einfluss der Tonaufnahme selbst sei an dieser Stelle sogar außer Acht gelassen). Der Umstand allein, dass sich an besagten Registergrenzen der Klang der Aufnahmen ändert, erklärt nicht, warum dies so ist. Ergo kann der Klang der Stimme nicht der Beweis für eine Theorie über die Ursache des Klangs sein. Doch genau an dieser Stelle spielt sich ein äußerst spannender Prozess der Körperkonstruktion ab: Registertheorien, die sich über Klang oder Körperempfindungen zu bestätigen scheinen, basieren auf einem Zirkelschluss. Die Autorinnen und Autoren nehmen Klangqualitäten als Register wahr, diese Register erklären sie mit bestimmten physiologischen Beobachtungen oder koppeln sie an Theorien; somit konstruieren sie Körpervorstellungen. Schülerinnen und Schüler werden mit diesen Körpervorstellungen und Theorien konfrontiert und in die Lage versetzt, den vermeintlich klanglichen Beweis der Theorie am eigenen Gesang nachzuvollziehen oder die Körperempfindungen, welche die Theorien erklären sollen, am eigenen Leib zu empfinden. Indem nun die Autorinnen und Autoren den Zirkelschluss von ihrem Publikum zu Ende führen lassen, ist er umso schwerer zu erkennen. Der Zirkelschluss soll keineswegs bedeuten, dass es keine Register gibt und Klangunterschiede jeglicher physiologischer Basis entbehren. Er zeigt lediglich, wie es möglich ist, dass trotz beobachtbarer Phänomene am Ende verschiedene Theorien entstehen können, die an verschiedene Körpervorstellungen gekoppelt sind. Diese verschiedenen Körpervorstellungen können sich untereinander widersprechen – am Klang der Stimme scheinen sie sich allesamt zu bestätigen. Körperempfindungen und Stimmklänge können nicht zwischen widerstreitenden Theorien entscheiden; dennoch verwenden die Autorinnen und Autoren sie, um ihre Theorien zu validieren.

Resonanzkörper und Ansätze

Abschließend sollen an dieser Stelle noch Aussagen zur Resonanz und insbesondere zum Ansatz beleuchtet werden. Pulvermacher listet gleich eine ganze Reihe von Körperteilen auf, die er für Resonanzen bedeutsam hält. Er unterscheidet zwischen der physiologischen ›tatsächlichen‹ Resonanz und der beim Singen empfundenen Resonanz, wonach der Sänger »Resonanzschwingung im *Brustkorb*, in der *Mundhöhle*, sowie nach den *oberen Luftwegen des Kopfes*, speziell *nach der Nase* zu empfindet.«[167] Resonanzen und Resonanzempfindungen dienen ihm auch als Information, da sie

> »[...] dem Ohre des Lehrers, wie auch dem subjektiven Gefühle des Schülers die sicherste Erkenntnis dafür [bieten], ob die Voraussetzung einer guten Tonbildung, die lose Führung des Tons, die lockerste Haltung aller Halsmuskeln, ohne welche, wie ich vorausschicken will, der Ton keine vollkommene Resonanz erhält, vorhanden ist.«[168]

Mit Helmholtz argumentiert er, dass die Resonanz »von der Reinheit des Vokalklangs«[169] abhängig sei. Vor allem verlangt er *»die Beobachtung aller für eine gute Tonbildung und deren Begleiterscheinung, die Resonanz,* [für] *notwendige Vorbedingungen«*.[170]

Auch für Iffert sind Resonanzerfahrungen zentral. Sie sind eine »Naturerscheinung [...], die uns über die Resonanzverhältnisse der Töne die zuverlässige Aufklärung gibt.« Im Unterschied zu Scheidemantels Ansatz, bei dem nur die Resonanzen der tieferen Register diejenigen der höheren einschließen, nicht jedoch umgekehrt, schreibt Iffert, dass »sämtliche Töne der Stimme in

[167] Pulvermacher, *Gesangsregister*, 1915, S. 18.
[168] Ebd.
[169] Ebd., S. 20.
[170] Ebd., S. 21, wörtliche Zitate im Satz ebd.

Brust *und* Kopf resonieren, [...] die tiefen Töne [jedoch] sich *wesentlich auf die Brustresonanz*, die höheren *wesentlich auf die Kopfresonanz* stützen.«[171] Höhere Register fallen nach seiner Sicht mit lokal höher- oder kopfwärts liegend empfundenen Resonanzen zusammen. Als geradezu neu führt Iffert dabei die Nasenresonanz ein:

> »Die Nasenhöhlen! Mehr ist wohl noch kaum ein Körperteil verkannt worden, als die arme Nase. [...] Man will immer den Ton nur an den Vordergaumen, an die Oberzähne führen, ohne zu bedenken, daß der harte Gaumen eine dünne, feste Wand ist, welche die Resonanz der Nasenhöhle in günstigster Weise vermittelt.«[172]

Für Resonanzen sind Reflexionen wichtig und damit ist eine gewisse Härte des reflektierenden Materials nötig. Weiche Materialien absorbieren den Schall und dämpfen ihn dagegen. Bezüge zu Festigkeit und Härte finden sich daher auch in Bezug auf die Resonanz. So sollen nach Fischer/Hilgermann die Lippen stark an die Zähne angespannt werden, »um den Ton möglichst weit nach vorn zu bringen«[173]. Lehmann schreibt sogar, dass die Lippen »wie Eisen werden müssen«[174].

Im Komplex von Register und Resonanz ist auch der Begriff des Ansatzes einzuordnen, der wiederum sehr verschiedene Bedeutungen hat. So wird – neben seiner gänzlich anderen Verwendung im Begriff des Ansatzrohres, die hier übersprungen wird – der Ansatz einmal als lokaler Punkt verstanden, als Ansatzpunkt, auf den man seine Aufmerksamkeit richtet oder an dem man Resonanzempfindungen wahrnehmen soll (Fischer/Demuth, Lilli Lehmann). Ansatz ist aber auch im zeitlichen Sinne zu verstehen, im Sinne des Beginns eines Tons, wobei auch hier wiederum der gesamte Bereich gemeint sein kann, der nötig ist, um einen Ton zu beginnen. Er kann aber auch allein die Einschwingvorgänge der Stimmlippen meinen. Bei letzterer Bedeutung wird in der Regel in Anlehnung an García zwischen einem harten Glottis, einem weichen und einem behauchten Ansatz unterschieden. Pulvermacher setzt sich intensiv für einen behauchten Ansatz »zur Bildung der höheren Lage der Kopfstimme« ein.[175] Die Erkenntnis, dass der leichte Ansatz der bevorzugte ist, nimmt er für sich in Anspruch, wenn er schreibt, dass er »[i]n sehr vielen Fällen [...]

[171] Iffert, *Allgemeine Gesangsschule*, 1906, S. 15, wörtliche Zitate im Absatz ebd.
[172] Ebd., S. 20.
[173] Fischer, *Neue Gesangsschule*, 1910, S. 32 (Schule für Mezzosopran – Alt).
[174] Lilli Lehmann, *Meine Gesangskunst*, 1902, S. 31.
[175] Pulvermacher, *Gesangsregister*, 1915, S. 8, wörtliche Zitate im Satz ebd.

durch konsequente Übung des zarten, gehauchten Ansatzes mit der Zeit leicht ansprechende, reine und wohlklingende Kopftöne erzielt« habe.[176] Und als weitere Untermauerung seiner These führt er – allerdings indirekt – den Gesang ›der‹ Patti an:

> »Zur Bekräftigung meiner eigenen Erfahrung möchte ich darauf hinweisen, was *Strakosch*, der Lehrer von Adelina Patti, deren berückende Kopfstimme weltbekannt ist, in seinem Gesangswerke ›Die 10 Gebote der Musik‹ über den Gesang der Patti sagt: / ›Wenn man die Patti in der Nähe singen hört, so vernimmt man ein leichtes Vorsenden des Atems, wie das einleitende Seufzen der Aeolsharfe. Dies ist das große Geheimnis, der Schlüssel zur eigentlichen Schatzkammer des Gesangs. [...] zu diesem Zwecke sollte man in der Praxis den Laut ›ha‹ anstatt des gebräuchlichen ›ah‹ anwenden.‹«[177]

3.6 Verbote, Pathologisierungen und Abwertungen

Dass Gesangsschulen sowohl erwünschte Verhaltensweisen anraten als auch von unerwünschten Verhaltensweisen abraten, ist weder verwunderlich noch bedeutsam im engeren Sinne. Doch gerade Verbote – oder genauer, ihre Begründungen – lassen interessante Rückschlüsse auf mancherlei Vorstellungen zu, denn viele der Verbote beim Singen können als regelrechte Körperverbote gelten.

Die Sprache ist oft überzeichnet, sodass unerwünschtes Verhalten die Nähe zur Pathologisierung streift. Fischer/Schmedes/Preuß schreiben beispielsweise von den »Symptome[n] eines [...] falschen Ansatzes«, wozu hier vor allem »das gewaltsame Aufreissen des Mundes« gehört.[178] Rutz schreibt, trotz seiner Fokussierung auf den Rumpf, an einer Stelle dennoch über Kopf und Hals in Verbindung mit Resonanzempfindungen. So müsse für die richtige Vokalbildung »bei der Bildung des ›I‹ die Kehle ungefähr gleich tief wie bei ›U‹ stehen. Das vielfach gelehrte ›I‹ mit hochgezogener Kehle und ›Nasenresonanz‹ ist ganz falsch und zerstört den Ton.«[179] Scheidemantel – dessen Lehre vor allem um den korrekt gestellten Ton kreist – beschreibt den falsch gesungenen Ton nicht nur ästhetisch als zerstört, sondern als körperlich schmerzhaft.

[176] Ebd., S. 21, wörtliche Zitate im Satz ebd.

[177] Ebd., S. 11.

[178] Fischer, *Neue Gesangsschule*, 1910, S. 50 (Schule für Tenor), wörtliche Zitate im Satz ebd.

[179] Rutz, *Sprache, Gesang, Körperhaltung*, 1911, S. 56.

> »Ganz abgesehen davon, daß ungestellte und ungespannte (offene) Vokale geschrieen klingen, wenn sie stark gesungen werden, können sie augenblickliche Heiserkeit hervorrufen. Ich habe einmal in ›Tristan und Isolde‹ als Kurwenal die Stelle im zweiten Akt: ›Rette dich, Tristan!‹ im Feuer des Gefechtes mit einem gellenden, total ungespannten (offenen) ä und ungestellt gesungen, und habe mir damit so wehe getan, daß ich im dritten Akte heiser war.«[180]

Pulvermacher geht noch einen Schritt weiter und moniert direkt die gesundheitsschädlichen Auswirkungen des falschen Registergebrauchs:

> »Die Beeinträchtigung der edlen Tongebung durch falsche, über ihre natürlichen Grenzen hinaufgetriebene [sic] Registeranwendung ist aber noch schwieriger, da in diesem Falle nicht nur die Reinheit des Gesangstons, sondern die Gesundheit der Stimme darunter leidet.«[181]

Falsche Registeranwendungen scheinen ohnehin mit zu den gefährlichsten Verstößen zu gehören, denn auch Scheidemantel schreibt:

> »*Den Ausgleich der Register durch gewaltsame Erweiterung des stärkeren Registers herbeiführen zu wollen, kann vom Standpunkt der Stimmbildung und der Gesunderhaltung der Stimme niemals gutgeheißen werden.*«[182]

Wie nebenbei wiederholt er hier die Annahme, dass es stärkere (und also auch schwächere) Register gibt, wobei klar ist, dass die Stärke zum Brustregister hin zunimmt und zum Kopf hin abnimmt. Diese Annahme deckt sich sowohl mit der Hypothese einer Entkörperlichung von Brust nach Kopf, als auch einer geschlechterspezifischen Denkweise. Mit ihr lässt sich – überspitzt formuliert – eine Geschlechterdichotomie konstruieren, bei der sich der starke Heldentenor vom ›schwachen Geschlecht‹, der geradezu körperlosen Stimme der Diva, absetzt. In diesen Kontext lässt sich auch Goldschmidts Verweis auf Caccini stellen, der die Kopfstimme für »proffesore di quest' arte« verbietet, die Goldschmidt als Tenöre und Bässe identifiziert. Dagegen dürfen Soprane und weibliche Altstimmen (dazu zählen auch Knaben und Falsettisten) von beiden Registern Gebrauch machen. Weiter grenzt Goldschmidt die Kopfstimme von der Fistel bei Männerstimmen ab, die dünn klinge und nicht geeignet sei,

180 Scheidemantel, *Gesangsbildung*, 1913, S. 115.
181 Pulvermacher, *Gesangsregister*, 1915, S. 21.
182 Scheidemantel, *Gesangsbildung*, 1913, S. 90.

mit der natürlichen Stimme zu einer Einheit zu verschmelzen.[183] So wird nicht nur pathologisiert, sondern es lassen sich insgesamt die Begriffspaare natürlich/gesund und unnatürlich/schädlich ausmachen. Zu ersterem Paar lässt sich auch der Begriff des Normalen zuordnen, der sich deutlich bei Iffert findet. So kritisiert er beispielsweise

> »[...] das leider sehr verbreitete *Tiefstellen des Kehlkopfes* in der direkten mechanischen Ausführung. Von der richtigen Beobachtung ausgehend, daß der Kehlkopf sich für den Gesangston der Normalstellung gegenüber senkt, kam man zu der extremen Ansicht, daß der Kehlkopf für alle Töne in möglichst tiefer Stellung festgehalten werden müsse.«[184]

Fischer/Hilgermann warnen vor einem Wechsel des Rollenfachs. Auch bei ihnen geht es nicht um die Ästhetik oder Leistungsfähigkeit der Stimme, sondern um die Schädigung: Da »die Grundfarbe der Altstimme eine dunkle ist«, würde »ein gewaltsames Umfärben der Töne« die Stimme nicht nur ermüden, sondern sie würde »bald Schaden nehmen und ihren Dienst versagen«.[185] Geradezu mit einer Gegenposition zu den sich etablierenden Geschlechtervorstellungen mahnen Fischer/Hilgermann: »Der Umstand aber, daß Altstimmen ihr Rollenfach zu erweitern trachten [...], ist der Hauptgrund, warum der Kultus der tiefen Frauenstimme immer mehr abnimmt.«[186] (Diese Sichtweise mag eher Hilgermann als Fischer zugerechnet werden.)

Im späteren Kapitel zum Bariton üben Fischer/Demuth Kritik am Umfärben des Tons. Dabei bedienen sie negative Stereotype über Koloratursängerinnen:

> »Wie oft hört man statt O Mutter – O Mu-atter, nur, weil der Sänger auf dem u einen großen Ton zeigen wollte und nicht geschmackvoll genug war, den Vokal als solchen zu respektieren. Die oft ganz unmöglichen Sprachverzerrungen gewisser Primadonnen, beruhen auf diesem eingerissenen Übel.«[187]

Hier verknüpft sich der Begriff des Geschmacks mit dem der ›gewissen‹ Primadonna: Das Stereotyp der hoch angesehenen, aber vor allem hoch bezahlten

[183] Goldschmidt, *Die italienische Gesangsmethode*, 1890, S. 83.
[184] Iffert, *Allgemeine Gesangsschule*, 1906, S. 29.
[185] Fischer, *Neue Gesangsschule*, 1910, S. 28 (Schule für Mezzosopran – Alt), wörtliche Zitate im Satz ebd.
[186] Ebd., S. 28 (Schule für Mezzosopran – Alt).
[187] Ebd., S. 79 (Schule für Bariton).

Sängerinnen, die eines solchen ›echten‹, also ›edlen‹ Geschmacks entbehren. Falsche Register- und Resonanzbehandlungen gelten oft als Quell allerlei Übels, doch auch die falsche Atmung birgt einigen Schriften zufolge durchaus Gesundheitsrisiken. Iffert führt fast sämtliche Gesangsfehler auf beides, eine forcierte Stimme und falsche Resonanz, zurück.[188] Doch schon Guttmann warnte:

> »Ein zu großer Aufwand von Athem, ein zu heftiges Erschüttern der Stimmbänder kann nur zur Folge haben, daß die hervorgebrachten Töne schreiend werden, und nicht allein das; sondern die Stimmbänder verlieren auch mit der Zeit ihre Elasticität und daher ihre Schwingungsfähigkeit. Dies [sic] die Ursachen zu dem Ruin so vieler Stimmen und Sprachorgane.«[189]

Auch bei Sieber tritt die Tendenz zum Pathologisieren zu Tage, wenn es um das Ausatmen geht:

> »Durch ein zu gewaltsames Ausstoßen der Luft und zu starkes Ausdehnen der Lungen ist schon sehr häufig der Grund zu den gefährlichen Brustkrankheiten gelegt worden, welche viel Opfer kosteten und noch täglich kosten.«[190]

3.7 Lockerheit und Klangvorstellung

Lockerheit und Klangvorstellung mögen an sich nichts miteinander zu tun haben, doch unter dem Gesichtspunkt der Körperlichkeit verbindet sie das Unkörperliche. Es ist eine Orientierung, die vom Körper weg führt. Die Forderung nach Lockerheit ist bereits mit einem Loslassen verbunden. Damit ist sie die Negation eines Anspannens und Festhaltens, die Negation willkürlicher und unwillkürlicher Körperbewegungen. Die Klangvorstellung ist sogar komplett geistig und – unter der Annahme einer Trennung von Geist und Körper – unkörperlich.

Iffert bringt in Sachen Lockerheit das auf den Punkt, was auch in den anderen Schulen wenigstens latent erkennbar ist: das Weiten und Erweichen des Halses. So betont er in seinen Übungen den

188 Iffert, *Allgemeine Gesangsschule*, 1906, S. 22.
189 Guttmann, *Gymnastik der Stimme*, 1861, S. 24.
190 Sieber, *Katechismus der Gesangskunst*, 1862, S. 23f.

> »[…] Zustand vollster *Passivität*; der ganze Hals aber sei ein von den weichsten Wandungen eingefaßtes Rohr, das direkt bis in die Brust hineinführe, aus der nun der volle klingende Tonstrom, ohne im Halse ein Hindernis zu finden, frei und offen herausströmen kann. Die tonerzeugende, immerhin enge Stelle, wo die Stimmbänder funktionieren, sollen wir nicht oder doch nur kaum herausfühlen oder hören, so locker soll die Gesamthaltung des Halses erscheinen.«[191]

Körper und Körperteile werden hier als potenzielle Stör-Körper des Luft- oder besser noch Atemstroms betrachtet. Auch Fischer/Schmedes/Preuß schreiben:

> »Alle Merkmale des schlechten Ansatzes, wie plötzliches Rotwerden im Gesicht, Spannen von Muskeln […] sind leicht zu beseitigen, wenn man sich zur Richtschnur nimmt, daß der ganze Gesangsapparat während seines Gebrauches locker und leicht gehalten werden muß.«[192]

Und auch im Kapitel von Fischer/Mayr heißt es:

> »[Übermäßiges Atemgeben] bewirkt eine Kontraktion im Halse, durch welche natürlicher Wohlklang und Kraft des Ansatzes leiden, so daß die Stimme unsicher, rauh und unedel wird. Also Halsmuskeln locker und offen gehalten, mit mäßiger Kraft und ohne Anstrengung, aber energisch und sicher gesungen! Das gibt den besten Ansatz.«[193]

An mehreren Stellen verweist Scheidemantel auf seinen Lehrer, der selbst wiederum in der Nachfolge Garcías steht, womit er sich hier klar in eine Traditionslinie einordnet:

> »Durch die Pianoübungen, die die loseste Fassung des gesamten Stimmorgans zur Voraussetzung hatten, und die mein Instrument vermöge der dunklen Vokale in die richtige Stellung brachten, wurde eine gewisse Beengung des Schlundes, die meiner Tongebung vorher einen leichten Druck verlieh, behoben, mein Ton wurde frei, der Bruststimme wurde der Weg aufgeschlossen, und diese reagierte mit einer verblüffenden Bereitwilligkeit.

191 Iffert, *Allgemeine Gesangsschule*, 1906, S. 19.
192 Fischer, *Neue Gesangsschule*, 1910, S. 52 (Schule für Tenor).
193 Ebd., S. 115 (Schule für Baß).

> Meine Stimme bekam im Verlauf eines Vierteljahres durchaus männlichen Charakter, wie er dem Bariton ansteht.«[194]

An dieser Stelle taucht der Begriff des Aufschließens der Stimme auf, der später auch im Titel von Frederik Huslers *Singen. Die physische Natur des Stimmorganes. Anleitung zum Aufschließen der Singstimme* wieder erscheint.[195] Doch bei Scheidemantel findet sich bemerkenswerter Weise auch eine Variante der »Mannwerdung« wieder, die insbesondere in den USA häufig in Verbindung mit dem »Self-Made«-Mythos erscheint. Es mag Zufall sein, dass er gerade beim Thema Lockerheit zu finden ist, aber Scheidemantels Erfahrungsbericht ist durchaus lesbar unter dem Aspekt der Wahrung von Männlichkeit. Unter der Prämisse, dass Männlichkeit mit Körperlichkeit, Festigkeit und Stärke assoziiert ist, ist die Forderung nach Lockerheit problematisch. Scheidemantel kompensiert diesen drohenden Verlust mit der Pointe, dass gerade durch die Lockerheit der als notwendig betrachtete männliche Charakter erst recht entwickelt wird.

Der Begriff der Klangvorstellung – in diesem Zusammenhang dem zweiten neben der Lockerheit – beschreibt in der Regel eine innere Vorstellung, die sich eine Person von einem Klang macht, den sie hervorrufen möchte. Statt ihre Gedanken auf Bewegungen oder Haltungen zu richten, kann sie über die Vorstellung eines konkreten Klangs die nötigen Bewegungen und Körperhaltungen einnehmen, wenn diese vorher erlernt und mit der Klangvorstellung verknüpft wurden. Mit dieser Art der Klangvorstellung arbeiten nicht alle. Guttmann formuliert zwar ein Klangideal, beschränkt sich jedoch nachfolgend darauf, die Eigenschaften, die er mit ihm verbindet, im Detail aufzuzählen:

> »[Ein Ton] muß
> 1. *metallisch*,
> 2. *rein* (von richtiger Höhe),
> 3. *stark* und voll,
> 4. *fest* (nicht zitternd),
> 5. *dauerhaft* und
> 6. *ohne jegliche Beimischung* sein.«[196]

[194] Scheidemantel, *Gesangsbildung*, 1913, S. 100.

[195] Frederick Husler, *Singen. Die physische Natur des Stimmorganes. Anleitung zum Aufschließen der Singstimme*, Mainz 1956; vgl. auch Grotjahns Auseinandersetzung mit Huslers »Aufschließen« der Stimme in Grotjahn, »Seelenvolle Maschine«, 2019, S. 83.

[196] Guttmann, *Gymnastik der Stimme*, 1861, S. 27.

Auch für Iffert ist das Stimmideal der metallische Klang.[197] Sieber betont zwar, dass die Geschicklichkeit der Muskelbewegungen eingeübt werden muss, aber am Ende ist es die genaue Klangvorstellung, die die Tonbildung leitet. Damit meint er »eine ganz genaue Vorstellung von dem Klange, der Höhe oder Tiefe desjenigen Tones, den der Sänger zu Gehör bringen will«, der »die feinsten Tonunterschiede« zum Gegenstand hat.[198] Ohne eine solche Vorstellung, welche dem Ton vorausgeht und ihn »bis zu seinem Verklingen begleitet«, kann der »junge Künstler [...] den Ton nicht gleich instinktmäßig so rein erfassen und ansetzen, noch auch ihn rein aushalten«.[199]

In der Klangvorstellung Siebers schlummert bereits eine Pädagogik, die über das Handeln hinaus auf die Kognition abzielt und sich der im Entstehen begriffenen Psychologie bedient. Vor allem für sensible Körperteile, die Gefahr laufen, durch willkürliche Bewegungen schnell übermäßig angesprochen zu werden, ist die indirekte Steuerung über das Klangdenken eine Alternative. Vorrangig betrifft das den Kehlkopf. So bedeutsam er auf der einen Seite ist, so wenig soll er eine aktive Rolle einnehmen. Sieber meint gar, »[e]r [der Kehlkopf] hat gar keine aktive Rolle, sondern kann sich nur passiv sehr fördernd erweisen, wenn er die eben gedachte Lage einnimmt.«[200] Das Paradox, den Kehlkopf in die korrekte Lage zu bringen, aber passiv zu lassen, löst Sieber über den Umweg der Klangvorstellung.

Rutz, dessen Schule von den Haltungen des Torsos dominiert ist, unterscheidet den »kalten« und »warmen« Ton. Ohne jedoch auf die Wahl der Terminologie einzugehen, verknüpft er sie mit Klangvorstellungen, denen zufolge der Stimmklang des kalten Tons »in der höheren Lage des Stimmumfangs [...] rund, in der tieferen desselben Umfangs breit«[201] sei, beim warmen »dagegen [...] die Form des Stimmklanges in der höheren Lage breit, in der tieferen Lage rund.«[202] Diese Unterscheidungen sind für ihn derart zentral, dass er vor ihrer Vernachlässigung deutlich warnt:

> »[Die] bewußte Unterscheidung [der Unterarten *warm* und *kalt*] ist eine der wichtigsten Voraussetzungen für eine gute Wiedergabe. Ihre Vernachlässigung führt zu allen möglichen Fehlern, zu Mißlingen hoher Töne, Vibrieren der Töne, zu schlechtem ›Sitz‹ der Tiefe, zu dem Auftreten

197 Iffert, *Allgemeine Gesangsschule*, 1906, S. 23.

198 Sieber, *Katechismus der Gesangskunst*, 1862, S. 25, wörtliche Zitate im Satz ebd.

199 Ebd., S. 25f., wörtliche Zitate auf S. 26.

200 Ebd., S. 27.

201 Rutz, *Sprache, Gesang, Körperhaltung*, 1911, S. 9.

202 Ebd., S. 10.

des Registerbruchs, zu krampfhafter Tätigkeit und Überanstrengung der Kehle, zum Quetschen, Pressen, gewaltsamen Hinausschreien der hohen Töne […].«[203]

Während die Klangvorstellungen bisher normativ im Sinne eines vorab festgelegten Klangideals blieben, taucht bei Scheidemantel die Klangvorstellung bereits als individuelle auf. Die Person stellt über ihre eigene Vorstellung eines – wenngleich zuvor gehörten – Klangs automatisiert die Anatomie ein. So schreibt er:

> »Man ruft das vorher durch das Ohr aufgenommene, im Geiste ruhende Klangbild des gewünschten Vokales wach. Sobald der Wille die Absicht kundgibt, […], nehmen Aufsatzrohr und Kehlkopf unwillkürlich die Stellung ein, die für die Erzeugung des gewünschten Vokales geboten ist.«[204]

Scheidemantels Klangvorstellung ähnelt damit auch der Vorstellung der Vokale bei Lehmann, nur dass sie die Vorstellung eines Vokals noch nicht explizit mit dem Begriff der Klangvorstellung verknüpft. Doch es treten zunehmend Tendenzen auf, die auf eine Individualisierung der Vorstellungen hindeuten. Nach diesen soll unter anderem auch im folgenden Abschnitt gefragt werden.

3.8 Interpretation und künstlerischer Ausdruck

Normierung und Naturalisierung

Die meisten Schriften normieren die Interpretation. Die Interpretierenden stellen sich demnach in den Dienst des Komponisten und nicht selbst dar. Dass auch bei der Absicht, der Komposition zu dienen, individuelle Lösungen vorgestellt werden könnten, ist anfangs noch kaum sichtbar. Für Sieber gibt es Individualität nur als Ergebnis einer individuellen Karriere. Individualität ›passiert‹, ist aber nicht Resultat eines bewussten, individuellen Anspruchs. Bei Goldschmidt soll der sängerische Ausdruck der »dichterischen Stimmung dienen«[205]. García betrachtet selbst die Interpretation schlussendlich wie eine naturwissenschaftlich fundierte und exakte Wissenschaft, wenn er schreibt:

203 Ebd., S. 9.
204 Scheidemantel, *Gesangsbildung*, 1913, S. 27f.
205 Goldschmidt, *Die italienische Gesangsmethode*, 1890, S. 26.

> »Art comprehends all means, but employs only those suitable to special requirements. [...] The science which thus converges efforts to one common end is based on the exact understanding of the comparative value of ideas. Nature attaches to every sentiment a characteristic accent.«[206]

Scheidemantel fordert direkt und unmissverständlich die Selbstauslöschung aller individuellen Empfindungen:

> »*Der Sänger muß sich unter allen Umständen in das Wesen seiner Gesangsvorträge und der vom Komponisten aus künstlerischer Überzeugung geschaffenen Verschmelzung von Wort und Ton so tief einhüllen, daß seine eigene Empfindung ganz und gar vernichtet wird, und ihm die Empfindung des Komponisten als die einzig wahre und richtige zur Überzeugung geworden ist.*«[207]

Am Beispiel von Franz Schuberts »Doppelgänger« (*Schwanengesang*, DV 957) macht er deutlich, dass dem Sänger »kein Glied des gedanklichen Aufbaus, der psychologischen Entwicklung, kein Wechsel der Stimmung und keine leiseste Steigerung des Ausdruckes verborgen bleiben« darf und »[d]ie künstlerische Absicht des Dichters [...] ihm offenbar geworden sein« muss.[208] Nicht das Schaffen, sondern das Nachschaffen sei Ziel der Interpretation:

> »Es ist [...] nicht nötig, daß der Sänger all seine Gedanken und Empfindungen [...] wie ein Schriftgelehrter in Worte kleidet, um darüber einen Vortrag halten zu können. Es sind da doch zu oft eine Menge unaussprechlicher Werte im Spiele, die von einer künstlerischen Natur unbewußt empfunden werden, ohne daß man immer imstande wäre, andern darüber Rechenschaft abzulegen. Aber sie werden so [...] empfunden, daß sie zu heftigster Gemütsbewegung, zu flammender Begeisterung führen und den nachschaffenden, werktätigen Sänger mit unbezwingbarer Nötigung antreiben, sie auf dem Wege seiner Kunst andern zu vermitteln.«[209]

206 García, *Hints on Singing*, 1894, S. 70; übersetzt etwa: *Kunst beinhaltet (zwar) alle Mittel, aber sie verwendet lediglich diejenigen, die für bestimmte Erfordernisse geeignet sind.* [...] *Die Wissenschaft, die also (verschiedene) Maßnahmen zu einem gemeinsamen Ziel zusammenführt, basiert auf dem exakten Verständnis des Vergleichswerts von Ideen. Die Natur versieht jede Stimmung mit einem charakteristischen Akzent.*

207 Scheidemantel, *Gesangsbildung*, 1913, S. 162.

208 Ebd., S. 141, wörtliche Zitate im Satz ebd.

209 Ebd., S. 141f.

Scheidemantel macht den Sänger also zu einem Werktätigen, der »angetrieben« wird. Diese Metaphern stammen allesamt aus der Fabrik, die geradezu zum Sinnbild der Uniformität und der Ausschaltung von Individualität geworden ist.

Geradezu merkwürdig scheint die Haltung von Rutz zu sein. Während Menschen nur für einen Körpertypus dichten (oder komponieren) könnten, so hätten Interpreten dennoch die Fähigkeit, sich in verschiedene Typen hineinzufühlen und sich in die verschiedenen Typen qua korrekter Haltung zu begeben.[210] Interpretation sei damit das Erkennen des komponierten Typus und die Einnahme der korrekten Körperhaltung. Die Möglichkeiten sind nach Ansicht von Rutz grenzenlos:

> »[Das] Rätsel der ›nichtliegenden‹ Werke ist nun gelöst. Der innere Widerstand, den der Künstler bei der Wiedergabe solcher Werke immer spürte, ist beseitigt, sowie er die richtige Haltung annimmt.«[211]

Bei Pulvermacher finden sich Hinweise auf individuelle Anteile, wenn er zur Frage kommt, wann ein Portamento angewendet werden kann. Wenn er schreibt, dass man »das Portamento nur dort aus[führen soll], wo man sich eine künstlerische Wirkung davon verspricht«, dann ist an dieser Stelle eben nicht die Rede von einer Wirkung, die ein Komponist fordert. Vielmehr geht es um die Wirkung, die das interpretierende Individuum beabsichtigt. Damit gesteht er Sängerinnen und Sängern – bei entsprechender Lesart – eine Individualität zu, die über das In-den-Dienst-des-Komponisten-Stellens hinausgehen könnte.

Affekt und Effekt

Indirekt mit Individualität und Normativität verbunden ist auch die Frage nach Effekt und Affekt. Soll sich die interpretierende Person selbst in eine Stimmung versetzen (= Affekt), um sie angemessen künstlerisch darstellen zu können, oder kann sie beim Publikum den Eindruck einer Stimmung wecken, indem sie gestalterische Mittel rational einsetzt (= Effekt)? Der Affekt ist mit einer individualisierten Interpretation vereinbar; eine normierende Interpretation, die das Zurücknehmen des Individuums fordert, verbietet jedoch, dass sich die Interpretin oder der Interpret individuell mitreißen lassen.

Alle Schulen stimmen zunächst in der Ansicht überein, dass Gesang Gefühle ausdrückt. Insbesondere García überrascht geradezu, da er der einzige ist, der

210 Rutz, *Sprache, Gesang, Körperhaltung*, 1911, S. 38.
211 Ebd., S. 40.

fordert, dass ein Sänger Emotionen zum Publikum überträgt, indem er selbst stark fühlt. Doch fügt sich diese Ansicht durchaus in sein mechanistisches Weltbild, wenn er erläutert: »Sympathy is the sole transmitter of emotion and the feelings of an audience are excited by our own, as the vibrations of one instrument are awakened by the vibrations of another.«[212]

Die anderen Schriften stellen den Effekt in den Vordergrund und halten einen Affekt geradezu für kontraproduktiv. Lehmann macht an dieser Stelle einen Unterschied zwischen Kunst und Natur auf, der für sie wesentlich ist. Sie fordert ein Bewusstsein darüber, dass Natürlichkeit nicht an sich in einer künstlerischen Aufführung steckt, sondern es darum geht, den Eindruck von Natürlichkeit beim Publikum zu wecken. Wenn sie schreibt, dass »künstlerische Technik [...] durch die Ästhetik der Seele zum Ebenmaß der Schönheitsform gelangen [muss]«, dann geht es ihr darum, dass die Technik in der Wahrnehmung der anderen »nur [...] wieder – scheinbar – zur Natur« wird.[213] Ebenso gelingt auch nach Scheidemantel dem Sänger das Auslösen seelischer Stimmungswerte

> »nur, [...] wenn er die grellen, naturalistischen Unterschiede der einzelnen Vokalfarben zu einer künstlerischen Einheit abtönt, so wie der Maler die einzelnen Farben seines Bildes zu einer tonlichen Einheit zusammenstimmt, ohne dabei die charakteristischen Werte der Farben verloren gehen zu lassen.«[214]

Das bedeutet nichts anderes als eine bewusste und gezielte Steuerung von Effekten über interpretatorische Mittel. Der Sänger selbst soll nicht empfinden, da das Nachfühlen ablenkt. Mit vielen Substantivierungen und in einem geradezu bürokratischen Stil fordert er:

> »Der musikalisch durchgebildete Sänger aber hebt kraft einer selbständigen Erfassung und Beherrschung aller Musikwerte seines Vortrages den Zuhörer aus dem nüchternen Gleichlauf der Alltäglichkeit in die Sphäre reinsten Kunstgenusses und löst neben sinnlichen Freuden auch musikalische Empfindungen aus, die unaussprechlich sind.«[215]

212 García, *Hints on Singing*, 1894, S. 71; übersetzt etwa: *Sympathie ist die einzige Überträgerin von Emotionen, und die Gefühle des Publikums werden von unseren eigenen angeregt, so wie auch die Schwingungen eines Instruments durch die Schwingungen eines anderen angeregt werden.*

213 Lilli Lehmann, *Meine Gesangskunst*, ³1922, S. 5, wörtliche Zitate im Satz ebd.

214 Scheidemantel, *Gesangsbildung*, 1913, S. 12.

215 Ebd., S. 145.

Das Nachempfinden formuliert er sogar als Gefahr, die in ihrer Tragweite nur verstanden werden kann, wenn man diesen ›Fehler‹ des Affektes einmal begangen hat:

> »Vor allem darf dem Gesangslehrer der Zustand künstlerischer Extase, der über jeden starkempfindenden, vortragenden Sänger kommt, nicht fremd sein. Er muß ihn an sich selbst erlebt haben, um seine Schüler auf die Gefahren aufmerksam machen zu können, die dieser Zustand besonders in gesangstechnischer Beziehung mit sich bringt.«[216]

Das Verhältnis von Wahrnehmung, Empfindung und Ausdruck fasst Scheidemantel am Beispiel des »Liedes an den Abendstern« aus Wagners *Tannhäuser* zusammen, »dessen Vortrag nur dann gelingt, wenn der Sänger die Linie der Melodie in instrumentaler Keuschheit erfaßt und sie mit tiefer Empfindung in abgeklärter Objektivität nachzieht.«[217]

Vor diesem Hintergrund lässt sich auch Lotte Lehmanns autobiografische Anekdote interpretieren, in der sie schildert, wie sie sich beim Singen in einer Probe mit Otto Klemperer zu einem vom Affekt getriebenen Gesang habe hinreißen lassen. Sie schildert ihre fallende Scheu, ihr Einsinken »in die Flamme inneren Erlebens« und schließlich das Gefühl »wie das Fliegen im Traum: körperlos in eine selige Unendlichkeit gleiten[d]«, jedoch mit der Pointe des nüchternen Erwachens, denn »aus so schönem Traum erwacht man gewöhnlich mit dem Schrecken des Falls«, hier durch Klemperers Worte »›Keine Ahnung von der Rolle. Da müssen wir stets studieren, wenn Sie's schaffen wollen.‹«[218] Insgesamt ist – bei wenigen Ausnahmen – die deutliche Tendenz zur Kontrolle des Effekts zu erkennen und eine Warnung davor, sich von Emotionen vereinnahmend und unkontrollierbar affizieren zu lassen.

Körperklänge

Wenn es um das Verhältnis von Gesang und Körper geht, dann geht es auch um die Frage, wie stark der Körper in der Stimme präsent ist. In der populären Musik ist dieser Bezug besonders deutlich.[219] So wird der Körper vor allem über

216 Ebd., S. 150.

217 Ebd., S. 152.

218 Lotte Lehmann, *Anfang und Aufstieg. Lebenserinnerungen*, Baden bei Wien 1937, S. 118, wörtliche Zitate im Satz ebd.

219 Vgl. Martin Pfleiderer, »Zur Einführung«, in: *Stimme, Kultur, Identität*, S. 9–21,

hörbaren Atem und Rauheit auch stimmlich präsent, durch Brüche oder den geräuschhaften Moment, in dem die Stimme ihren Dienst zu versagen scheint. All diese geräuschhaften Elemente kommen zustande, in dem der Weg, den der Klang ab den Stimmlippen nimmt, ›gestört‹ wird, sei es durch Verengungen oder Barrieren, durch Schleimhaut, bewegliche Teile, wie den Kehldeckel, den weichen Gaumen oder die Taschenfalten, die selbst in Schwingung geraten können und für das sogenannte Growling verantwortlich sind. Je stärker diese Körperteile hörbar sind, desto körperlicher wirkt die Stimme selbst, unabhängig von ihrer melodischen Ausgestaltung. Der Körperzustand, insbesondere der Grad seiner Erregung, ist darüber hinaus über die Wahl der Register sowie die Position und Häufigkeit der Atempausen für das Publikum interpretierbar.

Unter dieser Prämisse ist die ideale Singstimme, wie sie die Schulen beschreiben, eine möglichst körperlose. Der Ton soll rein sein, ohne hörbares Ein- und Ausatmen, ohne geräuschhafte Elemente und ohne den Eindruck von Anstrengung oder Zwang. Er soll weder kehlig noch nasal klingen, also weder auf das Körperteil Kehle noch auf ein Gesicht hindeuten, das an der Tonproduktion beteiligt ist. Bei aller mechanistischen Beschreibung des Gesangs, bei allen körperlichen Regeln und Vorstellungen soll am Ende ein Ton stehen, der bar jeder Körperlichkeit ätherisch die Körper der Singenden verlässt. Die Interpretin und der Interpret, die im Dienste des Komponisten stehen, übersetzen dessen Komposition in reinen Klang und nehmen ihr geistiges wie körperliches Selbst zusammen mit ihrer Individualität zurück.

Doch das ist nur die ›Grundeinstellung‹. Es ist die Übung, die notwendige Körperbeherrschung, die am Ende zur Perfektion der Körperkontrolle wird. Ist man in der Lage, gezielt alle Körpergeräusche zu minimieren, so hat man die Kontrolle über sie und kann sie damit auch willkürlich gezielt bedienen. So gibt es durchaus Situationen, in denen der Körperklang, das Abweichen von der Norm, zur Regel wird. Mit Ausnahme des behauchten Ansatzes, der zum Teil für Stimmübungen, aber auch im Sinne der Stimmgesundheit nötig erachtet wird, zeigt sich, dass ein Mehr an Körper in der Stimme mit einem Mehr an Effekt, einem Mehr an Intensität des emotionalen und körperlichen Ausdrucks einhergeht. Der Einsatz von Körpergeräuschen als Mittel der Interpretation ist legitim, bisweilen gar Pflicht. Die beiden ältesten Schulen bringen das am deutlichsten zum Ausdruck, vor allem Sieber:

> »In allen Disciplinen folgt auf die Beschränkung endlich Freiheit! Als es sich um die Bildung des Tones und die technische Seite des Gesanges han-

hier S. 13 und Tilo Hähnel, »›You Better Have Your Ticket in Your Hand‹. Predigten und Gospelgesang«, in: ebd., S. 195–231, hier S. 229–231.

delte, mußten wir es als erstes Gebot der Athmungsthätigkeit aufstellen, dieselbe geräuschlos und völlig unhörbar zu vollziehen. Jetzt wird es uns erlaubt sein, wissentlich und absichtlich gegen jene Regel zu fehlen. Denn der dramatische Sänger muß auch in der Art und Weise, wie er den Athem einnimmt und von sich giebt, den entsprechenden Ausdruck für das Lächeln der Freude, das Schluchzen unterdrückten Schmerzes, das Erzittern leidenschaftlicher Erregtheit, wie das Seufzen liebender Sehnsucht und das Weinen herben Leides zu finden wissen.«[220]

Doch nur die technisch beherrschte, willkürliche Abweichung von der idealisierten Norm gilt als künstlerisch:

> »Dem genialen Künstler ist Alles erlaubt, wenn er es an *der rechten Stelle* thut. Wer hat wohl die Worte Valentinens [...]: ›Raoul, sie *tödten* Dich!‹ von der großen *Schröder-Devrient* ausrufen (nicht singen) hören und könnte jemals den Eindruck vergessen, den die Artikulation des Wortes ›tödten‹ hervorrief? [...] Auch können alle von uns über die verschiedenartigsten Vortragsmittel gegebenen Winke und Anweisungen nur dann helfen, *wenn der Geist sie lebendig macht.*«[221]

Der Atem ist für Sieber geradezu primäres Ausdrucksmittel von Stimmungen:

> »Er [der Atem] ist einer der beredtesten und wichtigsten Dolmetscher unserer Seelenstimmung. Der Frohe athmet leicht und lebhaft, der Gramerfüllte hebt schwer und langsam seine Brust [...]. Der Leidenschaftliche, Zornige stößt den Athem gewaltsam aus [...]. Jeder wahre Künstler hat der *Sprache des Athems* seine größte Aufmerksamkeit zu widmen!«[222]

Auch Guttmann erlaubt nicht nur den Atem als bewusst eingesetzten Effekt, sondern gebietet ihn.[223] Er systematisiert ganz rational die Atem- und Stöhngeräusche, die er als Ausdrucksmittel für eine ganze Palette von Effekten anführt:

> »[...] Athemabänderungen, bei denen gleichfalls das hörbare Ein- und Ausathmen erfordert wird; es sind dies: *Gähnen, Seufzen, Keuchen, Schnüf-*

220 Sieber, *Katechismus der Gesangskunst*, 1862, S. 124f.
221 Ebd., S. 140.
222 Ebd., S. 124.
223 Guttmann, *Gymnastik der Stimme*, 1861, S. 120.

> *feln, Räuspern, Hauchen, Schnarchen, Schluchzen, Husten, Niesen,* das *laute Lachen* und *Weinen.* Bei äußeren Veranlassungen ergeben sich diese Athmungsabänderungen von selbst; in der Kunst aber, wo alle äußeren Veranlassungen fehlen, und die Phantasie die alleinige Urheberin derselben sein muß, sind sie sehr schwer. Daher das *unnatürliche Lachen* und *Weinen* auf der Bühne bei *Anfängern,* ja selbst bei Schauspielern, die schon Jahre lang dem Theater angehören.«[224]

Grundsätzlich ändert sich nichts am Regelhaften mit der Regel, die Regeln zu verlassen. Es fällt jedoch auf, dass sich spätere Schulen nicht mehr so detailliert und ausführlich mit dieser Art von Körpergeräuschen befassen. Lehmann gibt nur vage Hinweise darauf, dass aus künstlerischen Gründen und Gründen des Effekts abgewichen werden darf und sogar muss, wenn sie schreibt, dass »[d] er Kehlkopf [...] nicht *plötzlich* heruntergedrückt oder hochgeschnellt werden [darf], nur wenn man es als Effekt benützen will.« Auch das Überschlagen des Tons, welches durchaus als ›Unfall‹ wirken kann, gibt, obwohl »sehr viel angewandt [...], *gut* gemacht, schöne Effekte.«[225] Auch für Iffert sind der »Schrei und das tonlose Aushauchen« Mittel »[f]ür den Ausdruck der extremen Stimmungen, des höchsten Schmerzes und der größten Freude«.[226] Jedoch sei für den »ruhigen, schönen, edlen Ton« die »Mitte zwischen diesen Extremen« zu suchen.[227]

Eine Ausnahme ist García. Für ihn sind jegliche dieser Körperklänge die größten Fehler der Stimmgebung. Zu ihnen zählt er »Guttural sounds, nasal sounds, tremolo, slurring«), aber insbesondere das Tremolo, welches er für einen intolerablen Fehler hält, der jeglichen Gesangsstil ruiniert und der selbst als Effekt unbedingt zu vermeiden ist.[228] Am Beispiel von Romeos Fairwell macht García an anderer Stelle deutlich: »Exaltation and tenderness must be carried to their utmost limit, and yet, however extreme, do not justify the use of trembling tones.«[229]

Scheidemantel erlaubt im Gegensatz zu García durchaus an sich Verbotenes – selbst den von ihm verachteten »ungestellten Ton«:

224 Ebd., S. 121.
225 Lilli Lehmann, *Meine Gesangskunst*, ³1922, S. 33, wörtliche Zitate im Satz ebd.
226 Iffert, *Allgemeine Gesangsschule*, 1906, S. 140, wörtliche Zitate im Satz ebd.
227 Ebd., S. 141, wörtliche Zitate im Satz ebd.
228 García, *Hints on Singing*, 1894, S. 17f., wörtliches Zitat auf S. 17.
229 Ebd., S. 71; übersetzt etwa: *Begeisterung und Zärtlichkeit müssen bis and die absolute Grenze geführt werden, und dennoch, wie auch immer extrem, rechtfertigen nicht das Beben/Zittern des Tons.*

> »[...] dann, wenn eine innere künstlerische Nötigung vorliegt. So darf z. B. Mephisto in Gounods ›Faust‹ das Ständchen zum Teil ungestellt singen, auch Sixtus Beckmesser in den ›Meistersingern‹ darf ungestellte Töne oder Sätze singen [...]. In allen diesen Fällen liegt die innere künstlerische Nötigung vor, dem Gesang eine naturalistische – gemeine – Farbe zu verleihen.«[230]

Die »künstlerische Nötigung« zum ungestellten Ton zeigt hier, dass er in Ausnahmen nicht nur gestattet, sondern dann auch gefordert ist. Der ungestellte Ton ist für ihn, und das ist im Zusammenhang mit der Körperlichkeit äußerst interessant, seelenlos.[231] So drängt sich wieder eine Dichotomie von Seele / Geist und Körper auf. Dabei sollte der Gesang durchaus seelenhaft und körperarm sein, und nur zur Darstellung menschlicher Affekte seiner Seele beraubt und körperbetonend werden. Auf einer anderen Ebene bedeutsam ist aber die Gleichsetzung von ›naturalistisch‹ einerseits und ›gemein‹ andererseits. Wenn Lehmann mit ›natürlich‹ das meint, was im positiven Sinne künstlerisch ist, aber im Gewand der Natur daherkommt, so ist Scheidemantels Naturalistisches das, was ohne Kunst von geradezu primitiver Art gesungen wird und damit ungeschönte, grobe und hässliche Natur ist. Auf den Naturbegriff wird an späterer Stelle (Abschnitt 3.11) jedoch noch ausführlicher eingegangen.

Im Kapitel von Fischer/Hilgermann schränkt Hilgermann ein, dass sie das f' »im Affekte jedoch« noch mit der Bruststimme, statt mit der Mittelstimme singe.[232] Auch diese kurze Aussage ist ein – allerdings eher vager – Hinweis darauf, dass vom Registerausgleich abgewichen werden darf, wenn die Registerbetonung als Effekt eingesetzt wird.

Körperhaltung und Äußeres

Im Gegensatz zu Körperklängen in der Stimme sind die Schulen zurückhaltender, wenn es um die Körperhaltung geht. Grundsätzlich empfehlen alle einen geraden, aufrechten und sicheren, aber entspannten Stand. Bisweilen sind jedoch die Anweisungen sehr detailliert, sodass beim Versuch der Nachahmung sich das Gefühl der Entspannung nicht unmittelbar einstellen mag. Insbesondere Guttmann und García beschreiben die Körperhaltung beim Singen streng

230 Scheidemantel, *Gesangsbildung*, 1913, S. 23.
231 Ebd., S. 24.
232 Fischer, *Neue Gesangsschule*, 1910, S. 30 (Schule für Mezzosopran – Alt).

und normativ.[233] Sieber erwähnt zusätzlich zum Stand und der Lockerheit das »sanfte Lächeln«, eine natürliche Lage – womit er hier eine ungezwungene meint –, verwendet den Begriff »Leib« und verweist zur Begründung auf die italienische Gesangstradition, die die »Regeln der Körperhaltung und der Art und Weise den Mund zu öffnen« seit 100 Jahren erkannt habe.[234]

Im Unterschied zum Stimmklang darf die vorgestellte Grundhaltung kaum verlassen, geschweige denn zum Zwecke des Ausdrucks ins Gegenteil verzerrt werden. Guttmann fordert in seiner Schlussbemerkung über die Gesichtszüge:

> »*Die Gesichtszüge müssen stets edel sein.* Im gewöhnlichen Leben zieht der Schmerz unsere Gesichtsmuskeln in unschöner, unvorteilhafter Weise zusammen; [...] Anders ist es in der Kunst; hier müssen wir den ästhetischen Schleier werfen, [...] wir müssen eine solche Beherrschung unserer Athmungs- und Stimmwerkzeuge haben, daß, obgleich die Stimmritze uns die Töne des Schmerzes und der Freude im höchsten Grade bringt, diese doch nie *unedel, unangenehm* und *unschön* sein dürfen.«[235]

Auch der ausdrucksstarke Gesang soll nicht die Grenze zum Hässlichen überschreiten. Das gilt zwar auch für den Ton und den Klang selbst – und relativiert damit die erlaubten Abweichungen –, aber vor allem für den visuellen Eindruck. Schmerz, Leid und Bosheit sollen rein akustisch bleiben. Der Begriff des Edlen, der hier auftaucht, findet sich vor allem bei den Körperhaltungen in verschiedenen Schulen, insbesondere auch bei Sieber. Auch Goldschmidt betont in Bezug auf das Zittern der Lippen, dass dieses »nicht bloß unschön [ist], sondern [...] auch auf den Gesang selbst nicht vortheilhaft [wirkt]«[236]. Der visuelle Eindruck ist durchaus relevant in dem Sinne, dass nichts von der Stimme ablenken soll. Insofern lässt sich der entspannte, aufrechte und edle Zug eines singenden Menschen als derjenige interpretieren, der die unauffälligste und neutralste Körperhaltung vorstellt – vor allem aus Sicht der gesellschaftlichen Gruppe, die das Publikum zum großen Teil ausmacht. In der für Fischer typischen Ex-Negativo-Manier fordern aber auch Fischer/Schmedes/Preuß, dass »[d]ie Art vieler Sänger, sich nach vorwärts zu beugen, oder umgekehrt, sich rückwärts zu lehnen [...] unstatthaft und [...] zu unterlassen [ist]«[237]. Auch körperlich geht

233 Guttmann, *Gymnastik der Stimme*, 1861, S. 21 und García, *Hints on Singing*, 1894, S. 12.

234 Sieber, *Katechismus der Gesangskunst*, 1862, S. 21, wörtliche Zitate im Satz ebd.

235 Guttmann, *Gymnastik der Stimme*, 1861, S. 143.

236 Goldschmidt, *Die italienische Gesangsmethode*, 1890, S. 135, wörtliches Zitat ebd.

237 Fischer, *Neue Gesangsschule*, 1910, S. 52 (Schule für Tenor).

es also um eine Zurücknahme der Individualität und des Körpers. Eines wird jedenfalls deutlich: Die überspitzte Mimik, wie sie etwa Enrico Caruso im Film »My Cousin« zur Schau stellt[238] wäre für Guttmann undenkbar.

In den späteren Schulen finden sich bereits stärkere Bezüge zum Darstellerischen. Pulvermacher bezieht auch Gestik und Mimik in den Ausdruck mit ein.[239] Dabei bleibt allerdings offen, ob es die mit dem Ausdruck erzielten visuellen Wirkungen sind, um die es ihm geht, oder aber ob mimischer Ausdruck Rückkopplungsprozesse in Gang setzen soll, die sich am Ende günstig auf die Stimmproduktion auswirken. Rutz, dessen zentrales Anliegen ohnehin die Körperhaltung ist, wird nicht überraschend etwas präziser, wenngleich nicht weniger eigentümlich, verglichen mit seinem restlichen Ansatz. Alles oberhalb der Schulter solle komplett ausgeblendet werden, da die Kehlmuskulatur zu fein sei, um überhaupt willkürlich eingestellt werden zu können. Diese würde sekundär über die willkürliche Veränderung der groben Rumpfmuskeln automatisch in die korrekte Position gebracht.[240] Für den sogenannten kalten und warmen Ton gibt er mechanistisch ausgedrückte Anweisungen, wie der Rumpf zu stellen ist, damit der Ton korrekt wird:

> »*Man schiebe den Unterleib, wie oben beschrieben, wagrecht nach vorne* und behalte diese starke Vorwölbung bei, *dabei ziehe man die zwei Stellen A1 A2 nach dem Innern des Körpers ein und behalte diese ›Einkerbung‹ bei.*«[241]

Missachtungen werden geradezu pathologisiert: »Sehr häufig rühren Erkrankungen oder Überanstrengungen der Stimme daher, daß man [...] *eine falsche Unterart* oder gar den *falschen Typus fortgesetzt anwendet* [...].«[242] Abschließend gilt selbst für Minenspiel und Armbewegungen:

> »Unwillkürlich werden auch bei jedem Typus Mienenspiel und Pantomimik dadurch anders, daß man eine andere Rumpfmuskeleinstellung annimmt.

238 Vgl. Tilo Hähnel und Philipp Kreisig, »Grammophon und Stummfilm – Zur Imagebildung von OpernsängerInnen durch den Verbund auditiver und visueller Medien zu Beginn des 20. Jahrhunderts«, in: *Beiträge zur Jahrestagung der Gesellschaft für Musikforschung in Kassel 2017. Das Populäre in der Musik und das Musikverlagswesen*, hrsg. von Annette van Dyck-Hemming und Jan Hemming, Frankfurt a. M. 2019, S. 313–323.

239 Pulvermacher, *Gesangsregister*, 1915, S. 1.

240 Rutz, *Sprache, Gesang, Körperhaltung*, 1911, S. 55.

241 Ebd., S. 11f.

242 Ebd., S. 58.

Aber auch hier braucht der Künstler weiter gar nicht willkürlich zu handeln, sondern das kommt alles von selbst […].«[243]

Tremolo, Vibrato und Portamento

Tremolo, Vibrato und Portamento sind als gestalterische Mittel von besonderem Interesse. Da sie kaum notiert werden, liegt der Entscheidungsspielraum, sie anzuwenden, zum großen Teil bei der interpretierenden Person. Sie werden als Ausdrucksmittel innerer Verfasstheit, körperlicher Kraftlosigkeit oder Erregung verbunden und lassen sich in diesem Sinne auch als ›Körperklänge‹ auffassen. Die ihnen zugeschriebene Wirkung und ihr Einsatz, über den individuell entschieden werden muss, können also in Bezug auf die Individualität und hinsichtlich Natürlichkeit und Geschmack weitere Einblicke in das Körperdenken der Zeit geben.

Wie Monahan und auch Hähnel und Martensen zeigen konnten,[244] galt das Tremolo als ein Anzeichen von Schwäche, explizit für Guttmann, García, Lehmann und Iffert, der schreibt: »Das Tremolieren ist ein schlimmes Anzeichen davon, daß das Organ übermäßig angestrengt wird; […].«[245] Sieber ist dagegen der einzige, der zwischen Tremolo und Vibrato differenziert und das Vibrato im positiven Sinne als wesentliches Ausdrucksmittel begreift. Das Zittern, welches das Tremolo bezeichnet, sei ein Fehler, jedoch »[d]ie Vibration der Stimme ist ihr innerster Lebenspuls, ihre Triebfeder, ihr Alles«.[246] Da er das Vibrato im Abschnitt zur Dynamik behandelt, ist durchaus denkbar, dass Sieber das Vibrato vor allem als Lautstärkevibrato wahrnahm.

Goldschmidt leitet die Negativsicht seiner Zeit auf das Tremolo historisch aus dem Triller und dem Tremulo ab. Letzterer sei über den Umweg über die Bebung bei Hiller im 19. Jahrhundert »zu einem Ausdrucksmittel der bedenklichsten Art degenerirt«, weil nach und nach die »Norm für die *richtige* Ausführung *verloren gegangen*« sei.[247] Interessant ist hierbei auch die Wortwahl

[243] Ebd., S. 56.

[244] Vgl. Hähnel und Martensen, »How Thomas A. Edison shaped today's singing ideal«, 2019, vgl. auch die Vorarbeiten von Monahan, *The Art of Singing*, 1978, S. 96f. und S. 222.

[245] Iffert, *Allgemeine Gesangsschule*, 1906, S. 73.

[246] Sieber, *Katechismus der Gesangskunst*, 1862, S. 130, wörtliche Zitate im Satz ebd.

[247] Goldschmidt, *Die italienische Gesangsmethode*, 1890, S. 104, wörtliche Zitate im Satz ebd.

»Norm«, da es sich um einen sehr zeitgenössischen Begriff handelt, dem sich selbst Goldschmidt nicht entziehen mochte.

Das deutliche Pathologisieren des Tremolos und Vibratos bei Lehmann haben Hähnel und Martensen untersucht und dabei festgestellt, dass es im Gegensatz zum Vibratogebrauch steht, den Lehmann selbst auf Schallplatten zeigt.[248] Das ist jedoch nicht zwangsläufig ein ›Lehmann'sches Phänomen‹, sondern wurde nur exemplarisch bei Lehmann en détail untersucht. Bei anderen Sängerinnen und Sängern sind durchaus ähnliche Widersprüche zwischen Theorie und Praxis zu erwarten. Vieles spricht dafür, die ablehnenden Aussagen zum Tremolo und zum Vibrato zu relativieren. Anscheinend sind ihre Bedeutungen zu jener Zeit sowohl uneinheitlich als auch ungeklärt. Aus den Verboten jedenfalls abzuleiten, dass mit absolut vibratoloser Stimme gesungen wurde, ist jedoch kaum mehr haltbar. Vielmehr ist anzunehmen, dass vor allem das Lautstärkevibrato gering war. Gleichzeitig muss berücksichtigt werden, dass in den Jahren, bevor sich die Tonaufnahme durchsetzte, Gesang wesentlich flüchtiger war und womöglich eine andere Toleranzschwelle bei der Beurteilung von Singstimmen vorlag. Doch auch hier gilt, die Urteilskraft der an die Flüchtigkeit des Augenblicks gewohnten Ohren nicht zu unterschätzen.

Das Portamento wird in den Schulen, die es definieren, grundsätzlich einheitlich beschrieben. Am konkretesten wird Iffert, der schreibt:

> »[D]as *portamento* [...] ist eine zu Ende des ersten Tones eintretende Antizipation [...] des zweiten Tones, bei welcher die ziwschen [sic] beiden liegenden Tonstufen leicht und luftig durcheilt werden, ohne daß eine derselben erkennbar hervortritt.«[249]

Doch »[m]an wende das *portamento* nicht zuviel und besonders nicht zu dicht hintereinander an [...].«[250]

Während García das Anschleifen (*slurring*) der Töne gleich nach dem Tremolo für den bedauerlichsten Fehler hält,[251] grenzt er es vom Portamento ab. Letzteres ist für ihn Mittel zum Ausdruck verschiedener Gefühle, wie »Energy (*a*) and grace (*b*)«, wobei Geschwindigkeit und Intensität – mit der möglicherweise die Lautstärke während des Portamentos gemeint ist – über intensive oder moderate

[248] Hähnel und Martensen, »How Thomas A. Edison shaped today's singing ideal«, 2019, S. 26–29.

[249] Iffert, *Allgemeine Gesangsschule*, 1906, S. 43.

[250] Ebd.

[251] García, *Hints on Singing*, 1894, S. 18.

bis zarte Gefühle entscheiden: »Applied to the expression of powerful feelings, it should be strong and rapid ; less so for moderate or tender sentiments.«[252]

Für Fischer/Hilgermann gehört zum Portamento »musikalischer Geschmack« der sich vor allem in der Antizipation des höheren Tones bemerkbar macht.[253] Es soll jedoch als starker gesanglicher Effekt »wie alle Effekte, nur sparsam in Anwendung kommen.«[254] Auch an späterer Stelle wiederholt Fischer, dass das Portamento, wenn überhaupt, dann nur sehr bewusst eingesetzt werden darf und stets »mit feinstem Geschmack«, das heißt mit wenig Luft und leise auszuführen ist; wobei er grundsätzlich unterscheidet zwischen dem legitimen Portamento als einem Bestandteil der italienischen Gesangskunst einerseits, und einem selten gebrauchten Mittel der deutschen Gesangskunst andererseits (bei Wagner und Mozart sei es geradezu verboten).[255]

3.9 Kollektivsymbole

Bisher standen rein gesangliche Aspekte im Vordergrund. Nun sollen die Schriften gezielter nach Kollektivsymbolen als Elementen des Körperdiskurses und -dispositivs untersucht werden. Dazu gehört die Auseinandersetzung mit Symbolen, dem Wissen und Wissenserwerb, dem Natürlichkeitsbegriff und Bezügen zum Reformdenken der Zeit.

Kollektivsymbole sind für Jäger zentrale Elemente des Diskurses und damit auch seiner Analyse. Für ihn tragen sie zur Vernetzung von Diskurssträngen bei[256] und können vereinfacht als das Repertoire an Bildern einer Gesellschaft bezeichnet werden, wobei sie auch die Rolle von »kollektive[n] Stereotypen« übernehmen.[257] Jäger nennt sechs Kriterien von Kollektivsymbolen, die aber nicht zwangsläufig immer in ihrer Gesamtheit auftauchen. 1. sind sie semantisch sekundär; das Bezeichnete wird also selbst zum Träger einer zweiten Bedeutung, 2. sind sie ikonisch, also visuell darstellbar, 3. ist der Zusammenhang von sekundärer Bedeutung und Ikonizität selbst bedeutsam, 4. sind sie mehrdeutig, 5. »erzählen [sie] sich weiter«, womit er meint, dass auch das

[252] Ebd., S. 63, wörtliche Zitate im Satz ebd; letzteres übersetzt etwa: *Zum Ausdruck starker Gefühle verwendet, sollte es* [das Portamento] *stark und schnell sein, (entsprechend) weniger für moderate oder zarte Stimmungen.*

[253] Fischer, *Neue Gesangsschule*, 1910, S. 35f. (Schule für Mezzosopran – Alt), wörtliches Zitat auf S. 35.

[254] Ebd., S. 36 (Schule für Mezzosopran – Alt).

[255] Ebd., S. 103f. (Schule für Bariton), wörtliches Zitat auf S. 103.

[256] Jäger, *Kritische Diskursanalyse*, 2012, S. 25f.

[257] Ebd., S. 55f.

Umfeld des Symbols sowie mit ihm verbundene Assoziationen mit in die Bedeutung einfließen und 6. erlauben sie Analogiebeziehungen zwischen dem Bezeichneten und dem Bezeichnenden.[258]

Nach Link sind

> »Kollektivsymbole [...] kollektiv in einer Kultur verankerte Sinn-Bilder, d. h. sämtliche in der klassischen Rhetorik bekannten ›rhetorischen Figuren‹, bei denen einem ›Bild‹ ein symbolischer ›Sinn‹ oder in der Regel mehrere solcher ›Sinne‹ zuzuordnen sind. [...] Wenn man als idealtypische Aussage von Spezialdiskursen die mathematische Formel betrachten kann, so als idealtypische Aussage von Interdiskursen das Kollektivsymbol.«[259]

Auch bei Link ist der Aspekt des Visuellen nicht entscheidend. Ein Sinnbild ist nicht zwingend ein visuell darstellbares Bild oder Zeichen, wenngleich Kollektivsymbole in den allermeisten Fällen durchaus visuellen Charakter haben. Auch hier soll die Betonung auf dem ›Sinn‹ des Sinnbildes liegen.

Drei Kollektivsymbole lassen sich in den Schulen ausmachen, die allesamt Bezüge zum mechanistischen und funktionalen Denken aufweisen: Uhrwerk, Fabrik und Instrument. Doch auch die Statue der Antike und der idealisierte Körper der bildenden Kunst generell dienen einigen Quellen als Symbol, das wesentlich mehr trägt als die bloße visuelle Repräsentation einer Körperhaltung. Letztlich sind auch Produkte der Forschung, wie die Röntgenbilder von Marafioti, nicht nur Abbildungen, sondern vor allem Symbole der Forschung.

Uhrwerk und Fabrik

Uhrwerk, Fabrik und Instrument haben gemeinsam, dass sie am konkretesten mechanistisches Denken und effiziente Arbeitsweise verkörpern. Uhrwerk und Fabrik dienen dabei als positive und negative Seiten einer technisch-mechanistischen Kultur. Die gleichzeitige Verwendung beider Symbole ist durchaus möglich, da nicht das Mechanistische per se bemängelt wird – es scheint sogar kaum wahrgenommen zu werden. Während das Uhrwerk demnach alle positiven Aspekte des Funktionierens einer präzisen wie komplexen Maschinerie vereint, so wird die Fabrik zum Sinnbild einer den Menschen ausbeutenden Macht, die für eine zu hohe Geschwindigkeit und Masse all das opfert, wofür

[258] Ebd., S. 60f., wörtliches Zitat (in Punkt 5) auf S. 61.
[259] Link, *Versuch über den Normalismus*, 2013, S. 42.

das in Ruhe und mühsamer Handarbeit gefertigte kleine Uhrwerk sinnbildlich stehen kann.

Bei Guttmann deutet sich bereits die Uhrwerkmetapher an, wenn er schreibt:

> »Es ist sonderbar, wie die Menschen mit ihren Stimmwerkzeugen, diesen edlen, zarten Theilen, umgehen. Während sie eine Uhr (die doch [...] wiederhergestellt werden kann) mit der größten Vorsicht behandeln [...] muthen sie ihren Stimmwerkzeugen [...] das Undenklichste zu.«[260]

Die Stimme wird hier noch über die Uhr gestellt, die trotz ihres hohen Wertes reparierbar ist. Am deutlichsten formuliert Lehmann die Uhrwerkmetapher im Vorwort der dritten Auflage ihrer *Gesangskunst*:

> »Wie wir ein Uhrwerk aufziehen, um alle Teile des Werkes in Betrieb zu setzen, so haben auch wir Sänger alle mitwirkenden Organe und deren Muskeln zu einem gefügten Werk zusammenzustellen und zur Arbeit vorzubereiten und haben im kleinsten Lied, in der kürzesten Phrase diese, unsere Maschine, tausendmal aufs neue zusammenzustellen und in Tätigkeit zu erhalten.«[261]

Neben dem Uhrwerk findet sich bei Lehmann auch das Symbol der Fabrik. Sie nutzt es für ihre Modernekritik, wenn sie sowohl die Geschwindigkeit als auch die fabrikmäßigen Produktionsverhältnisse der Gesangsausbildung moniert:

> »In früheren Zeiten wurden acht Jahre auf das Gesangsstudium verwandt, [...]. Aber die Kunst wird heutzutage gleich allem anderen mit Dampf betrieben. Künstler werden in Fabriken, d. i. in sogenannten Konservatorien oder bei Lehrern ausgebildet, die 10–12 Stunden täglich geben. In zwei Jahren erhalten sie das Zeugnis der Reife, oder *mindestens* das Lehrdiplom der betreffenden Fabrik. [...] Alle Ungelenkigkeit und Unschicklichkeit, Fehler oder Mängel, die sonst während des langen Studiums zutage traten, kommen heute, beim fabriksmäßigen Betriebe, erst in der Praxis zum Vorschein.«[262]

Die Dampfmaschine ist übermächtig und ihre Umgebung schmutzig. Kohlestaub und Schmierstoffe der Fabrik sind Dinge, denen sich angehende Sänge-

260 Guttmann, *Gymnastik der Stimme*, 1861, S. 45.
261 Lilli Lehmann, *Meine Gesangskunst*, ³1922, S. 3.
262 Lilli Lehmann, *Meine Gesangskunst*, 1902, S. 1.

rinnen und Sänger nicht unbedingt aussetzen sollten. Gerade die Gesangsausbildung mit einer dampfbetriebenen Fabrik zu vergleichen, ist damit durchaus eine Provokation, die inhaltlich von sehr vielen anderen geteilt wird. Bereits in Siebers Einleitung findet sich eine Modernekritik, die sich als Beschleunigungs- beziehungsweise Übereilungskritik äußert und damit auch typisch für die Reformbewegungen der Zeit ist:

> »Daß ein mehrjähriges, systematisches Studium aller Theile der Gesangstechnik, einer edlen Tonbildung, tadellosen Intonation, Registerausgleichung, des Schwellens der Töne, des Portamento, der Accentuationsweisen, der Kehlfertigkeit, der Kunst zu phrasiren und der Behandlung des Wortes in Verbindung mit dem Tone vorausgegangen sein muß, ehe der Sänger überhaupt berechtigt ist, sich an das Einstudiren größerer Gesangswerke zu wagen – wem fiele das heutzutage ein?«[263]

Die Stimme als Instrument und Apparat

Der Begriff des Instruments kann auf zweierlei Art gelesen werden, ist aber in beiden Fällen, im Unterschied zu Uhrwerk und Fabrik, neutral, also weder positiv noch negativ besetzt. Zum einen gebrauchen die Autorinnen und Autoren den Begriff im naheliegenden Sinne eines Musikinstruments, wenn sie zum Ausdruck bringen möchten, dass man mit der Stimme musiziert und musikalische Klänge mit dem eigenen Körper erzeugt. Der Aspekt des physisch Begreif- und Befassbaren rückt in dieser Verwendung in den Vordergrund; in den Hintergrund gerät dabei der Anteil des geistigen, seelischen, emotionalen oder kognitiven Anteils beim Musizieren. Zum anderen jedoch übersteigt die Instrumentenmetapher die Bedeutung des Musikinstruments, sodass sie sich auch als Metapher für ein technisches Instrument, quasi für ein Werkzeug oder eine Maschine lesen lässt. Im Unterschied zum Uhrwerk kann der Werkzeuggedanke die Aufmerksamkeit darauf lenken, dass das Instrument nach einfachen, aber vor allem nach eindeutig beschreibbaren physikalischen Prinzipien funktioniert. Um diese zu verstehen, soll nicht nur der Aspekt des Geistes außen vor gelassen werden, sondern auch der des Musizierens selbst. Aus dem Musik-Instrument wird ein reines Maschinen-Instrument, ein Apparat.

So schreiben Fischer/Demuth:

263 Sieber, *Katechismus der Gesangskunst*, 1862, S. Vf.

»Der Sänger muß seinen Apparat, wie ich nicht genug wiederholen kann, locker und unberührt von den technischen Anforderungen halten. Der einzige fühlbare Vorgang bleibe auf die zielbewußte Führung des Atems an die rechte Stelle beschränkt.«[264]

Auch Scheidemantel wird geradezu mechanistisch, wenn er sich beispielsweise Begriffen wie dem des Aufsatzrohrs bedient.

»Das Aufsatzrohr ist nichts anderes, als ein auf den Kehlkopf aufgesetztes Schallrohr, in dem der durch die schwingenden Stimmbänder erzeugte Ton durch Resonanz, d.h. durch Mitschwingen der im Aufsatzrohr stehenden Luftmasse, verstärkt wird.«[265]

Seine Beschreibung, wie der Vokal /e/ zu formen ist, ähnelt geradezu einer apparatetechnischen Anleitung, mit Substantivierungen, Begriffen wie »Ruhelage« und »Nullpunkt« und macht einen expliziten Vergleich der Stimme mit einer Maschine überflüssig.

»Werden die Lippen des geöffneten Mundes etwas in die Breite gezogen, und wird die Zunge etwas über ihre Ruhelage hinauf gehoben, wobei ihr der Unterkiefer folgt, so steigt der Kehlkopf *unwillkürlich* ein wenig über seinen Nullpunkt in die Höhe, und das Aufsatzrohr erleidet eine allgemeine Verkürzung, zugleich aber, durch den gehobenen Zungenrücken, auch eine ausgesprochene Zweiteilung. / Der in diesem Aufsatzrohr erklingende Ton erscheint als der Vokal E.«[266]

García übersetzt gleich zu Beginn die geläufigen Körperbegriffe durch technische, als wolle er zeigen, dass der Körper nichts weiter als eine Maschine ist. Dabei ist sowohl die Terminologie aus dem Ingenieursdenken geborgt als auch die Darstellung. Sie ist nicht nur als Liste eingerichtet, sondern enthält auch Wiederholungszeichen. Mehr noch: Der Schriftschnitt, die vertikale Ausrichtung, mit der die Gleichartigkeit und damit Vergleichbarkeit der Verknüpfungen betont und suggeriert wird, hat eine eigene Aussage, die sich in etwa übersetzen lässt mit: ›Wissenschaftlich betrachtet folgt alles den gleichen Prinzipien, kann alles auf eine einfache Formel gebracht werden‹:

264 Fischer, *Neue Gesangsschule*, 1910, S. 89 (Schule für Bariton).
265 Scheidemantel, *Gesangsbildung*, 1913, S. 3.
266 Ebd., S. 4.

»[The vocal instrument consists o]f four distinct apparatus which combine their action; but with special functions, each being entirely independent of the rest. These apparatus are: —

The BELLOWS	*namely,*	the	*Lungs.*
The VIBRATOR	"	"	*glottis.*
The REFLECTOR	"	"	*pharynx,* and (when words are added)
The ARTICULATOR	"	"	*organs of the mouth.*«[267]

Teilweise nimmt seine physikalisch-technische Sprache geradezu triviale Züge an. Die Aussage »The two acts of inhaling and of exhaling constitute respiration«[268] (*die beiden Akte von Einatmung und Ausatmung bilden die Atmung*) wäre zwar als Maschinenanweisung nötig, wirkt aber angesichts der Komplexität der restlichen Schrift durchaus überflüssig, da sich der Text statt an Roboter an menschliche Individuen richtet, die bereits vor dem Lesen der Lektüre erkannt haben sollten, dass das Atmen aus Ein- und Ausatmen besteht. Bedeutsam ist hier jedoch, dass García damit zeigt, dass sich sämtliche Vorgänge, auch die selbstverständlichsten Körperfunktionen, in einfache physikalische Vorgänge übersetzen lassen und dass – und hier liegt der Kern dieser naturwissenschaftlich-mechanistischen Sicht – mit der Übersetzung von organischen Funktionen in physikalische Mechanismen das Verständnis der Organfunktionen erleichtert wird.

Diese Annahme ist jedoch durchaus problematisch und wird spätestens seit dem 18. Jahrhundert diskutiert, wie Brigitte Felderer zeigen konnte. Ende des 18. Jahrhunderts versuchte Wolfgang von Kempelen eine sprechende Maschine zu konstruieren, um Einblicke in die Physiognomie der menschlichen Stimme zu erlangen. Gegen diesen Ansatz sprach sich Leonard Euler aus. In einem Brief an Friederike Charlotte Ludovica Luise vertrat er die Gegenposition, dass die Maschine »die akustische Wirkung, nicht die Physiologie menschlicher Artikulation rekonstruieren« würde.[269] Der Unterschied zwischen beiden Positionen ist grundlegend wichtig, geht es doch um die Frage, ob eine gelungene oder plausible Simulation überhaupt geeignet ist, auf die physischen Prozes-

267 García, *Hints on Singing*, 1894. S. 1; übersetzt etwa: *Das Stimminstrument besteht aus vier verschiedenen Apparaten, die ihre Tätigkeit kombinieren; aber mit speziellen Funktionen, wobei jeder komplett unabhängig von den Übrigen ist. Diese Apparate sind: Der BALG, namentlich, die Lungen. / Der VIBRATOR, namentlich, die Glottis. / Der REFLEKTOR, namentlich, der Pharynx, und (wenn Worte hinzukommen) / Der ARTIKULATOR, namentlich, die Organe des Mundes.*

268 Ebd., S. 4.

269 Felderer, »Stimm-Maschinen«, 2003, S. 257–260, wörtliches Zitat auf S. 259.

se des simulierten Originals schließen zu lassen. Das Hauptproblem liegt im Dilemma, dass ein unzugänglicher Prozess (hier die physiologischen Vorgänge) etwas Beobachtbares, also ein zugängliches Produkt erzeugt. Insbesondere unter der Annahme, dass das, was wir als Realität wahrnehmen, tatsächlich auf eine außerhalb von uns selbst existierende und damit objektive Realität verweist, bleibt dieses Dilemma bestehen. Unzugängliche Prozesse können im Euler'schen Sinne nicht ergründet werden, wenn lediglich die Produkte dieser Prozesse nachgeahmt werden. Es entspräche einem eher oberflächlichen Analogiedenken, die unzugänglichen Prozesse lediglich gleichzusetzen mit Voraussetzungen, die für die Nachahmung ihrer Produkte nötig sind. Natürlich ist der Unterschied bei García, dass er durchaus den Versuch unternimmt, das Nicht-Zugängliche auf ein Minimum zu beschränken und er die menschliche Physiologie direkt unter die Lupe beziehungsweise den Kehlkopfspiegel nimmt. Doch für das Publikum gehen genau diese wissenschaftlichen Beobachtungen der menschlichen Physiologie verloren, wenn er sie in vermeintlich einfachen mechanistischen Analogien ausdrückt.

Lehmanns Elastizitätsbegriff

Es ließen sich an dieser Stelle weitere Aussagen auflisten, die das mechanistische Denken in den untersuchten Schriften offenbaren. Doch allein in den bisher gezeigten Beispielen wurde an verschiedenen Stellen deutlich, wie sehr die Autorinnen und Autoren mit diesem Denken ihre Ideen und Ansichten überformten oder gar in diesem Denken herausbildeten. Bei Lehmann zieht sich das mechanistische Denken besonders eindrucksvoll durch ihre Gesangsschule. Exemplarisch kann bereits ihre Verwendung des Begriffs der Elastizität Aufschluss über ihr Denken geben. Elastizität wird zwar auch von einigen anderen Autoren verwendet, jedoch kaum so intensiv wie bei Lehmann. Der Elastizität als Kollektivsymbol mangelt es lediglich am Visuellen. Elastizität ist gegenstands- und formlos und kann damit schwerlich symbolisch statisch abgebildet werden. Sie ist als Materialeigenschaft zunächst unsichtbar und wird erst in Bewegung deutlich. Doch das macht sie vielleicht sogar besonders interessant, gerade für das Singen. Der Begriff der Elastizität scheint zwischen beiden Denkweisen, also zwischen mechanistischem und nicht-mechanistischem Denken zu stehen. Die Frage lautet also: Was bedeutet Elastizität bei Lehmann? Ist sich Lehmann vielleicht ihrer mechanistischen Ausdrucksweise bewusst, die wir eben bei der Uhrwerkmetapher beispielhaft gesehen haben, sodass sie versucht, über den Begriff der Elastizität zu verhindern, dass das Publikum ihre Anweisungen zu streng, zu mechanisch ›starr‹ umsetzt? Möchte sie also über die Elastizität immer wieder an die Lebendigkeit, die Bewegung, an das bewusste Empfinden und die Sensibilität erinnern? Oder aber ist auch die Elastizität Bestandteil ihres mechanistischen Denkens?

Einblick mag eine kleine Zählung geben:[270] Auf den zirka 60 Textseiten der Ausgabe von 1922 finden sich 65 mal Wörter mit dem Wortstamm »elast«, plus vier weitere Fundstellen, in denen Elastizität in der Aussage gemeint ist, wenn sie beispielsweise schreibt: »Die Nase bläht sich noch weiter, und wir gelangen – wie von einem Gummiband gezogen, an das über der Nase klingende **i** [...].«[271] Den insgesamt 69 Fundstellen können vier Kategorien zugewiesen werden, die jeweils graduell verschiedenen Bedeutungen von Elastizität entsprechen (siehe Abbildung 11): In der ersten Kategorie »Form, Position, Stellung« geht es Lehmann meist um komplexe Konstellationen von Zwerchfell, Kehlkopf und Zunge bis hin zu den Nasenflügeln, die nicht nur präzise eingestellt sein sollen, sondern denen auch eine potenzielle Bereitschaft innewohnen soll, sich jederzeit zu verändern. Ein Beispiel wäre eben das Formgedächtnis für Vokalempfindungen, vor allem die Stellung für den Vokal /e/, der eine zentrale Bedeutung bei Lehmann hat:

> »Die Empfindung der drei Vokalstellungen zueinander erstreckt sich von der Nase über Gaumen, Zungenrücken und Wurzel, Kehlkopf, Brust, Rippen bis zum Zwerchfell herunter. Je höher wir singen wollen, je prägnanter und elastischer haben wir die **e**-Linie als Mittelpunkt eines jeden Tons und Tonansatzes zu betrachten.«[272]

Diese Art der Elastizität kann vielleicht am ehesten mit einem gummiballartigen Formgedächtnis beschrieben werden. In der zweithäufigsten Kategorie geht es um den Muskeltonus. Dieselbe Geste kann mit minimaler oder maximaler Spannung von Agonisten und Antagonisten ausgeführt werden. Eine Geste mit maximaler Anspannung mag von außen betrachtet die gleiche sein, aber sie ist wesentlich unflexibler. Bei Lehmann wird an dieser Stelle der mahnende Tonfall deutlich. Immer wieder geht es darum, das Verkrampfen oder eine starre Haltung zu vermeiden, wie etwa hier:

270 Folgender Abschnitt beruht auf dem Manuskript meines Vortrags: »Der Begriff der Elastizität in Lilli Lehmanns ›Meine Gesangskunst‹«, gehalten auf der Arbeitstagung *Technologien des Singens* in Detmold am 27. Oktober 2017.

271 Lilli Lehmann, *Meine Gesangskunst*, ^{3}1922, S. 22.

272 Ebd., S. 22.

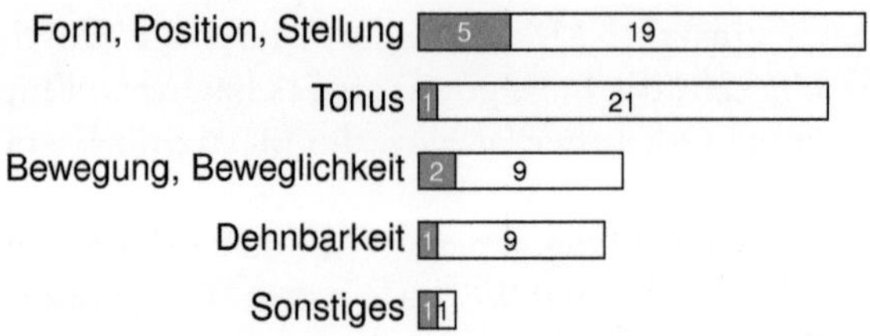

Abbildung 11: Absolute Anzahl der Aussagen zur Elastizität nach Kategorien geordnet. Grauer Bereich = nicht physiologisch-mechanistisch, weißer Bereich = physiologisch-mechanistisch. Die überwiegende Mehrheit der Begriffe »elastisch« lässt sich physiologisch-mechanistisch deuten. In der ersten Kategorie Form, Position, Stellung finden sich, relativ betrachtet, die meisten nicht-mechanistischen Verwendungen des Begriffs der Elastizität (21 %). In dieser Kategorie geht es Lehmann um das Zusammenspiel vieler Körperteile. Daher lässt sich der Begriff der Elastizität auch häufiger noch als in den anderen Kategorien mit kognitiven Metaphern verbinden, welche übergeordnete Bewegungsprogramme bezeichnen. In der zweiten Kategorie (Tonus) beziehen sich die Metaphern in der Regel auf den Muskeltonus, der als physiologischer Vorgang meist mechanistisch betrachtet wird.

> »Sobald Zunge oder Zungenwurzel durch Steifheit oder Krampf die elastische Tätigkeit der Knorpel verhindern, ballen sich sämtliche Kehlkopfmuskel [sic] im Krampf zusammen und dann ist Sänger oder Sprecher im Augenblick verloren.«[273]

Auch wenn die Warnungen vor Krampf und Starrheit überwiegen, finden sich auch Beispiele dafür, dass der Körper, oder in diesem Fall das Zwerchfell, in eine gewisse Grundspannung gesetzt werden sollten. Lehmann schreibt: »Dieses [das Zwerchfell] kann in verschiedenen Graden elastisch gemacht, darf aber nie losgelassen werden.«[274] Vielleicht kann dieser Elastizitätsbegriff am ehesten mit der Grundspannung eines Gummibandes verglichen werden: Ist es komplett entspannt, hängt es funktionsuntüchtig und schlaff herunter; seine Elastizität baut sich erst durch eine gewisse Spannung auf. In der dritten Kategorie »Bewegung« geht es Lehmann nicht um die potenzielle Bewegungsfähigkeit, wie bei der Form, sondern um die lebendige Bewegung selbst. Hinsichtlich des Atems schreibt sie beispielsweise, dass »nur aus stetig lebendig gehaltener Form mit elastischer Muskelarbeit der Atem fließen, der Ton fortklingen kann«[275]. Die letzte Kategorie »Dehnbarkeit« bezieht sich auch auf die Form, aber hier

[273] Ebd., S. 60.
[274] Ebd., S. 66.
[275] Ebd., S. 10.

geht es nicht um das aktive Dehnen, sondern um die Fähigkeit, passiv gedehnt werden zu können. Also um die Materialeigenschaft Dehnbarkeit.

Abbildung 11 zeigt das Ergebnis des Versuchs, Lehmanns Aussagen binär zu unterteilen in physiologisch-mechanistische einerseits und nicht-physiologisch-mechanistische andererseits. Die Entscheidung, ob sich eine Aussage entweder auf einen physiologisch-mechanistischen Prozess bezieht oder aber auf etwas anderes, wie einen kognitiv-sensorischen Prozess im Sinne einer Empfindung oder Vorstellung, ist allerdings nicht immer eindeutig zu treffen. Da die Anzahl an mechanistischen Aussagen nach erstem Anschein überwog, wurde bei der Zuordnung im Zweifel eher zugunsten einer nicht-mechanistischen Bedeutung entschieden. Dennoch wurden im Ergebnis nur zehn der 69 Fundstellen auf nicht-mechanistische Bedeutungen – in der Regel Empfindungen – bezogen. Bei der überwiegenden Mehrheit der Fälle handelt es sich tatsächlich um Vorstellungen von Elastizität, die sich an die Physiologie und Mechanik knüpfen lassen.

Idealisierte Körper der bildenden Kunst

In Guttmanns Fassung seiner *Gymnastik der Stimme* von 1890 finden sich vier Skizzen von Frauentorsos, jeweils mit und ohne Korsett sowie mit und ohne eingezeichnetem Skelett (vgl. Abbildung 12). Die beiden linken Figuren zeigen die Körperform mit »Naturtaille« und »Naturbrustkasten«, die sich deutlich von den beiden rechten mit »modernen« Formen unterscheiden. Die direkte Gegenüberstellung der beiden Typen erinnert an den Vergleich von Hueppe; eine ähnliche Gegenüberstellung findet sich beispielsweise auch in *Meyers Kleinem Konversations-Lexikon* von 1908.[276] Doch die beiden linken Figuren zeigen eine leicht nach außen gedrehte Hüfte. Man würde fast schon erwarten, dass die leicht im Uhrzeigersinn gedrehte Hüftlinie durch eine gegenläufige Schulterline aufgefangen werden müsste, um die Figur in eine kontraposte und damit klassische Haltung zu versetzen; das bleibt jedoch aus. Dennoch ist die gedrehte Hüfte unnötig, um eine breitere Taille darzustellen. Der Vergleich bleibt damit ambivalent; ein Bezug zum Venus-Ideal ist, wenn überhaupt, dann nur durch den direkten Vergleich und den Antikenbezug im Körperdiskurs der Zeit möglich, da die Antike ›in der Luft lag‹. Das Körperideal, das von der antiken bildenden Kunst inspiriert war, hat das Potenzial, das Körperdenken

[276] Vgl. *Meyers Kleines Konversations-Lexikon in sechs Bänden. Vierter Band: Kielbank bis Nordkanal*, Leipzig [7]1908, S. 154.

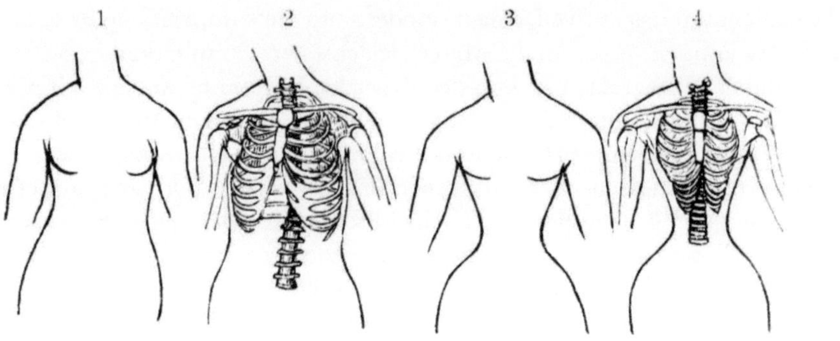

Figuren 18, 19, 20, 21.

1 Naturtaille — 2 Naturbrustkasten — 3 Moderne Taille — 4 Moderner Brustkasten.

Abbildung 12: Aus Guttmanns *Gymnastik der Stimme* in der Fassung von 1890, S. 178. Die leicht nach außen versetzte Hüfte erinnert an Hueppes Vergleich mit der Venus von Milo, der er ebenfalls eine Korsettträgerin an die Seite stellt (vgl. Abbildung 2, S. 53; in Hueppe entsprechend S. 118, Fig. 43).

derjenigen zu leiten, die sich eigentlich für eine Befreiung von äußeren Zwängen aussprechen.

Am radikalsten ist in dieser Beziehung jedoch Rutz. Sein System der Körperhaltungen fußt auf idealtypischen Darstellungen mehrerer Kunstepochen und ihren geografischen Regionen. So ist jeder Typus seines Systems »bei den Statuen und Gemälden alter und neuer Meister« abzulesen: »Die Statuen der römischen und modernen z. B. italienischen Meister pflegen die Haltung des I. Typus«, »[a]uf den Gemälden der älteren deutschen Meister dagegen bemerken wir die meist mit bedeutender Körpergröße und Schlankheit gepaarte Haltung des II. Typus«[277] und »[b]ei altgriechischen Statuen, z. B. der Äginetengruppe usw., dagegen gewahren wir die Haltung des III. Typus [...], ganz im Einklang mit den Feststellungen für altgriechische Gesänge.«[278]

Der Vergleich zeitgenössischer Haltungen mit idealisierten Darstellungen von europäischen Kulturen, die als Hochkulturen oder aber Höhepunkte der Kulturgeschichte galten, geht über den Körper hinaus. Die idealisierten Darstellungen lassen sich als Symbole idealisierter ganzheitlicher Menschenbilder lesen, die zu Prototypen werden, welche Rutz durchaus im Querschnitt zeitgenössischer Nationalgemeinschaften wiedererkennt:

277 Rutz, *Sprache, Gesang, Körperhaltung*, 1911, S. 33 (beide Zitate).
278 Ebd., S. 34.

»Ja noch mehr: die Einheit des Typus erstreckt sich auf große Massen, Gesamtheiten: die Masse der Deutschen besitzt den II., die Masse der Römer, Italiener den I., die Masse der Franzosen den III. Typus. Der Typus ist also geradezu national, während die Unterarten international sind [...].«[279]

Geradezu beeindruckend wird es nun, wenn Rutz diese drei Nationaltypen an Komponisten (und nicht etwa an Sängerinnen oder Sänger) knüpft, und damit ein Dreigestirn der abendländischen Musik entwirft, das sich – und hier liegt die Pointe – ausschließlich aus deutschsprachigen Herren zusammensetzt.

»Die eigenartige Tatsache ist nun die, daß [...] eine gewisse Anlage des Gefühls – ein *Typus* des Fühlens – jedem Menschen bei schriftstellerischer und dichterischer Tätigkeit im weitesten Sinne [...] derart zu eigen ist, daß er diesen Typus niemals für einen anderen Typus verlassen kann. *Mozart* hat niemals für einen anderen Typus als den ersten geschrieben, *Beethoven* für keinen anderen Typus als den zweiten, *Richard Wagner* für keinen anderen als den dritten.«[280]

Rutz amalgamiert Natur, Kultur und Nation über eine Körpertechnik zu einer Ideologie und löst dabei ihre Bestandteile von ihren primären Bedeutungen ab.

Wissenschaftliche Artefakte

Auch Produkte der Wissenschaft, vor allem anatomische Abbildungen, lassen sich als Kollektivsymbole verstehen. Anatomische Zeichnungen sind zunächst hilfreiche Darstellungen. Dabei suggeriert die Exaktheit der Linien eine Differenziertheit anatomischer Regionen, die diese nicht zwangsläufig haben müssen. Auch strahlen perfekt wirkende Zeichnungen nicht nur eine geradezu medizinisch-anatomische Wahrheit aus, sie machen auch gleich. Individuelle Unterschiede werden durch eine verallgemeinerte Abbildung aufgehoben und ›weggemittelt‹. Die präzise Zeichnung steht sinnbildlich für eine ebenso präzise Kenntnis dessen, was sich dem Auge unter normalen Bedingungen entzieht; Zeichnungen geben im wahrsten Sinne des Wortes einen ›Einblick‹ in eine verborgene Welt.

279 Ebd., S. 35.
280 Ebd.

Marafioti verwendet nicht nur Abbildungen, sondern stellt diesen auch Röntgenbilder gegenüber.[281] Auf den Röntgenbildern sind wesentlich weniger Details und Kontraste zu erkennen, jedoch geben sie vor, die Anatomie im Prozess des Singens realistisch abzubilden. Das Röntgenbild wird in einem Punkt zum Gegenteil der anatomischen Abbildung: Es bildet die Anatomie eines einzelnen Individuums zu einem einzigen Zeitpunkt ab. Wird nun diese Momentaufnahme als Wahrheit und gegenüber der traditionellen Zeichnung als überlegen inszeniert, dann wird der Moment eines Individuums auch zur allgemeinen Repräsentation aller Momente aller Individuen erhoben. Die Textpassagen, die das Bild begleiten, weisen auf diese Problematik mit keiner Silbe hin. So macht Marafioti im populärwissenschaftlichen Sinne aus Hypothesen Tatsachen. Er ignoriert alle Bedenken oder potenziellen Einwände und überlässt es dem fachfremden Publikum, den Geltungsbereich seiner Darstellungen zu beurteilen. Die Abbildung eines einzigen Falls wird zum Repräsentanten der Allgemeinheit, der Natur und damit der Naturgesetze; das induktive Denken wird ins Extrem getrieben. Marafioti verwendet die Röntgenbilder weniger wegen der Information, die sie bereitstellen. Die Aussage ist ihre Existenz selbst. Als Ergebnisse einer auf damals modernsten Röntgenstrahlenuntersuchungen basierenden Forschung sind sie Symbol einer Technologie, Symbol moderner Physik, moderner Medizin und moderner technologischer Überlegenheit.

3.10 Wissen über den Körper

Um das Körperbild der Zeit zu erforschen, sollte auch die Frage gestellt werden, welches Wissen über den Körper überhaupt erwünscht war. Denn Wissen wirkt sich auch auf die Vorstellung aus. Es lassen sich hier wenigstens drei verschiedene Arten ausmachen, wie mit dem Wissen um den Körper – und damit mit ihm selbst – umgegangen wurde. Erstens ist es die Rationalisierung, also das bewusste Erkennen, Verstehen und Handeln, welche man auch als das explizite Wissen verstehen kann, dann zweitens die Verinnerlichung beziehungsweise das implizite Wissen, das das prozedurale Wissen umfasst und Fähigkeiten und Fertigkeiten beinhaltet, die nicht zwingend über das bewusste Verstehen, Erkennen und Handeln ausgebildet werden müssen,[282] und letztlich

281 Marafioti, *Caruso's Method of Voice Production*, 1922, S. 235–241.

282 Ich beziehe mich in der Terminologie hier auf die Begriffskonvention des deklarativen/expliziten und non-deklarativen/impliziten Gedächtnisses, wie sie beispielsweise Thomas Gruber, *Gedächtnis*, Wiesbaden 2011, S. 51–75 verwendet.

drittens das bewusste Nichtwissen, die Entscheidung, sich explizit nicht mit Vorgängen und Details des Körpers zu beschäftigen.

Fischer/Preuß sprechen sich beispielsweise für eine Rationalisierung aus, die sie »bewusstes Singen« nennen, etwa wenn sie »ein bewußtes Einziehen und Festhalten des Zwerchfells während des Singens«[283] fordern. Scheidemantel macht das deklarative Wissen insgesamt zum Kern der Ausbildung und schreibt:

> »Wissen macht frei! Die ›Nachahmung‹, mit der jeder Stimmbildner vernünftiger Weise rechnet, kann und darf nicht mehr der Drehpunkt der Stimmbildung sein, sondern die ›Erkenntnis‹.«[284]

Das stete Arbeiten an der eigenen Vervollkommnung ist von einem modernen Fortschrittsglauben durchdrungen, der bisweilen die Grenze zur Ideologie streift, wenn nicht gar überschreitet:

> »Die hervorragendste Tugend eines ernst strebenden Künstlers ist die Bescheidenheit, die ihn ehrlich eingestehen läßt, seine Bildung sei in allen Stücken der Verbesserung bedürftig. Diese Bescheidenheit ist die Triebkraft künstlerischen Fortschrittes; erlischt sie, so erlischt auch der Fortschritt, es tritt Stillstand ein, und
>
> Stillstand ist Rückgang!«[285]

Zu dieser umfangreichen Fortbildung gehöre auch der regelmäßige Besuch von musikalischen Aufführungen aller Art, inklusive Instrumentalmusik. Doch Scheidemantels Hinweise reichen bis in das Private hinein: »Als ein besonderes Glück ist es zu preisen, wenn ein Gesangskünstler eine musikalisch gebildete Ehehälfte gewinnt, auch wenn diese Ehehälfte kein Fachmann von Haus ist.«[286] Auch bei Pulvermacher lässt sich eine Tendenz zur Superiorität des Sängers gegenüber anderen (hier Instrumentalisten) ablesen, allerdings geht er an dieser Stelle eher auf Expertisen der Wahrnehmung ein:

283 Fischer, *Neue Gesangsschule*, 1910, S. 53 (Schule für Tenor).
284 Scheidemantel, *Gesangsbildung*, 1913, S. 40.
285 Ebd., S. 142f., Zentrierung des letzten Satzes i. O.
286 Ebd., S. 146–148, wörtliches Zitat auf S. 148.

> »An das Ohr des Sängers werden weit mannigfaltigere Ansprüche gestellt, als zum Beispiel an das Gehör eines Violinspielers, dessen Aufgabe mit Erlangung einer absoluten Intonation und aller möglichen Klangschattierung vom pp bis zum ff im Allgemeinen erfüllt ist. Vom Sänger wird eine absolute Intonation ebenfalls verlangt, auch er muss im Stande sein, alle dynamischen Klangschattierungen mit seiner Stimme hervorzubringen; er findet aber diese Aufgabe erweitert durch die *Vokal-* und *Registerbildung* der Stimme, die bei Instrumenten natürlich fortfällt.«[287]

Der Aspekt des Verinnerlichens und Automatisierens findet sich am deutlichsten bei Lehmann. Sie koppelt bestimmte Stellungen von Kehlkopf, Zunge, Gaumen und Nase an Vorstellungen von Vokalen und lässt diese Verknüpfung eintrainieren, bis Vokale selbst zu Körperempfindungen werden. Mithilfe von Vokalmetaphern fasst sie also komplexe physiologische Vorgänge zu übergeordneten Einheiten zusammen, die anders kaum bewusst und in kurzer Zeit durchgeführt werden könnten. Durch wiederholte Übung werden die Einheiten konditioniert. Nach dem Eintrainieren ist beispielsweise der Vokal /i/ nicht mehr nur ein Klang, sondern eine Klang- und Körpervorstellung. Ein halbes Jahrhundert später konkretisiert Richard Schmidt das Prinzip wissenschaftlich unter dem Begriff des »motorischen Programms«[288], das wenige Jahre darauf Henry Shaffer konkret auf das Musizieren (hier auf das Klavierspiel) überträgt.[289] Nach einer Phase des Planens, die einer intensiven bewussten Kontrolle unterliegt, stehen am Ende komplexe motorische Programme bereit, die automatisch abgerufen werden können. Damit werden kognitive Ressourcen für andere Dinge frei, was für das Musizieren durchaus wichtig und nötig ist. Lehmann drückt das so aus:

> »Erst wenn sich sämtliche Vokalstellungen in schnell funktionierende Gedächtnis- oder Muskelgewohnheiten umgesetzt haben, dürfen wir von technischer Kunstfertigkeit sprechen und auf unser Können rechnen.«[290]

[287] Pulvermacher, *Gesangsregister*, 1915, S. 21.

[288] Richard A. Schmidt, »A Schema Theory of Discrete Motor Skill Learning«, in: *Psychological Review* 82/3 (1975), S. 225–260, vgl. auch Gabriele Wulf, Art. »Motor Learning«, in: *Encyclopedia of the Sciences of Learning*, S. 2350–2352, Boston 2012 und dies., Art. »Motor Schema«, in ebd., S. 2348–2350.

[289] Henry Shaffer, »Performances of Chopin, Bach and Bartok: Studies in Motor Programming«, in: *Cognitive Psychology* 13 (1981), S. 326–376.

[290] Lilli Lehmann, *Meine Gesangskunst*, ³1922, S. 23.

Lehmanns Schule zeigt über ihren Ansatz bereits die ersten Tendenzen, die anschlussfähig an ein psychologisches und empfindungsbezogenes Körperdenken sind. Das Verstehen der Metaphern und Körpervorstellungen bei Lehmann, also auch ihrer Klangformen, ist für die Leserinnen und Leser also weder a priori gegeben, noch ist es als gegeben gemeint. Stattdessen müssen ihre Metaphern als Ziel des Lernprozesses im Rahmen einer intensiven Ausbildung verstanden werden. Beispielhaft mag auch die Passage zur Stellung und Spannung der Lippen wirken, wenn sie schreibt:

> »Man versuche das Spiel nicht eher, bis man des gründlich ruhigen, vollkommenen Tons und seiner Muskelkraft ganz sicher ist. Die Wirkung muss sich aus der Kraft und Übung selbst entwickeln, darf also nicht als Wirkung geübt werden.«[291]

Geradezu paradox wirkt Lehmanns Verhältnis zum Kehlkopf, das aber hier nur exemplarisch für alle anderen Schulen steht. Einer überbordenden Fülle an Anweisungen an den Kehlkopf, Erklärungen seiner Funktion, seiner Stellung, die in stetiger Bewegung jede Änderung von Tonhöhe und Vokalklang begleitet, steht die Aussage gegenüber: »Bei mir kommt der Hals gar nicht in Betracht; ich fühle absolut nichts von ihm, höchstens weich hindurchquellenden Atem.«[292] Das Nichtfühlen steht im Widerspruch zur Forderung nach Lockerheit, wie auch folgende ihr widerspricht: »Wer vorsichtig, d.h. mit Kenntnis der physiologischen Ursachen singt, [...] wird immer [...] eine Schlankheit im Halse verspüren, als dehne sich der Hals nach oben in die Länge.«[293] So mag die Vermutung aufkommen, dass sich hinter diesem Widerspruch ihre pädagogische Absicht verbirgt, nicht mit seinen Organen zu »kämpfen«, sondern sie ihre Funktion ausüben zu lassen.[294] Dabei ist gerade der Kehlkopf der problematischste Körperteil. Fischer/Schmedes/Preuß gehen weniger ins Detail, aber auch sie ›meinen‹ die Verinnerlichung von Bewegungsabläufen, wenn sie den Begriff der »zweiten Natur« ins Spiel bringen – hier im Zusammenhang mit der Atmung und dem Ansatz:

> »Habe ich das [das Hauptaugenmerk auf den Atem legen] getan, dann betrete ich jede Tonstufe bewußt, d.h. ich führe den Atem direkt auf den Tonansatz und bin mir jederzeit darüber im Klaren, was während des An-

[291] Lilli Lehmann, *Meine Gesangskunst*, 1902, S. 31.
[292] Ebd., S. 35.
[293] Ebd. S. 17.
[294] Ebd., S. 35.

satzprozesses in meinen Gesangsfunktionsorganen vorgeht. Natürlich muß dieses bewußte Tonansetzen zur zweiten Natur werden, so daß es der ausführende Sänger gar nicht mehr merkt und auf diese Weise über alle Ausdrucksmittel verfügen lernt. All das Gesagte durchführen zu können, dazu gehört eine eiserne Energie [...].«[295]

Auch Fischer/Demuth benutzen den Begriff der zweiten Natur und meinen damit ein verinnerlichtes Körperwissen: Vokale sollen auf bestimmte Körperpunkte beziehungsweise Ansatzpunkte gesungen werden und vermutlich Demuth schreibt: »Ich [...] trachte die Töne immer genau an demselben Punkt anzusetzen, bis mir dieser Ansatz eben zur zweiten Natur wird.«[296] Statt eines natürlichen Gesangs wird eine Gesangsweise trainiert, die zur zweiten Natur wird.

Bei Pulvermacher finden sich letztlich auch die Forderungen nach einem Nichtwissen. Gerade jene Prozesse, die unbewusst ablaufen, sollten auch unbewusst bleiben:

> »[Ich war bestrebt], von physiologischen Erklärungen so weit wie möglich abzusehen, da, nach meiner Ansicht, die *unwillkürlichen* Funktionen der Stimmwerkzeuge keiner Erklärung in einer Gesangsschule bedürfen. Ihre *unbewußte* Ausführung wird stets die beste bleiben./Soweit es sich jedoch um Vorgänge in der Atem-, Gesangs- oder Sprachtechnik handelt, deren *willkürliche* Ausführung einer Anleitung bedürfen, füge ich die nötigen Erklärungen bei.«[297]

Pulvermacher ist unter den hier intensiver betrachteten Schulen die Ausnahme, doch eine ähnliche Argumentation findet sich selbst bei Marafioti, nach welchem die Lehrperson grundsätzlich mit der Physiologie des Stimmapparats vertraut sein soll, jedoch hält er dieses Wissen für unwichtig für die Schülerin oder den Schüler.[298]

[295] Fischer, *Neue Gesangsschule*, 1910, S. 47 (Schule für Tenor).
[296] Ebd., S. 74 (Schule für Bariton).
[297] Pulvermacher, *Gesangsregister*, 1915, S. IV.
[298] Marafioti, *Caruso's Method of Voice Production*, 1922, S. 222f.

3.11 Natur und Natürlichkeit

Der Naturbegriff ist äußerst weit gefasst. Mit dem Wortstamm »Natur« taucht er in der Natürlichkeit auf, in dem Naturalistischen, der Natur, der zweiten Natur und der Unnatur. In seiner Bedeutung ist er mal positiv, mal negativ besetzt. Positiv sind Begriffe, wenn sie eine gesunde, vor allem stimmhygienisch korrekte Sing- und Lebensweise bezeichnen und eine gewisse Zwanglosigkeit zum Ausdruck bringen. Negativ sind sie dann, wenn sie als Gegensatz zur erstrebenswerten Kunst eingesetzt werden. Naturgesang oder naturalistischer Gesang sind als abwertende Ausdrücke keineswegs mit dem natürlichen Gesang zu verwechseln. Naturgesang ist in den hier untersuchten Schulen der ungebildete, primitive oder gar vulgäre Gesang von geradezu ›kulturlosen‹ Menschen, während natürlicher Gesang als gelungener Kunstgesang gilt. In diesem Spannungsfeld ist auch die Rede von Naturanlagen, die als angeborene Prädispositionen bereits vor dem ersten Singen mitgebracht werden. Nachfolgend sollen die zehn Schriften in Hinblick auf ihre Verwendung des Naturbegriffs betrachtet werden, wobei einleitend nochmals an das Verhältnis von Natur, Kunst und Technik erinnert werden soll.

Kultur ⇒ Natur ∧ Technik

Nach Horst Bredekamp ist die Kultur das Ergebnis einer zielgerichteten Über- und Umformung der Natur durch den Menschen. Die Mittel dieser Umformung sind Werkzeuge, Techniken und Fähigkeiten.[299] Klaus Kornwachs unterscheidet eine formale und eine materielle Technik. Unter der formalen versteht er technische Fertigkeiten und Fähigkeiten, unter der materiellen technische Artefakte, wie Werkzeuge, Apparate, Maschinen und so weiter, aber auch ihre Herstellungsweisen und Regeln, die zu ihrer Bedienung nötig sind,[300] was im Prinzip vom Kochrezept bis hin zu Programmiersprachen und kodierten Maschinenroutinen reicht. So wäre durchaus zu überlegen, Techniken nicht in zwei Bereiche, sondern in drei zu teilen, nämlich Fertigkeiten, Artefakte und Anweisungen. Gleich bleibt jedoch die Annahme, dass Menschen mithilfe von Techniken aus Natur Kultur machen. Wird Kunst als besonderer Teil der Kultur verstanden und Kunstgesang wiederum als besonderer Teil der Kunst,

[299] Horst Bredekamp, »Kulturtechnik zwischen Mutter und Stiefmutter Natur«, in: *Bild, Schrift, Zahl*, hrsg. von Sybille Krämer und Horst Bredekamp, München 2003, S. 117–141.

[300] Klaus Kornwachs, *Philosophie der Technik*, Nördlingen 2013, S. 18f.

dann gilt auch für den Kunstgesang, dass er eine durch Stimm- oder Körpertechniken beziehungsweise Stimm- und Körperfertigkeiten zielgerichtete Formung der Natur ist. Problematisch sind hier zwei Punkte. Erstens kann auch Gesang, der nicht als Kunstgesang gilt, als Kulturtechnik aufgefasst werden. Zweitens ist der Mensch, der die Gesangsfertigkeiten des Kunstgesangs auf seine eigene vermeintliche Natur anwendet, bereits selbst Kulturschaffender und Kulturprodukt. Insofern ist der Kunstgesang des Menschen eine weitere Umformung eines bereits kulturell überformten Körpers und damit eine Kultur zweiter Ordnung. Der Gesang des Menschen, der nicht explizit zum Kunstgesang zählt, wäre damit Technik einer Kultur erster Ordnung.

Die Gesangsschulen gehen mit dieser Problematik unterschiedlich um. Ein Teil der Schulen grenzt den Kunstgesang vom Naturgesang ab und macht den als Naturgesang bezeichneten Gesang geradezu zum ›kulturlosen‹ Gesang. Die Kultur erster Ordnung wird gar nicht mehr als Kultur verstanden oder wahrgenommen. Die höhere, die ›kultivierte Kultur‹ lässt die einfache Kultur, und mit ihr den einfachen Gesang, zur Natur werden. Der einfache Gesang muss demzufolge erst durch besondere Fertigkeiten zur höheren oder wahren Kultur geführt werden. Gleichzeitig jedoch ist der Naturbegriff wichtiges Schlagwort und Natürlichkeit eine Eigenschaft, die für alle Schulen Priorität genießt. Der singende Mensch soll ein natürlicher Mensch sein oder – und das scheint noch wichtiger – als ein solcher wirken. Der mit Techniken zum Kunstgesang umgeformte Naturgesang soll seine Natürlichkeit nicht verlieren. Das ist ein Widerspruch, der teilweise mit dem Begriff der zweiten Natur gelöst wird, mit der ein ›Als Ob‹ zum Ausdruck kommt. Wohl wissend, dass Kunstgesang kein natürlicher Gesang ist, soll er jedoch durch die verinnerlichte Technik wie ein natürlicher Gesang wirken.

Ein anderer Teil der Schulen betont den letztgenannten Aspekt, den Kunstgesang als natürlichen Gesang. Aus dem Gesang, der nicht als Kunstgesang verstanden wird (und den Andere als Naturgesang bezeichnen), machen diese Schulen geradezu einen unnatürlichen. Hier verbirgt sich eine zivilisationskritische Haltung, wie sie gerade in den Reformbewegungen der Zeit ihren mannigfaltigen Ausdruck findet. Der einfache Gesang, die ungebildete Stimme, der Gesang erster Ordnung also, ist aus dieser Perspektive keineswegs natürlich, sondern Symptom einer Stimme, die von einer Zivilisation negativ beeinflusst wurde. Menschen kommen demnach mit einer ›natürlichen‹ und ›gesunden‹ Stimme auf die Welt, aber diese Natürlichkeit geht ihnen nach und nach verloren. Verantwortlich dafür ist meist nicht die ›Hochkultur‹ – wenngleich dieser Begriff nicht auftaucht, jedoch durchaus als Phänomen gemeint zu sein scheint. Für den Verlust der Natürlichkeit verantwortlich gemacht wird eine als inferior wahrgenommene Kultur. Zu fragen ist an dieser Stelle, inwieweit hier auch Ängste vor jenen gesellschaftlichen Gruppen eine Rolle spielen, die dieser Kultur zugerechnet werden. Es sind die aufstrebenden Gruppen einer zunehmend durchlässigen Gesellschaftsordnung, die zusehends in die Gefilde der Eliten einwandern – oder aus ihrer Sicht einzuwandern drohen. Wenngleich das nie direkt angesprochen wird, so scheinen Aussagen in dieser Richtung zwischen den Zeilen durchaus hervorzuscheinen, wenn verschiedentlich der »edle« Geschmack gefordert oder die fabrikmäßig institutionalisierte Gesangsausbildung sowie die negativen Einflüsse von Landessprachen und Dialekten kritisiert werden, oft auch mit dem Verweis auf die guten alten Zeiten vor dem Verfall der Sitten (wobei letzteres Argument sicherlich zeitlos ist). Ziel der Gesangstechnik ist aus dieser Sicht also nicht die Kultur zweiter Ordnung, sondern das Wiedergewinnen der natürlichen Stimme. Hier wird also nicht die Kultur erster Ordnung mit der Natur verwechselt, sondern die Kultur zweiter Ordnung. Die Kultur erster Ordnung ist negativ besetzt und soll renaturalisiert werden.

In diesem Spannungsfeld von Kunst, Fertigkeiten, Techniken sowie erster und zweiter Natur bewegen sich die Gesangsschulen der Jahrhundertwende. Trotz aller Unterschiede ist den Autorinnen und Autoren gemein, dass sie dieses Spannungsfeld wahrnehmen und es für wichtig erachten, in einer Gesangsschule überhaupt darauf hinzuweisen und Stellung zu beziehen, statt ›einfach nur singen‹ zu lassen. Dabei bleibt es nicht aus, dass auch hier die Schulen sich durchaus widersprüchlich zeigen und nicht streng einer Auffassung von Natur und Kultur folgen. Natur und Natürlichkeit sind jedoch zum Gradmesser der Gesangsbildung einer Moderne geworden, wie sie auch Schlagwort in der Werbung für viele fabrikmäßig produzierte Waren der Zeit wurden. Mit steigender Verwendung vergrößert sich auch der Bedeutungsraum des Begriffskomplexes »Natur.« Mit größerem Bedeutungsraum sinkt jedoch dessen Klarheit und Aussagekraft. Natur wird bedeutsam, und je bedeutsamer sie wird, desto mehr Bedeutungen bekommt sie; und je mehr Bedeutungen sie bekommt, desto häufiger werden die Bedeutungen untereinander widersprüchlich, was letzten Endes zu einer Stück weiten Auflösung der Bedeutungen insgesamt führt. Überspitzt formuliert: Weil alle darüber sprechen, weiß am Ende keiner mehr, wovon eigentlich die Rede ist.

Kunst als bearbeitete Natur, Kehlfertigkeit als ihre Technik

Mitunter wird die formale Technik, die Fähigkeit oder Fertigkeit, gar als »Kehlfertigkeit« bezeichnet statt als Gesangstechnik. Damit wird die Bedeutung der Kehle einmal mehr hervorgehoben und das ambivalente Verhältnis der

Sängerinnen und Sänger zu ihr weiter provoziert. Sieber widmet der »Kehlfertigkeit« eine eigene über vierzig Seiten lange Abteilung, in der er die »technische[] Geschicklichkeit in Ausführung von schnellen Passagen aller Art, [...] mit einem Worte der *Koloraturen*« behandelt, »um mit der technischen oder mechanischen Seite des Gesanges abschließen zu können.«[301] Technik ist bei ihm deutlich Mittel zum Zweck. Mechanische Technik ist bei ihm die Manier, Schönheit dagegen sei der Vokal. Für den künstlerischen Gesang gilt im Vergleich zum natürlichen, dass ersterer »auf vollkommener Herrschaft über das Material beruht [...].«[302] Eine Gegenposition, die technisches Können schnell mit einem unausgesprochenen ›lediglich‹ versieht, nimmt Goldschmidt ein, der erneut auf Caccini verweist, dem die *messa di voce* als Kunst galt – im Gegensatz zur Naturanlage. Wichtiger in diesem Zusammenhang ist jedoch Goldschmidts Ergänzung, wonach »den Deutschen dagegen [...] *nur die Kehlfertigkeit als Kunst* [erscheint].«[303] Hier schlummert bereits eine Unterscheidung, die sich später zunehmend an einem Geschlechterstereotyp manifestieren wird, in dem Koloraturen als Sinnbild für Technik nach und nach mit weiblichen Rollen assoziiert werden und dieses Attribut auf diejenigen zurückfällt, die entsprechende Rollen verkörpern – Grotjahn hatte 2010 den Aspekt der Verweiblichung des Koloraturgesangs bereits eingehender beleuchtet.[304] Die Tendenzen, die sich bei Goldschmidt abzeichnen, werden bei Fischer/Elizza/Forst deutlicher, die ebenfalls den Begriff der »Kehlfertigkeit« benutzen:

> »Die Koloraturdiva von ehemals, die ihre Aufgabe im Brillieren mit Skalen, Figuren und Trillern sah und das dramatische Moment ganz aus ihrer Leistung ausschaltete (s. Lucia di Lammermoor), hatte es in dieser Hinsicht viel leichter. Damals war die Technik Selbstzweck und das Kostüm Mittel dazu. Heute aber, wo eine Koloratursängerin vor Aufgaben wie Madame Butterfly gestellt wird, [...] ist es umgekehrt. Die Sängerin, die in ihrer schauspielerischen Aufgabe restlos aufgeht, muß den Ziergesang noch viel sicherer beherrschen, als eine Größe früherer Zeiten.«[305]

Hier wird der Begriff der »Diva« in einen direkten Zusammenhang mit einer Gesangsweise gestellt, welche die Technik über die Klangschönheit und den

301 Sieber, *Katechismus der Gesangskunst*, 1862, S. 74–116, ders., *Katechismus der Gesangskunst*, 1894, S. 89–156, wörtliche Zitate auf S. 74 (1862).

302 Sieber, *Katechismus der Gesangskunst*, 1862, S. 3.

303 Goldschmidt, *Die italienische Gesangsmethode*, 1890, S. 43.

304 Grotjahn, »Das Geschlecht der Stimme«, 2010, S. 165–169.

305 Fischer, *Neue Gesangsschule*, 1910, S. 17 (Schule für Sopran).

Ausdruck stellte. Doch hieraus lässt sich noch keine Abwertung der Technik ableiten, denn es ist nicht die Technik, die moniert wird, sondern das Fehlen weiterer für die Kunst nötiger Ingredienzen. So lobt Fischer explizit die von Forst eingesungenen Studien als »Gipfel technischer Schwierigkeit« und die Skalen als »non plus ultra aller Gesangskunst.«[306] Mit seiner Forderung nach schauspielerischen Qualitäten bringt er hier auch eine Entwicklung zum Ausdruck, die sich im englischsprachigen Alltagsdiskurs im Begriff der ›singing actress‹ niederschlägt.[307]

Auch Iffert benutzt den Begriff der Technik, wenn es um die Ausbildung der Stimme geht. Obwohl er offen gegen eine von der Naturwissenschaft und insbesondere Physiologie geprägte Gesangslehre ankämpft, ist seine Sprache von mechanistisch-technischen Ausdrücken durchsetzt. Sein auffallendes ›Maschinendenken‹ findet sich auch in seiner *Gesangsschule*, wenn er unter Verwendung von Substantivierungen und Aufzählungen schreibt: »Die mechanisch-technische Ausbildung der Stimme hat sich in erster Linie [...] drei Kräften und ihrer Entwicklung zuzuwenden«, wobei er sich damit auf jene Kräfte bezieht, die nötig sind zur »[...] Hervorbringung des Tones [...]: 1) der bewegende (der Atem), 2) das schwingende (die Tätigkeit der Stimmbänder), 3) das resonatorische (die Resonanz in Brust und Kopf).«[308]

Lehmann beruft sich sehr deutlich und mehrfach darauf, dass Kunst bearbeitete Natur ist, jedoch findet sich bei ihr nicht der Begriff der Kehlfertigkeit, da ihre Methode weit über die Kehle hinaus geht. So schreibt sie im Abschnitt über die Aussprache von Konsonanten, dass »[a]lle echten Künstler [...] an den Naturgaben gearbeitet und sie in künstlerische Bahnen gelenkt [haben]« und »[b]ewußt oder gekonnt, [...] die Technik der Kunst eine Notwendigkeit für den Künstler selbst [bleibt], wie es ohne Technik keine Kunst gibt«.[309] Das erklärte Ziel am Ende ist nicht der natürliche Gesang (wobei durchaus anzunehmen ist, dass Lehmann sich gegen solch eine Aussage verwehrt hätte – allerdings drückt sie es eben nicht aus), sondern ein maschinengleiches Funktionieren:

> »Man lernt die ungewohnten [Körper-]Funktionen anfänglich am besten durch starke Übertreibung kennen, die man nach Erkenntnis und Er-

306 Ebd., S. 18 (Schule für Sopran), wörtliche Zitate im Satz ebd.

307 Auf diesen Begriff wird in einer in der Vorbereitung befindlichen Studie zu Rezensionen von Gesangsdarbietungen in vier Jahrgängen der New York Times nachgegangen.

308 Iffert, *Allgemeine Gesangsschule*, 1906, S. 15, wörtliche Zitate im Satz ebd.

309 Lilli Lehmann, *Meine Gesangskunst*, ³1922, S. 59, wörtliche Zitate im Satz ebd.

lernung der Technik wieder abschwächen muß, um sie schließlich zu einem maschinenartig arbeitenden harmonischen Ganzen zu verbinden.«[310]

Auch bei Pulvermacher ist Kunst die kontrollierte Natur, wenn er sich an folgender Stelle (vermutlich Carl Ludwig) Merkel anschließt und schreibt:

»Über den *Toneinsatz* sagt Merkel u. a.: / ›Der Toneinsatz ist die Einstellung der Stimmbänder behufs des zu gebenden Tones. Für das gewöhnliche Sprechen ist der Toneinsatz etwas von der Natur Bewirktes, Instinktives; für den Gesang muß aber dieser Naturvorgang dem von der Kunst geleiteten Willen unterworfen werden.‹«[311]

Natürlichkeit im Kunstgesang

Während die einen die Technik als Grundlage des Kunstgesangs betonen, legen andere starken Wert darauf, die Technik als solche unhörbar zu machen, sie als Natur erscheinen zu lassen. Beide Sichtweisen widersprechen sich nicht, sondern akzentuieren lediglich eine andere Facette des gleichen Prinzips. Das wird jedoch unter der Betrachtung des Körper- und Natürlichkeitsdiskurses bedeutsam.

Iffert benutzt gar den Begriff der ›Naturwahrheit‹, den er ins Zentrum der Aufführung stellt. Doch wie schon bei Lehmanns Auffassung von Interpretation und Wirkung, geht es auch ihm in erster Linie um die Wirkung, die (mit den technischen mechanischen Mitteln) erzielt werden soll, weniger um das tatsächliche Fühlen der Interpretierenden. Es geht um die Betonung des Scheins: Der Sänger muss nicht zwingend nachempfinden, sondern vor allem wirken, als ob er empfinde. Doch soll nicht das interpretierte Werk, nicht die ›Werkwahrheit‹[312] ausgedrückt werden, sondern eben die Naturwahrheit.

»Unter jeder Bedingung muß unser Ziel sein, im Gesange die Naturwahrheit der Empfindung zu erreichen; der Sänger muß die Empfindung des

310 Ebd., S. 61.

311 Pulvermacher, *Gesangsregister*, 1915, S. 3.

312 Zum Begriff der Werkwahrheit vgl. Hans-Joachim Hinrichsen, »Kann Interpretation eine Geschichte haben? Überlegungen zu einer Historik der Interpretationsforschung«, in: *Gemessene Interpretation. Computergestützte Aufführungsanalyse im Kreuzverhör der Disziplinen*, hrsg. von Heinz von Loesch und Stefan Weinzierl (= Klang und Begriff 4), Berlin 2011, S. 27–39.

> Dichters und des Komponisten so lebendig nachempfinden oder doch nachzuempfinden scheinen, daß die Hörer den Eindruck bekommen, als spräche die Seele des Sängers zu ihnen, als wäre das Kunstwerk eine momentane Eingebung des Sängers.«[313]

Iffert bedient sich des Naturbegriffes, beschreibt jedoch die Interpretation. Über diese Umdeutung wird Natur zur Wahrheit. Die Interpretation übersetzt das Kunstwerk in (scheinbare) Natur. Wird dieses Ziel verfehlt, so wird Kunst zum Gekünstelten, zur »Unnatur« und damit zur Unwahrheit.[314] Die Begriffe Künstelei und Unnatur finden sich auch in anderen Schulen, in ähnlichem Zusammenhang etwa bei Fischer/Elizza/Forst:

> »Man [...] stelle den Kehlkopf weder zu tief, noch drücke man auf denselben und halte sich allen Künsteleien ferne. [...] Von allem Anfange an muß man streng dafür sorgen, daß sich keine Unnatur in die Mundhaltung einschleiche, denn Abgewöhnen ist schwer, wenn nicht unmöglich. Auch achte man darauf, daß kein Grinsen entstehe, kein unnatürliches Lächeln, kurz nichts Abnormales. Der Mund sei leicht geöffnet, derart, dass man die Zähne sehen kann.«[315]

Die Vielzahl an Verboten, die hier mit dem Natürlichen beziehungsweise Unnatürlichen verknüpft werden, zeugen von einem Naturbegriff, der deutliche Normalisierungstendenzen aufweist. Natur hat also nichts mit Individualität und Freiheit zu tun. Jede Abweichung gilt als abnormal. Bei Demuth wird dieser Eindruck noch deutlicher, wenn er in dem Zusammenhang direkt den Begriff des Normalen ins Spiel bringt. Den ›Normalansatz‹ schildern Fischer/Demuth als Kombination eines hohen Luftvolumens mit dem Ausnutzen aller harten Resonanzräume. Dazu zählen sie auch die Zähne, den harten Gaumen und die Nasenwände. Beim Atmen setzt Demuth stark auf das Zwerchfell. Die Häufigkeit des Wortstamms ›natur‹ macht unmissverständlich klar, dass der Normalansatz die Natürlichkeit zum Ziel hat. Norm und Natur verschränken sich. Deutlich wird das bei der Begründung, die Ausbildung mit dem Vokal /a/ zu beginnen, da dieser

> »den natürlichsten Sitz in der Lautbildung einnimmt und demgemäß auch die beste Grundlage für den Anfänger bildet. Der natürliche Ansatz ist es ja,

313 Iffert, *Allgemeine Gesangsschule*, 1906, S. 140.
314 Ebd., S. 23.
315 Fischer, *Neue Gesangsschule*, 1910, S. 7 (Schule für Sopran).

> welcher uns Sängern als ideales Ziel vorschwebt [...]. [Es ist] eine schwere Kunst [...], sich jene natürliche Lautbildung, welche das richtig gesprochene Wort aufweist, auch beim Singen zu eigen zu machen. Dies zu vermögen ist aber die unerläßliche Grundbedingung zum Erlernen des wahren Bel canto.«[316]

Der Bezug zum Belcanto ist an dieser Stelle durchaus interessant, da Belcanto hier als ein Ideal vorgestellt wird, welches es wiederzuerringen gilt. Als alte Kulturtechnik wird die hochartifizielle Technik des Belcanto zum Natürlichkeitsideal. An späterer Stelle schreiben Fischer/Demuth, dass der Vokal »a [...] am schwersten zu singen [ist]« und relativieren damit die Bedeutung der Natürlichkeit des Sitzes. Diese ambivalente Haltung ist weniger Widerspruch als Kennzeichen eines zunehmenden Bedeutungsraums des strapazierten Naturbegriffs.

Wenn Scheidemantel dagegen den Begriff der Natürlichkeit verwendet, meint er ihn weniger normalisierend, sondern drückt damit die unwillkürlichen oder indirekten, quasi-automatisch ablaufenden Entwicklungen oder Prozesse aus.

> »Es liegt aber auf der Hand, daß die Verdrängung des Kehlkopfes nach oben um so weniger vor sich gehen kann, je mehr die Kehlkopfmuskeln gekräftigt werden. Das geschieht aber auf natürlichem Wege und auf natürliche Weise durch Übung von gespannten (geschlossenen) Vokalen und Vokalreihen mit dunkler Grundfärbung, die den Kehlkopf unwillkürlich tief stellen und tief halten, je nach den Bedürfnissen einer bestimmten dunklen Vokalform.«[317]

Naturanlage

Unabhängig von der Betonung, dass Natur die Grundlage für die Kunst bilde oder Natürlichkeit ihr Ziel sei, gehen die meisten Schulen zusätzlich auf Naturanlagen oder natürliche Unterschiede zwischen Menschen ein. Sie unterscheiden sich jedoch hinsichtlich dessen, was als Naturanlage gilt. Das Spektrum reicht von körperlichen Konstitutionen über Attraktivität bis hin zu Persönlichkeitsmerkmalen, zu denen auch Einstellungen und innere Haltungen zu Kunst und Geschichte, nicht zuletzt auch der Geschmack selbst zählen. Unterschieden werden können auch zwei Arten der Voraussetzung, welche die Schulen den

[316] Ebd., S. 70f. (Schule für Bariton).

[317] Scheidemantel, *Gesangsbildung*, 1913, S. 20.

Naturanlagen zuweisen, eine optionale und eine notwendige. Jene Vertreter, welche Naturanlagen lediglich als optionale Voraussetzung beschreiben, erkennen an, dass es Menschen gibt, die von Natur aus mit Vorteilen für das Singen gesegnet sind. Für sie helfen und erleichtern vorteilhafte Anlagen das Singen und die Gesangsausbildung. Solche Vertreter jedoch, die Naturanlagen für notwendige Voraussetzungen halten, fordern dagegen bestimmte oder gar eine ganze Reihe an notwendigen Naturanlagen als Bedingung für eine Gesangsausbildung.

Sieber ist eher aufseiten derer, die Naturanlagen als optionale Voraussetzung betrachten. Er gesteht der Natur zu, Naturtalente hervorzubringen, die nur wenig dazu lernen müssen. Dahinter verbirgt sich wieder die grundsätzliche Aussage, dass Kunst bearbeitete Natur ist.

> »Der erstere [künstlerische Gesang] will erlernt sein, der natürliche ist dem Menschen angeboren. Zuweilen [...] ist die natürliche Begabung eines Sängers so bedeutend, daß seine Organe auch ohne sonderliche Studien sich bis auf einen gewissen Grad für alle musikalischen Anforderungen günstig und geschickt erweisen.«[318]

In ähnlicher Weise gesteht auch Lehmann die Existenz von Naturtalenten ein, die selbst Großes erringen können, ohne die von Lehmann so vehement eingeforderten Kenntnisse über die Physiologie zu reflektieren. Und wieder wird Adelina Patti als solch ein Prototyp geschildert:

> »Alles war wirklich gut, fehler- und makellos, die Stimme eine Glocke, die man noch immer lange nach Beendigung ihres Gesangs zu hören meinte. Dennoch konnte sie keine Rechenschaft von ihrer Gesangskunst geben und erwiderte diesbezügliche Fragen ihre Kollegen mit: ah, je n'en sais rien!«[319]

Pulvermacher bringt das Wechselspiel von Naturanlage und Technik wie folgt (und über die Schriftstärke betont) auf den Punkt:

> »[...] **stets ist der Schönklang einer Stimme aber von dem Zusammenwirken des Widerhalles aller Resonanzräume abhängig.** / Der letzte Satz findet in allen Fällen seine Bestätigung, wo durch einen besonders glücklichen Bau des Gesangsorgans die günstige Veranlagung zur Resonanz von der Natur

318 Sieber, *Katechismus der Gesangskunst*, 1862, S. 5f.
319 Lilli Lehmann, *Meine Gesangskunst*, 1902, S. 4.

geschaffen ist und diese auch in künstlerischer Weise zum Wohlklang des Tones ausgenutzt wird.«[320]

Fischer/Schmedes/Preuß nehmen eine Mittelposition zwischen denen ein, die den Vorteil der Naturanlagen bescheinigen und denen, die auf unbedingte Naturanlagen als Einstiegsvoraussetzung bestehen. Den Begriff des Natürlichen verbinden sie mit einem unveränderbar Gegebenen und stellen zunächst die Anforderungen an den Gesang auf – wieder in dem für Fischer typischen Negativstil:

> »Was der Lehrer aber nicht geben kann, ist das Gefühl für den schönen Ton, das ästhetische Abwägen von Klangwirkungen, welches nur das eigene Ohr besorgen kann. Gleich dem Instrumentalisten, [...] welcher ohne subjektives Tonempfinden seinem Instrumente auch keine idealen Klänge zu entlocken vermag, muß auch der Sänger von allem Anbeginn an mit einem großen Teil dieser natürlichen Fähigkeit ausgestattet sein. Talent, ein gewisser Grad von musikalischer Erziehung und ein schönes, unverdorbenes Organ – das ist es, was der Gesangseleve seinem Lehrer mitbringen muß [...].«[321]

An dieser Stelle verweben sich gleich mehrere Diskurselemente. Zum einen die Haltung zur Natur und zur Klasse, die sich in der Aussage findet, dass das Gefühl für den Ton (ähnlich wie der edle Geschmack) nicht erlernt werden könne, sondern von der Natur gegeben würde. Solche Aussage enthält zudem eine Zivilisationskritik. Die Aussage impliziert nämlich, dass selbst dort, wo die Natur ihre Schöpfung gut ausgestattet hat, das Verderben der Anlagen drohe. Wer oder was das Organ verdirbt, wird nicht benannt und bleibt der Leserin und dem Leser überlassen. Am Ende ihres Tenor-Kapitels bedauern die Autoren, dass die Tenöre der Zeit der Leichtigkeit der Stimme entbehrten und nicht mehr über die Kehlfertigkeit verfügten, die zum Singen von Koloraturen nötig ist. Dieses Abhandenkommen ist jedoch kaum Ursache einer veränderten Natur des Menschen, sondern einer veränderten Kultur, welche nun bedauert wird. Doch so, wie Talent verkümmern oder verdorben werden kann, könne umgekehrt »durch fleißiges Üben jedes, selbst das schwerste Organ bis zu einem gewissen Grade Fertigkeit erlangen.«[322]

Anspruchsvoller ist Goldschmidt, der mit Verweis auf verschiedene ältere Quellen konkrete Anforderungen an eine Stimme formuliert, wie jene:

320 Pulvermacher, *Gesangsregister*, 1915, S. 19.
321 Fischer, *Neue Gesangsschule*, 1910, S. 45 (Schule für Tenor).
322 Ebd., S. 54 (Schule für Tenor).

> »daß ein Sänger eine schöne, liebliche, zitternde und bebende Stimme und einen glatten, runden Hals zum *diminuieren* habe (d. h. zum Zerlegen eines Tones in mehrere), zum Andern: ein steten Athem ohne viel *respiriren* halten könne [...].«[323]

Am Umfangreichsten fordert Iffert Naturanlagen und führt in einem eigenen Kapitel zu den ›Anlagen‹[324] gleich eine ganze Liste an notwendigen Voraussetzungen auf, die Schülerinnen und Schüler mitbringen müssen: Zu ihnen zählt er nicht nur »eine gesunde, kräftige Stimme«, sondern auch »eine schön gebaute, große Figur und ein günstiges, großzügiges ›Bühnengesicht‹« sowie »ein kräftiges, widerstandsfähiges Nervensystem, um die physischen und psychischen Anstrengungen des Sängerberufs ertragen zu können«. Doch seine Ansprüche gehen über das Organische hinaus:

> »Nur da, wo warmes poetisches Empfinden und lebhafte Phantasie wohnen, wo der Drang und die Fähigkeit, sich geistig und seelisch zu vertiefen und eine übervolle Seele zu ergießen, in vollen Zügen walten, kann der künstlerische Samen goldene Früchte tragen.«

Und neben der Poesie werden weitere Anlagen nötig, die sich auf die Wahrnehmungsfähigkeiten beziehen und insgesamt geradezu ein Bild des Übermenschen evozieren:

> »Notwendige Anlagen sind eine rasche Auffassungskraft, ein sicheres Gedächtnis und nach speziell musikalischer Richtung hin rhythmisches Gefühl und ein scharfes Gehör sowohl für die Reinheit der Tonhöhe als auch für die Beschaffenheit des Tones. Eine eigentümliche Erscheinung ist, daß dieser spezifische Tonsinn unabhängig ist von allen anderen Beanlagungen; man findet ihn oft da in überraschender Weise vorhanden, wo die Natur in anderer Beziehung mit ihren Spenden sehr kargte; und umgekehrt [...].«

Auch das Wissen selbst – und damit implizit eine Veranlagung zur erfolgreichen Bildung – ist unerlässliche Voraussetzung. »Auf wissenschaftlichem Gebiete muß man bei dem Sängeraspiranten sprachliche und historische Kenntnisse

323 Goldschmidt, *Die italienische Gesangsmethode*, 1890, S. 42, ähnlich auch auf S. 104 mit Verweis auf Lodovico Zacconi.

324 Iffert, *Allgemeine Gesangsschule*, 1906, S. 68f., alle nachfolgenden wörtlichen (Lang-)Zitate zu den Anlagen bei Iffert auf S. 68.

voraussetzen.«[325] Bei derart umfangreichen Naturanlagen stellt sich die Frage, welchen Anteil der Unterricht dann noch an der Ausbildung der Gesangskunst hat. Nicht ganz so umfänglich, jedoch im Kern ähnlich, sind auch Rutz' Ansprüche an die Anlagen eines Sängers. So geht er davon aus, dass jeder Mensch in der Lage sein müsse, über die korrekte Körperhaltung auch korrekt zu singen. Man müsse lediglich wissen, welchen Körpertypus man einzustellen habe. An diesem Punkt bringt er jedoch die Naturanlage ins Spiel, denn wer dennoch Probleme bekommt, sollte nicht an Rutz' Methode zweifeln, sondern an sich selbst:

> »Es gibt überhaupt zwei Hauptklassen von Menschen, was das Nachfühlen betrifft: die einen haben die die Voraussetzung jedes nicht beschränkten Kunstgenusses bildende Fähigkeit, fremdes Fühlen nachzufühlen, andere haben sie nicht oder nur in einem geringen Grade.«[326]

Ohne dass es explizit gemacht werden muss, ist es am Ende wieder die Naturanlage, die über Erfolg und Niederlage entscheidet. Die Validität der Gesangsmethode bekommt Rückendeckung durch die Naturanlage der Schülerinnen und Schüler, die seine Methode somit nahezu unfehlbar erscheinen lässt.

Naturbelassenheit

Die Naturbelassenheit ist eine Spielart der Naturanlage, jedoch mit dem stärkeren Akzent auf das drohende Verderben der Anlagen, was oben bereits bei Fischer/Schmedes/Preuß anklang. Deutlicher formulieren das Fischer/Demuth im Abschnitt zum Baritongesang. Demuth wird darin als Vertreter eines Ansatzes vorgestellt, der Wert auf die Naturbelassenheit der Stimme legt und vor kulturellen Überformungen geradezu warnt. Mehr noch als von der Naturstimme oder einem natürlichen Ansatz spricht Demuth vom »natürlichen Normalansatz.« Doch auch bei Demuth zeigt sich die Widersprüchlichkeit des Naturbegriffs bei der Ausbildung der Singstimme. Während zur Idee der natürlichen Stimme gehört, dass jede Stimme singen könne, so braucht es am Ende doch eine Ausbildung, um dem Menschen seine natürliche Stimme (wieder) zur Verfügung zu stellen. Die Bezüge zu Natur, Geschlecht und Nation sind an dieser Stelle derart verdichtet, dass es sich anbietet, Demuths einleitende Worte in fast vollem Umfang wiederzugeben:

325 Ebd., S. 68, alle vorausgehenden wörtlichen (Lang-)Zitate im Absatz zu Iffert ebd.
326 Rutz, *Sprache, Gesang, Körperhaltung*, 1911, S. 38.

> »Ich habe mich oftmals darüber gewundert, daß verschiedene Ansichten über Ansatz den Leuten die Köpfe heiß machen, Ansichten, welche untereinander divergieren. Wie das möglich ist, ist mir nicht ganz klar. Man sollte wohl meinen, daß eine Frage, wie und wo man singt, überhaupt nicht bestehen könne. [...] Denn nichts ist einfacher, als Singen. Ich habe nie verstehen können, wie man durch Qual und Plage erwarten könne, sein Ziel zu erreichen. Das leichte Singen, daß [sic] mühelose Frisch-Hinausschmettern war immer mein Ziel gewesen, und ich glaube, daß das auch das ganze Programm sein muß. Das Organ der Frau kommt dem natürlichen Singen von Haus aus viel mehr entgegen, ihre kleinen und schwebenden Töne haben viel mehr Tragfähigkeit als die unsrigen; eine Frauenstimme wird selbst große Männerstimmen leicht übertönen. Beobachte ich, wie manche Sänger ihr großes Material so ungünstig verwerten, daß oft nicht einmal ein Drittel zu Gehör gebracht wird, wie sie rot werden, sich mit unendlicher Mühe von Ton zu Ton schleppen, um mit Beendigung ihres Gesanges auch am Ende ihrer physischen Kräfte angelangt zu sein, so kann ich mich nicht des Gedankens erwehren, daß bei geeigneter Anleitung doch manches hätte gut gemacht werden können. Ich glaube, daß der Hauptfehler in dem ewigen Methodensuchen liegt und eben dadurch viele von dem natürlichen Normalansatz abirren. Diesen Normalansatz haben heute noch die Italiener, die uns darin ebenso, wie in früheren Zeiten vorbildlich sein müssen. Die großen Vorzüge [...] der Gesangsweise dieser Nation [...] liegen zum großen Teil in der helleren Vokalisierung; die Italiener singen nicht, wie viele Leute irrtümlich glauben, offen, sondern eben diese Vokale der italienischen Sprache sind es, die heller klingen als die unsrigen, weshalb sie dem Laienohr offener scheinen.«[327]

Demuth beschreibt das Singen als einen natürlichen Vorgang, der dem Menschen gegeben ist und geradezu vollkommen ohne weiteres Zutun gelingt. Wenn er angibt, diese Natürlichkeit wohne vor allem Frauen inne, dann wirft das die Frage auf, was denn Männer von dieser Natürlichkeit abhält. Demuths Antwort ist letztlich: die Natur des Mannes selbst. Frauen werden qua ihrer Natur zum natürlicheren Menschen. Dieser Gedanke ist äußerst interessant vor dem Hintergrund verschiedener geschlechterbezogener Debatten um körperliche und geistige, natürliche und rationale Fähigkeiten, die allesamt widersprüchlich bleiben, wenn versucht wird, sie über die Natur des Menschen zu erklären. In ähnlicher

[327] Fischer, *Neue Gesangsschule*, 1910, S. 66f. (Schule für Bariton). Der Abschnitt »Der Tonansatz« beginnt mit Anführungsstrichen, vermutlich, um den Beginn der Aussagen Demuths zu kennzeichnen, auf den diese Aussagen zurückgehen.

Weise bescheinigen Fischer/Demuth Italienern einen von Natur aus vorbildlichen Gesang. Auch hier werden nationale und kulturelle Unterschiede naturalisiert. Es wäre sogar denkbar, sie als geradezu rassistisch zu lesen, wenn man einen Rassenbegriff zugrunde legt, wie er um die Jahrhundertwende durchaus üblich war. So wurden alle erdenklichen Annahmen über Unterschiede zwischen sozialen Gruppen mit Unterschieden in der Rasse erklärt. Sarasin verweist auf Jean Fauconney Caufeynons *Le Conseiller secret des dames* von 1903, der darin selbst Frauen von Lande als eigene Rasse den Damen der Stadt gegenüberstellt.[328] Dabei mag es sich bei Demuth zweifellos um eine Form des positiven Rassismus handeln, der sich häufig bei der Beschreibung von Italienern in Bezug auf den Gesang findet.[329] Das Hindernis für den natürlichen Gesang sei das zuviele Nachdenken und der Methodenstreit, sowie das krampfhafte Wollen, das er vor allem Männern attestiert. Ziel der Gesangsausbildung sei demnach das Erlernen des Natürlichen und damit dessen Wiedererringen.

Die Anweisungen zur Vokalbildung, die dieser Einleitung folgen, sind jedoch äußerst kompliziert und wirken geradezu verkomplizierend, was zwei Ursachen haben kann. Einmal mag sich hinter der Komplexität auch die Aussage verbergen, dass das Singen eine ernst zu nehmende Tätigkeit ist, die damit auch schwer ist. Zum anderen zeugen die Beschreibungen von hohem technischen und physiologischen Denken. Das Ende des Kapitels liest sich geradezu wie das Gegenteil der eben zitierten Eingangsworte Demuths:

> »Ein planloses Drauflos-Singen ist nicht nur unnütz, sondern der Entwicklung der Stimme direkt schädlich, weil die Unarten, welche sich bei gedankenlosem Vokalisieren einschleichen, später nicht mehr abzugewöhnen sind, sondern zur zweiten Natur werden.«[330]

Hier ist mit dem Begriff der zweiten Natur erneut das Verinnerlichen von Bewegungsmustern gemeint, jedoch nun im negativen Sinne. Damit steht auch das oben angesprochene Verderben der Stimme im Zusammenhang mit der

328 Sarasin, *Reizbare Maschinen*, 2000, S. 197–200.

329 Als positiver Rassismus gilt hier ein Aufwerten von menschlichen Eigenschaften, die auf Unterschiede der Rasse zurückgeführt werden. Typisches Beispiel ist auch die Bezeichnung »edler Wilder« etwa für einen Ureinwohner Nordamerikas; vgl. Sarasin, *Reizbare Maschinen*, 2000, S. 199f., aber auch Lotte Lehmann (*Anfang und Aufstieg*, 1937, S. 200) berichtet in ihren Memoiren von einem geführten Kurzbesuch in den USA, bei dem sie »erschauert vor den wie aus Erz geschnittenen prachtvollen Adlergesichtern einer aussterbenden stolzen und wilden Rasse« (ebd.) einem Indianertanz beiwohnte.

330 Fischer, *Neue Gesangsschule*, 1910, S. 86f. (Schule für Bariton).

zweiten Natur. Der Unterschied zwischen einem »mühelosen Frisch-Herausschmettern« und einem »planlosen Drauflos-Singen« ist sehr subtil. Da Fischer/Demuth ihn nicht eindeutig klären, bleibt er zumindest problematisch. Möglicherweise verbirgt sich an dieser Stelle auch ein Widerspruch. Durch die multiple und bisweilen unklare Autorschaft innerhalb der »Neuen Gesangsschule« bleibt letztlich offen, ob dieser Widerspruch – oder zumindest diese Unschärfe – innerhalb Demuths Aussagen und Denken besteht oder aber zwischen Demuth und Fischer.

Der ungebildete Naturalist

Im Gegensatz zum erstrebenswerten natürlichen Gesang – der vielmehr einen Als-Ob-Charakter umreißt, ein Natur-Sein-Sollendes – steht der ungebildete Naturgesang, der – wiederum scheinbar – ohne Kunstfertigkeit ausgeführt wird. Der ›ungebildete Naturalist‹ ist der Gegenpart des eingangs beschriebenen Kunstsängers. Bereits Sieber spricht 1858 vom »ungebildeten Naturalist[en]« in seinem *Lehrbuch der Gesangskunst.*[331] Interessanterweise taucht in der ersten Ausgabe seines *Katechismus* von 1862 an entsprechender Stelle die Formulierung »ein des Singens noch Unkundiger«[332] auf, wenn es um den mangelnden Registerausgleich geht. Bemerkenswerter Weise ändert er in der späteren Fassung diesen Ausdruck wieder in den »ungeschulte[n] Naturalist[en].«[333] Auch bei Scheidemantel taucht der ungebildete Naturalist im Gewande des »Natursängers« auf und dient als Abgrenzungsbegriff zum (unmarkierten) Sänger, der Kunstgesang ausübt.

> »Der Kunstgesang kann auf die vorbereitende Einstellung des Instruments unter keinen Umständen verzichten, sonst müßte er augenblicklich zu einem naturalistischen Gesange herabsinken, wie man ihn flach, gellend, grell und heiser von marschierenden Soldaten, von Natursängern, von ungebildeten Chören, Sängern und Sängerinnen leider nur allzu oft hört.«[334]

Naturgesang ist der nicht-künstlerische, rohe Gesang. Dieser ist aber eben nicht mit einer von der Zivilisation »unverdorbenen« Haltung verbunden, wie

331 Ferdinand Sieber, *Vollständiges Lehrbuch der Gesangskunst zum Gebrauche für Lehrer u. Schüler des Sologesanges*, Magdeburg 1858, S. 30.
332 Sieber, *Katechismus der Gesangskunst*, 1862, S. 12.
333 Vgl. Sieber, *Katechismus der Gesangskunst*, 1894, S. 12.
334 Scheidemantel, *Gesangsbildung*, 1913, S. 23.

sie sich bei Fischer findet. Bei Scheidemantel kulminiert der Unterschied zwischen dem rohen, ungehobelten Ton und dem künstlerischen, gebildeten Gesangston in der Unterscheidung zwischen dem »ungestellen« und »gestellten« Ton.[335] Interessanterweise gibt es bei Scheidemantel dennoch einen natürlichen gestellten Ton.

> »Einzelne Dialekte bevorzugen den gestellten Ton, so z. B. Dialekte des Thüringer Waldes. Es ist mir immer aufgefallen, daß Kinder, Jünglinge und junge Mädchen, die gestellten Ton im Dialekt sprechen, viel schöner, ich möchte sagen kunstgemäßer singen, als man sonst in deutschen Landen zu hören gewohnt ist. / Ich bin auch fest davon überzeugt, daß Italiener hauptsächlich deswegen die geborenen Sänger sind, weil fast in allen Schichten der Bevölkerung mit gestelltem Ton gesprochen wird. Der Vollklang, die Schönheit der italienischen Sprache, beruht ohne Zweifel auf dem gestellten Ton, der wiederum die Quelle des Kunstgesangs ist.«[336]

Da Scheidemantel an dieser Stelle den mit italienischem Gesang assoziierten Belcanto als vorteilhaft schildert, ist zu fragen, ob seine Kritik am Belcanto relativiert werden muss. Er wendet sich also womöglich nicht gegen den Belcanto an sich, sondern gegen seine Anwendung auf deutsche Musik. Demnach seien italienische Arien durchaus im Stil des Belcanto zu singen. Das würde nach Scheidemantel ohnehin automatisch passieren, wenn man gestellt sänge.

Wenn für Scheidemantel das zentrale Thema der gestellte Ton ist, so ist es für Pulvermacher der Registerausgleich. Er nutzt den Naturgesang ebenso wie Scheidemantel, um sein zentrales Thema zu untermauern und macht den Registerausgleich zum Unterschied zwischen Kunst- und Naturgesang, wenn er schreibt: »Im Umfang einer Naturstimme sind fast ausnahmslos Töne enthalten, die untereinander nicht ausgeglichen sind.«[337] Die für den Registerausgleich wichtige Resonanz, die er sowohl für die Klangverstärkung als auch für die charakteristische Prägung des Tons verantwortlich macht, verleiht »der Singstimme ihren individuellen Klang und Timbre«, doch fände sie sich nur bei ausgebildeten Stimmen und nicht bei Naturstimmen – mit Ausnahme »einige[r] leicht anzugebende[r], frei sitzende[r] Töne«.[338]

335 Ebd.
336 Ebd., S. 24.
337 Pulvermacher, *Gesangsregister*, 1915, S. 6.
338 Ebd., S. 18, wörtliche Zitate im Satz ebd.

Der Begriff der Natur mit seinen vielfältigen Bedeutungen ist geeignet, die Brücke zu den Reformbewegungen zu schlagen. Auch sie operieren mit dem Begriff der Natur und Natürlichkeit und – ähnlich zum Gesang – verstricken sie sich mitunter in widersprüchliche Verknüpfungen von Natur einerseits und konkreten Vorschriften an Körper und Geist andererseits. Der nächste Abschnitt fragt deshalb, inwieweit sich bestimmte Muster des Reformdenkens auch in den Gesangsschulen in Bezug auf den Körper wiederfinden lassen. (Eine Untersuchung des Körperdispositivs um 1900 käme aber auch unabhängig davon kaum ohne Rücksicht auf die verschiedenen Reformbewegungen der Zeit aus.)

3.12 Reformdenken

Hygiene-, Ernährungs-, Bewegungs- und Kleiderreformen waren zwar durchaus unterschiedlich in ihren Ansätzen, aber sie setzten sich mit ähnlichen Themen auseinander und reagierten auf ähnliche zeitgenössische Umstände, die sie oft als Problem wahrnahmen. Nachfolgend sollen die Gesangsschulen auf Aussagen hin überprüft werden, die sich mit den Ideen der Reformbewegungen verknüpfen lassen. Dabei geht es um das Zusammenspiel von Körper und Seele, um Ansätze in Verbindung mit Leibesübungen und zuletzt um Kleidungsvorschriften.

Körper, Geist und Seele

Sieber überträgt das Verhältnis von Seele und Körper direkt auf den Gesangston. Auf die rhetorisch selbst gestellte Frage, ob mit den Beschreibungen physiologischer Zusammenhänge alles aufgeführt sei, »was zum edlen Gesange gehört«[339], ›antwortet‹ er:

> »Wenn man die sinnliche Klangschönheit – wir möchten sagen das Körperliche des Tons – meint, allerdings. Es giebt aber in der Kunst noch etwas Höheres, das seelische Durchdringen des Tones, jenes unnennbare Etwas, das der Stimme erst ihre ganze Zauberkraft verleiht, sie zum Ausdruck unseres innersten Lebens und Fühlens, zum Dolmetscher unserer Empfindungswelt macht.«[340]

339 Sieber, *Katechismus der Gesangskunst*, 1862, S. 6.
340 Ebd.

Sieber unterscheidet also das Körperliche und Seelische des Tons, wobei letzteres als das Höherwertige gilt. Der Unterschied wird insbesondere beim Portamento deutlich und sehr konkret:

> »Die Stimme gleitet dabei fast unmerklich von der Anfangsnote ausgehend über alle zwischen ihr und der nachfolgenden Note liegenden Tonstufen zart und flüchtig hinüber in die Tonhöhe dieser im *portamento* anzureihenden Note. Bei solchem ätherischen Durcheilen aller feinsten Tonunterschiede muß der Sänger zugleich ein *crescendo* anwenden, wenn das Portament in steigender, und ein *decrescendo*, wenn es in fallender Richtung [...] ausgeführt wird. Diesem recht eigentlich *seelischen* Momente des *portamento* steht der zweite mehr äußerliche – wir möchten sagen: *körperliche* gegenüber, der in einer Anticipation des Klanges der zweiten Note auf der Textsilbe der ersten besteht.«[341]

Die Binnendynamik des Portamentos ist dessen Seele, die Antizipation des Schlusstons, die mit einem Absetzen beziehungsweise Anhalten des Atemstroms verbunden ist, ist für Sieber körperlich. Scheidemantel bringt ebenfalls den Begriff der Seele ins Spiel, wenn er schreibt, dass im Allgemeinen der »Gesang [...] der vollkommenste Ausdruck der Seele«[342] ist. Im Besonderen sei der gestellte Ton für das Seelische verantwortlich und damit »der ideale Kunstgesangston«, der »immer edel, seelenvoll, stet, lose, weich und mächtig [klingt] und [er] ist ausgezeichnet durch eine in allen Schattierungen der Dynamik unwandelbar feststehende Einheit« – sein Gegenteil ist jedoch nicht etwa der körperliche Ton, sondern »der gemeine Gassengesangston«.[343]

Während das Seelische erneut als das Superiore vorgestellt wird, wird das Körperliche bisweilen auch zum Inferioren, jedoch wird nicht immer auf das Seelische als dessen Gegenstück verwiesen. So finden sich bei Fischer/Schmedes/Preuß[344] und bei Fischer/Elizza/Forst Warnungen vor dem Aufbäumen der Zunge. Die Zunge hätte Sängerinnen »durch ihre Widerspenstigkeit zur Verzweiflung gebracht« und angehende Sängerinnen »müssen sich auf einen schweren Kampf mit diesem kleinen Stückchen Fleisch gefaßt machen«.[345] Die Wortdichte von Sängerin, Fleisch, Zunge und Widerspenstigkeit läd geradezu zu geschlechterstereotypen Assoziationen ein, die hier jedoch für sich selbst

[341] Ebd., S. 39.
[342] Scheidemantel, *Gesangsbildung*, 1913, S. 145.
[343] Ebd., S. 23, wörtliche Zitate im Satz ebd.
[344] Fischer, *Neue Gesangsschule*, 1910, S. 51 (Schule für Tenor).
[345] Ebd., S. 7f. (Schule für Sopran), vorhergehendes Zitat auf S. 7.

sprechen sollen. Das widerspenstige Fleischliche kann vor allem als das Gegenteil dessen aufgestellt werden, was das Ziel gerade des Soprangesangs sein soll: nämlich den, wie es sich im Abschnitt zum Register herausarbeiten ließ, mit engelhafter Liebe gesungenen und körperlos resonierenden Ton.

Ganz anders verhält es sich bei Rutz. In seiner Typenlehre der Körperhaltungen, die er direkt als Physiognomie vorstellt, verbindet er Körper(haltung) und Seele.

> »Jeder Mensch *stellt* seit seinen Kinderjahren seine Rumpfmuskeln in einer bestimmten Weise unter dem Einfluß einer ganz bestimmten seelischen Eigenart *ein*. [...] Diese Haltung drückt sich äußerlich, für das Auge, so deutlich aus, daß man sie, wenn nicht besondere Umstände, wie Mißbildungen, große Fettanhäufungen, das erschweren, fast immer sofort mit dem Auge bestimmen kann.«[346]

Hierbei ist das Verhältnis von Körper und Seele vor allem als Argument zur Untermauerung seiner Ansichten zur Typenlehre zu verstehen. Doch auch hinter der Physiognomie verbirgt sich die Temperamentenlehre, die sich – auf Körperhaltungen bezogen – wie ein roter Faden durch Rutz' Schule zieht.

Gymnastik und Gesundheit

Gymnastik, Hygiene und Gesundheit nehmen in fast allen Schulen Raum ein. Wenn für Guttmann der Atem in allen Belangen bedeutsam ist, dann scheint er damit stärker von den Reform- und Turnbewegungen geprägt zu sein als von den Traditionen der Gesangspädagogik. Dazu gehört auch das für die Hygiene- und viele Reformbewegungen typische Wechselspiel aus (mäßiger) Anspannung, Entspannung und frischer Luft, die am besten noch mit der richtigen Ernährungsweise kombiniert wird. Guttmann fordert:

> »Nach den Bewegungen ruhe man ordentlich aus und esse weder unmittelbar vor, noch nach starken Bewegungen. / Bei den Bewegungen, die immer in reiner frischer Luft zu machen sind, beobachte man genau, daß man den Athem nicht anhält [...].«[347]

[346] Rutz, *Sprache, Gesang, Körperhaltung*, 1911, S. 32.
[347] Guttmann, *Gymnastik der Stimme*, 1861, S. 11.

Und weiter schreibt er:

> »Die *Dauerhaftigkeit* eines Tones hängt von der Kraft der Kehlkopfmuskeln ab, und kann nur erlangt werden, wenn man diese Theile durch richtige (thierische) Kost gut ernährt, und dann allmälig im Singen eine Steigerung, aber nie ohne die erforderliche Ruhe eintreten läßt.«[348]

Deutlich wird hier nicht nur die Trennung von Geist und Körper, sondern auch die atomistische Sicht auf letzteren: Nicht der Mensch oder der Körper soll ernährt werden, sondern einzelne Körperteile sind zu verköstigen.

In einem eigenen Abschnitt geht Sieber detailliert auf »Vorschriften über Gesundheitspflege« ein.[349] Stimmpflege impliziert hier auch Diätkost und allgemeine Verhaltensweisen. Gymnastik, Bewegung und Gesundheitssport seien gut für das Singen, doch nach der Anstrengung sei immer eine Pause nötig. Hand- und Schreibtischarbeit seien sogar schädlich:

> »Ein zu eifriges und lange fortgesetztes Nähen, Stricken oder Sticken spannt die Nerven ab, wie andererseits auch die (damit gern verbundene) gebückte Stellung der freien Entfaltung der Athmungsorgane hinderlich sind. Ebenso sollten sich unsere Sänger vor anhaltendem Schreiben, Notenkopiren und dergl. mehr hüten und lieber fleißig Turnübungen vornehmen [...].«[350]

Auch Iffert schreibt ein ganzes vierseitiges Kapitel zur »Diätetik der Simme« und fordert darin einen allgemein gesunden Lebensstil ein. Ausgehend von der Annahme, dass nur ein gesunder und starker Körper für die Sängerlaufbahn geeignet sei, empfiehlt er Bewegung, frische Luft, Abhärtung, Ruhe nach den Mahlzeiten und kalte Waschungen.[351] Sein ganzheitlicher Ansatz umfasst Bildung, Leistung und Gefühl. Bei ihm ist Natürlichkeit die natürliche Empfindung des Selbst. Seine zahlreichen gymnastischen Übungen enthalten regelmäßig die Warnung vor Überanstrengung,[352] doch macht er deutlich:

> »Von einer Dressur *einzelner* Muskeln kann natürlich hierbei nicht die Rede sein, sondern es handelt sich um die Tätigkeit des ganzen bewegenden Apparates, Kinnlade, Zunge, Schlund, Kehlkopf u. s. w. Diesen ganzen eng zu-

348 Ebd., S. 28.
349 Sieber, *Katechismus der Gesangskunst*, 1862, S. 19–22.
350 Ebd., S. 19f.
351 Iffert, *Allgemeine Gesangsschule*, 1906, S. 72f.
352 Ebd., S. 18.

> sammenhängenden Organenkomplex sollen wir in eine schlaffe, hängende Lage bringen, damit nicht ein Teil desselben den hindurchstreichenden weichen Atem drücke und einenge.«[353]

Vermutlich Grete Forst (Fischer/Elizza/Forst) empfiehlt »allen Sängerinnen« eine tägliche Atemübung. Dabei wird durch die Nase eingeatmet, dann der Atem angehalten und »in den oberen Brustpartien« gesammelt, um dann langsam durch den Mund auszuströmen. Nach einer kurzen Pause soll die Übung wiederholt werden. Forst empfiehlt, »sich dabei jeder Übertreibung zu enthalten [...].«[354] Auch Fischer/Demuth empfehlen Übungen zur Zwerchfellatmung und Steigerung der Leistung, die auf dem Boden liegend ausgeführt werden.[355] Scheidemantel empfiehlt gerade Kindern die Bewegung an frischer Luft. Allerdings fürchtet er die Unkontrollierbarkeit von sich bewegenden Kindern und warnt:

> »Auf keinen Fall dürfen die Kinder bei rhythmischen Übungen singen! Gar zu leicht geraten marschierende, stampfende Kinder ins Schreien und überanstrengen ihre Stimme. / Sie [die rhythmischen Übungen] werden natürlich immer am besten in freier Luft vorgenommen, nur wenn es das Wetter nicht gestattet, in der Turnhalle, die immer gut gelüftet sein muß. / In der Turnhalle soll man auch einfache Atemgymnastik treiben (in guter Luft), worüber in Schrebers Buch (Zimmergymnastik, Leipzig, Friedrich Fleischer 1907) guter Rat zu finden ist.«[356]

Auch Fischer/Schmedes/Preuß schließen ihr Kapitel mit allgemeinen Regeln zur gesunden Lebensweise,

> »[d]enn selbst das genauste Befolgen alles bisher Gesagten würde den Tenoristen nicht zum gewünschten Ziele bringen, wollte er außerhalb seiner Arbeitszeit sich nicht einer besonderen Rücksichtnahme auf seine ihm von der Natur geschenkten Stimmittel befleißigen.«[357]

353 Ebd., S. 19.

354 Fischer, *Neue Gesangsschule*, 1910, S. 4 (Schule für Sopran), vorhergehende wörtliche Zitate ebd.

355 Ebd., S. 64f. (Schule für Bariton).

356 Scheidemantel, *Gesangsbildung*, 1913, S. 125.

357 Fischer, *Neue Gesangsschule*, 1910, S. 58 (Schule für Tenor).

›Bodybuilding‹

Im Gegensatz zur Gymnastik, die einen großen Teil des Körpers mit mäßiger Belastung beansprucht und somit die Idee eines ganzheitlichen Zusammenspiels in Körperübungen übersetzt, werden beim Bodybuilding gezielt einzelne Muskeln und Muskelgruppen trainiert. Doch auch beim Bodybuilding wird das Wechselspiel von Belastung und Entlastung sehr präzise eingesetzt, um den Trainingserfolg zu steigern. Im Unterschied zur Gymnastik sind die Pausen wie die Übungen kleinteiliger und weniger als ›Ruhephasen‹, sondern als kurze Erholung der zu trainierenden Körperteile aufzufassen. Bei Guttmann etwa finden sich zwar immer wieder die angesprochenen Bezüge zur Diätetik und Gymnastik, jedoch ›verordnet‹ er selbst der Zunge verschiedene Turnübungen und ergänzt:

> »Aber nicht nur mit der Zunge sind diese Turnübungen vorzunehmen, sondern mit sämtlichen Mund- und Gesichtsorganen: *Gaumen, Kiefer, Lippen.*«[358]

Der Begriff des Turnens gehört zwar eigentlich in den Bereich der Gymnastik, wenn Tanzübungen jedoch mit einzelnen Muskeln wie Zunge oder Gaumen durchzuführen sind, haben sie durchaus eine Nähe zum systematischen Bodybuilding.

Auf den Gesang übertragen, hieße der Unterschied zwischen Gymnastik und Bodybuilding, dass das Üben von Stücken und längeren zusammenhängenden Passagen eher dem Ansatz der gymnastischen Übung entspricht, das gezielte Üben von einzelnen Tönen oder kurzen Figuren und Skalen eher einem ›gesanglichen Bodybuilding.‹ Dieser Vergleich mag zunächst etwas mutig erscheinen, doch ist es häufig auch die Wortwahl und die Ausdrucksweise in den Schulen, die bisweilen das Gesangstraining in die Nähe zum Krafttraining rückt. Vor dem Hintergrund von Männlichkeitsbildern verwundert das kaum, hilft es doch, das eigene Tun von Sängern zu legitimieren, wenn Gesangsübungen als Krafttraining wahrgenommen werden. Solche Assoziationen finden sich gerade in Schulen, die Gesangsübungen aus einer mechanistischen Perspektive betrachten, indem sie den Gesang in kleine Bestandteile zerlegen, die separat geübt und im Anschluss erst wieder zusammengesetzt werden. Bei García werden Flexibilität, Sanftheit und Kraft in diesem Sinne über technische Übungen entwickelt. Die Klarheit und Normativität seiner Sprache drängt sogar den

358 Guttmann, *Gymnastik der Stimme*, 1861, S. 34.

Umkehrschluss auf, dass das Üben an Literatur (der gymnastischen Übung) wenig effektiv ist.

> »Q. How is this [the acquirement of agility] to be obtained?
>
> A. By the study of diatonic scales, passages of combined intervals, arpeggios, chromatic scales, turns, shakes, light and shade.[...] When properly directed, it renders the organ flexible, even, mellow, besides strengthening and preparing it for the florid style as well as for the plain and declamatory (*canto fiorito, canto spianato, canto declamato,* [...]).«[359]

García empfielt viele Pausen, um eine Überanstrengung der Stimme zu vermeiden. Dabei gibt er mit einem maximalen Pensum von vier mal 30 Minuten knappe und konkrete Anweisungen. Ähnlich dicht ist das ›Trainingsprogramm‹ von Fischer/Mayr, das die Autoren im ›nüchternen‹ und ebenso normativen Stichpunktstil formulieren:

> »In der Frühe zehn Minuten Atemübungen, sodann eine Viertelstunde (mit Pausen) Aushalten getragener Töne zur Stärkung der Stimme, eine weitere Viertelstunde Studien Mayrs zur Perfektion der Technik. Nachmittags, unmittelbar vor dem Partiturstudium eine Viertelstunde Sprechübungen nach vorhergehendem Muster. Die strikte Einhaltung dieses täglichen Pensums wird die Stimme stählen und ihren Besitzer in den Stand setzen, die anstrengendsten Partien mit Leichtigkeit zu überstehen.«[360]

Dieses Programm spricht nicht nur vom Stärken und Stählen, es ist ebenfalls durchgeplant wie ein Programm von Krafttrainingseinheiten. Noch deutlicher werden die Autoren an anderer Stelle, an der sie anmerken, dass zur geforderten Lockerheit auch eine Kraft gehöre. Für deren Ausbildung schlagen sie Geräteübungen vor, die deutliche Bezüge zur Idee des Bodybuilding aufweisen, auch mit dem obligatorischen Hinweis, es nicht zu übertreiben (der jedoch ebenfalls für das Bodybuilding gilt).

359 García, *Hints on Singing*, 1894, S. 19, übersetzt etwa: *F. Wie erreicht man das (die Erlangung von Beweglichkeit)? / A. Indem man diatonische Skalen übt, Passagen von kombinierten Intervallen, Arpeggios, chromatische Skalen, Doppelschläge, Triller, Licht und Schatten.* [...] *Wenn sie richtig gehandhabt werden, wird das Organ flexibel, ebenmäßig, voll und nebenher auch noch gestärkt und vorbereitet für den verzierten Stil wie auch für den einfachen und deklamatorischen (*canto fiorito, canto spianato, canto declamato, [...]*).*

360 Fischer, *Neue Gesangsschule*, 1910, S. 121 (Schule für Baß).

»Ist die Brust gewölbt und breit, so hat die Natur einen guten Teil zur Schallentwicklung beigetragen, wie überhaupt eine robuste Konstitution ein wesentliches Erfordernis für den Bassisten ist. Ist diese Veranlagung von Haus aus nicht, oder nur in bescheidenem Maße vorhanden, so ist es Sache des Studierenden, durch Betreiben leichter Athletik und sonstigen Sports nachzuhelfen. Eine der empfehlenswertesten Übungen, welche zur Stärkung und Erweiterung des Brustkorbes beitragen, ist folgende: zwei Gummischnüre, am Türpfosten über einem Flaschenzuge laufend, sind an ihrem unteren Ende mit Gewichten beschwert. Diese beiden Schnüre werden mit ausgestreckten Armen angespannt und durch eine allmähliche Kraftsteigerung in die Höhe gezogen; [...]. Derlei Athletik darf man aber nicht übertreiben, [...].«[361]

Dass hier explizit von Athletik gesprochen wird und nicht etwa von Turnübungen oder Gymnastik, scheint angesichts des größeren Kontextes kein Zufall zu sein.

Kleidung

So bedeutsam die Kleiderreform Ende des 19. Jahrhunderts auch sein mag, auf die Kleidung beziehen sich nur wenige Schulen. Allerdings, wenn überhaupt Kleidung angesprochen wird, geht es nicht um die Frage, welche Kleidung, welches Kostüm zu einer Darstellung passen würde, sondern es geht durchaus um Ideen, die mit der Kleiderreform zusammenhängen. Guttmann fordert lockere Kleidung, aber kritisiert vor allem das Korsett, dessen Ablegen zentrales Thema der Reformbewegungen, allen voran der Kleiderreformer, war:

»Alle diese Beweise jedoch werden bei unseren Damen, deren Taille eher einer Wespe als einem menschlichen Wesen ähnlich, und bei unseren Liebhabern [...] fruchtlos sein, und ich geb ihnen daher den Rath, daß sie, wenn denn einmal eingeschnürt sein muß, wenigstens darauf achten, daß nicht *alle* Athmungsmuskelgruppen davon betroffen werden. / *Wer eine tüchtige Lungenentwicklung haben will, befreie die Athmungsorgane von jedem Drucke.*«[362]

[361] Ebd., S. 115 (Schule für Baß).
[362] Guttmann, *Gymnastik der Stimme*, 1861, S. 142.

Auf die in der Fassung von 1890 hinzugefügten Abbildungen wurde bereits im Abschnitt zur Kollektivsymbolik eingegangen (S. 149f., insbesondere Abbildung 12). Ähnlich wie Guttmann argumentiert auch Pulvermacher:

> »Die Kleidung sei derart, daß weder der Hals, noch die Brust oder der Leib eingeengt werden. (Enge Kragen hindern den Kehlkopf und die Halsmuskeln in ihrer Bewegungsfreiheit; fest geschnürte Korsetts engen den Leib ein und machen eine tiefe Atmung unmöglich.)«[363]

Auch hier taucht der ansonsten kaum verwendete Begriff des Leibes auf. Er erinnert jedoch daran, dass nicht nur irgendein physikalischer Körper eingeschnürt wird, sondern ein lebendiger beseelter Mensch. Die Forderung, das eng geschnürte Korsett abzulegen, mag selbstverständlich erscheinen. Vorsicht geboten ist jedoch bei der daraus abgeleiteten Schlussfolgerung nach möglichst weiter Kleidung, die keinerlei Druck mehr auf den Körper ausüben darf. Dieser Schluss, den Guttmann in Übereinstimmung mit den damaligen Kleiderreformansätzen zieht, wird interessanterweise nicht von Grete Forst geteilt. In Fischer / Elizza / Forst schreibt sie:

> »Die richtige Zwerchfellatmung ist meiner Erfahrung nach ohne Mieder nur sehr schwer auszuführen. Habe ich auf obige Weise geatmet, so spüre ich den Druck des Mieders auf dem mit Luft gefüllten Zwerchfell. Der Widerstand, welchen das Mieder dem Zwerchfell entgegensetzt, ist für mich eine wichtige Kontrolle für die richtige Tiefatmung, welche ich selbstverständlich verlieren würde, wollte ich ohne Mieder singen. Ich denke hierbei natürlich nicht an jene modernen Korsetts, welche durch ihre Länge für jede Sängerin ein unüberwindliches Hindernis bilden. Ebensowenig darf man sich etwa fest einschnüren.«[364]

Das Mieder ist kein Korsett, erst recht kein eng geschnürtes, aber es ist eben auch nicht die lockere Kleidung, die überhaupt keinen Druck mehr ausübt. Guttmanns Argumentation war, »wenigstens« nicht fest zu schnüren, »wenn denn einmal eingeschnürt sein muß«.[365] In dieser Bedeutung kommt bestenfalls ein sozialer Zwang zu Kleidungsmoden zum Ausdruck. Für Guttmann wäre ein Mieder ein Zugeständnis, für Forst wird es Bedingung für den Gesang. Gleichzeitig ist auch zu berücksichtigen, dass eine Sängerin, die einmal an das

363 Pulvermacher, *Gesangsregister*, 1915, S. 1.

364 Fischer, *Neue Gesangsschule*, 1910, S. 4 (Schule für Sopran).

365 Guttmann, *Gymnastik der Stimme*, 1861, S. 142.

Mieder gewöhnt ist, mit dem Ablegen dieser künstlichen Stütze durchaus eine veränderte Körpererfahrung erleben und sich mit Mieder entsprechend sicherer verhalten könnte.

4 Abschließende Gedanken: Wie Gesangsschulen Körper machen

In Kapitel 2 ließen sich vier Kräfte herausarbeiten, die um 1900 ›am Körper zogen‹. Sie ließen sich als zwei Gegensatzpaare aufstellen: Individualisierung versus Normalisierung und Rationalisierung versus Naturalisierung. Auch in den Gesangsschulen ließen sie sich ausfindig machen. Vereinfacht ausgedrückt ergibt sich folgendes Bild: Die Ansätze der Gesangsschulen haben die Tendenz, ihre jeweilige Position als Norm aufzustellen; sie streben also eine Normalisierung an und richten sich damit an einzelne Individuen, den Sänger und die Sängerin, den Schüler und die Schülerin oder an den jungen Künstler. Dabei betrachten sie den Körper mechanistisch und rationalisieren. Gleichzeitig nutzen die Autorinnen und Autoren den Naturbegriff als Argument für ihre Positionen. Dieses Spannungsfeld soll nachfolgend rekapituliert werden, um zu zeigen, dass und wie die Gesangsschulen Körpervorstellungen produzierten.

4.1 Normalisierung und Rationalisierung

Tatsachenstil, musikalische Interpretation und Naturwissenschaften

Für die Überzeugungskraft der Schulen ist in erster Linie ihr normativer Stil verantwortlich. Zwar ließe sich eine grundsätzliche normative Sprache damit erklären, dass die Schulen nun mal Lehrwerke sind, die klare Antworten geben wollen. Doch in ihrem Ausdruck gehen sie deutlich weiter, denn sie legen eine mechanistische Sprache an den Tag und betrachten den Leib als Uhrwerk, Instrument und Apparat. Sie übersetzen bisweilen Körperteile in Mechaniken, physiologische Begriffe in Maschinenbegriffe. Solche Sprache ist weniger natur- als ingenieurwissenschaftlich beeinflusst. Sie übersetzt nicht nur Körperfunktionen, sie simplifiziert sie und nimmt den Aussagen so ihren Hypothesencharakter. In den Schulen dominiert ein normativer Stil, der sich am besten mit dem Begriff ›Tatsachenstil‹ umreißen lässt.

Normalisierung und Rationalisierung zeigen sich selbst in den Abschnitten zur Interpretation. In der Regel wird die Interpretation eines Notentextes als Gesetzmäßigkeit beschrieben, der das Individuum folgt, sich der Komposition unterordnet und seine Individualität damit auslöscht. Dazu gehört auch, dass der Affekt nicht den Gesang beeinflussen soll, sondern umgekehrt der Gesang rational gesteuert wird, um einen Effekt beim Publikum zu erzielen. Dann und nur dann, wenn es für den beabsichtigten Effekt notwendig ist, darf die Grundeinstellung des Gesangs verlassen werden, dann darf der Körper hörbar werden, darf schreien, weinen und hauchen. Er darf es nicht nur, er muss es sogar, wenn ›das Werk es vorschreibt‹.

Besonders deutlich sind Normalisierung und Rationalisierung in Abschnitten mit Nähe zur Physiologie und Naturwissenschaft. Deren neueste Hypothesen präsentieren viele Autorinnen und Autoren gern als Tatsachen. Lediglich Sieber, das frühste unter den untersuchten Beispielen, ist an dieser Stelle noch eine Ausnahme. Natur- und Ingenieurwissenschaften bilden im Verbund mit zunehmend technokratischen Strukturen bereits im 19. Jahrhundert eine Diskursmacht. Entweder werden Naturwissenschaften affirmativ integriert – am deutlichsten bei Lehmann und Scheidemantel – oder aber in einer Abwehrreaktion bewusst bekämpft, wie es insbesondere Iffert tut. Am deutlichsten und einflussreichsten für den Tatsachenstil ist Garcías *Hints on Singing*. Obwohl diese Schrift kurz vor der Jahrhundertwende publiziert wurde, so muss bedacht werden, dass es sich doch um Garcías ›Spätwerk‹ (vgl. Abschnitt 1.3) handelt. Als Beitrag zum Diskurs um 1900 ist es dennoch bedeutsam. Obwohl vieles darin auf seinen Forschungen aus der Mitte des Jahrhunderts beruht, hat er seine Theorien durchaus inhaltlich dem Kenntnisstand der Zeit angepasst. Möglicherweise war sein mechanistischer Tatsachenstil mitverantwortlich für die Überzeugungskraft seiner Hypothesen und für seinen Erfolg, der bis heute nachwirkt. Den Körper betrachtet er nicht nur wie eine Maschine, sondern er versucht als Wissenschaftler körperliche Prozesse allgemeinverständlich zu beschreiben. Indem er Physiologie und Gesangsschule verbindet, arbeitet er interdisziplinär und schreibt letzten Endes populärwissenschaftliche Bücher. Seine Erkenntnisse sollen nicht von Anatomen verstanden werden, sondern von Sängerinnen und Sängern. In diesem – möglicherweise durchaus gut gemeinten – Zuge simplifiziert er mit seinem Stil die Komplexität und Hypothesenhaftigkeit seiner Forschungen. Fast ohne Nebensätze zu verwenden, erklärt er seinem Publikum den Körper und seine Funktionen. In vielen Schulen benutzen die Autorinnen und Autoren ähnliche mechanistische Metaphern, um vermeintlich das Verständnis über den Körper zu erleichtern. Evident ist dieses Phänomen in den jeweiligen Abschnitten zur Atmung und zum Register.

Atmung und Register

Die Atmung ist an die untere Hälfte des Rumpfes gebunden und alle sind sich darin einig, dass der Atem unhörbar sein soll. Die Schulen unterscheiden sich lediglich in der Auffassung darüber, ob nun die Zwerchfell-, die Flankenatmung oder aber eine Kombination von beiden optimal ist. Zur Begründung bedienen sich die Autorinnen und Autoren einer Erkenntnis, die sich gleichermaßen auf Physiologie, Beobachtung, Natur und Logik zu stützen vermeint. Die Unterschiede machen jedoch das deutlich, was Sarasin meint, wenn er von der Paraphrase als Stilmittel in den Populärwissenschaften spricht.[1] Sie erwecken lediglich den Anschein, als fassten sie solide abgesicherte Hypothesen zusammen. Zur Validierung ziehen sie Naturwissenschaften heran oder aber grenzen diese aus und berufen sich auf die Selbsterkenntnis.

In den Abschnitten zum Register wiederholt sich das Prinzip, das sich bei der Atmung bereits andeutete. Hier aber sind die Schriften heterogener; der Widerspruch zwischen der Normativität der Argumentation innerhalb der Schriften und der Individualität der Schriften wird umso deutlicher, insbesondere beim Falsett. Mit dem Auftauchen der Mittelstimme zur Jahrhundertwende wird das eigentlich nun obsolete Falsett zunehmend zum Problem. Es ist im Diskurs verankert und lässt sich nicht mehr löschen. So entstehen verschiedene Positionen bezüglich des Falsetts und darüber hinaus überhaupt auch verschiedene ›Tatsachen‹ über die Anzahl an Registern. Diese Meinungsvielfalt ist den Autorinnen und Autoren auch bewusst, mitunter fassen sie diese Vielfalt sogar überblicksweise zusammen. Mit Ausnahme von Goldschmidt, der eine deutlich eigene Positionierung vermeidet, positionieren sich die Autorinnen und Autoren jedoch letzten Endes und konstruieren mit ihrem Tatsachenstil an dieser Stelle wohl am stärksten den Körper. Das Ergebnis ist, dass je nach Schule graduell andere Körper konstruiert werden. Für die Gesangsausbildung heißt das: Jede Person bekommt je nach Lehrmeinung einen anderen Körper ›verpasst‹.

Einig sind sich die Schulen hinsichtlich eines Phänomens: der ›Entkörperlichung entlang der Resonanzleiter‹. Obwohl viele Schulen verschiedene Aspekte des Ansatzes, der Resonanz, der Register und der Stimmcharaktere beleuchten, lassen sich die Aussagen insgesamt zu einem schlüssigen System zusammenfügen. Je tiefer die Stimmlage, das Register, der Stimmcharakter, desto körperhafter werden Resonanz und Ton empfunden. Beginnend bei der vollen, kräftigen und körperlichen Bruststimme nimmt die Körperhaftigkeit nach oben graduell ab. Mit zunehmender Tonhöhe kommen Mittel- und Kopfstimmanteile ins

[1] Sarasin, *Reizbare Maschinen*, 2000, S. 133–139, vgl. Abschnitt 2.1, insbesondere S. 33.

Spiel, die den Ton immer leichter, luftiger und körperloser erscheinen lassen. Die beiden Enden der Skala, Brust- und Kopfstimme, werden als klangliches Gegensatzpaar beschrieben. In dem Moment, indem Frauen überwiegend hohe Lagen singen und Männer überwiegend tiefe, koppelt sich das Gegensatzpaar an Geschlechterstereotype, die wiederum auf die Klangideale zurückwirken. Ist der leichte, luftige und körperlose Ton einmal weiblich, so bekommt er auch alle anderen als weiblich geltenden Attribute zugeschrieben – so wie umgekehrt der kräftig resonierende Brustton, ist er einmal männlich konnotiert, auch alle als männlich geltenden Attribute zugeschrieben bekommt. Die Charaktere von Tönen und Geschlechtern geraten in einen sich selbst verstärkenden Kreislauf. So einleuchtend und stringent eine solche Zusammenfassung wirken mag, ist es aber vor allem Scheidemantel, der diese Lesart provoziert. Andere Schulen sind nicht derart deutlich, jedoch widersprechen sie seinem System auch nicht und lassen sich in ein solches binäres Geschlechtermodell integrieren, ob sie dies nun beabsichtigt haben oder nicht.

Gleichzeitig sollen die geradezu gegensätzlichen Klangunterschiede der verschiedenen Register aber durch einen Registerausgleich zu einer Klangeinheit verschmelzen. Der Registerausgleich lässt sich somit als Synthese einer Dialektik von Bruststimme (These) und Kopfstimme (Antithese) deuten.[2] Register, Resonanz und Ansatz bilden dabei einen kaum zu entwirrenden Komplex aus Ursachen und Wirkungen. Der Versuch, komplexe Phänomene einfach zu erklären und auf wenige Faktoren zu reduzieren, wird an dieser Stelle erneut fatal. Das Register wird als einfaktorielles Ursache-Wirkungs-Prinzip ver-

[2] Gerade im 19. Jahrhundert nahm die Dialektik in der deutschen Geistesgeschichte eine zentrale Rolle ein. Hans-Georg Gadamer, *Philosophisches Lesebuch, Bd. 3. Der deutsche Idealismus. Der Aufstand der Weltanschauungen. Das Faktum der Wissenschaft,* Frankfurt a. M. 2007, sieht im deutschen Idealismus, als dessen zentrales Mittel er die Dialektik ansieht, den letzten Versuch der Philosophie, »empirische[] Wissenschaften wie in einer Enzyklopädie des Geistes mitzuumfassen« (ebd., S. 10). Mit dem Ende des Idealismus kann auch das dialektische Denken selbst als Gegenentwurf zu einer empirisch-naturwissenschaftlich geprägten Moderne verstanden werden; es würde damit sogar anschlussfähig an Reformbewegungen sein. Auch im musikalischen Denken nimmt die Dialektik im 19. Jahrhundert eine Schlüsselrolle ein, wie etwa bei den Vorstellungen der Dur-Moll-Tonalität bei verschiedenen Theoretikern, besonders eindrucksvoll etwa bei Moritz Hauptmann, *Die Natur der Harmonik und der Metrik. Zur Theorie der Musik*, Leipzig 1853, aufgegriffen auch bei Hugo Riemann, *Über das musikalische Hören*, Leipzig 1874; vgl. dazu auch Stefanie Probst, »Musiktheorie als Kompositionslehre und Komposition(slehre) als Musiktheorie – Hugo Riemann zwischen Theorie und Praxis. Eine Studie zu tonalen Funktionen und dem dialektischen Kadenzmodell«, in: *ZGMTH* 9/2 (2012), S. 259–278.

standen. Je nach Schule ist es allein die Resonanz, die für die Register verantwortlich ist, oder aber allein das Schwingungsverhalten der Stimmlippen. Doch kaum eine Schule hält ihr eigenes System durch. Egal, wie sie jeweils Register erklären: Wenn es um den Registerausgleich geht, wenn es also darum geht, die Kontrolle über die Register einzutrainieren, tauchen immer wieder Resonanz, Ansatz, Atmung und Aussprache auf. Scheidemantel führt genau aus diesem Grund den Begriff »Mechanismus« ein. Er erlaubt es ihm, der Falle einer monokausalen Erklärung von Registern durch Stimmlippenschwingungen zu entkommen. Einen radikal anderen Weg schlägt Lehmann ein, die mit dem Registerdurcheinander ganz brechen möchte, indem sie die Ausmerzung des Registerbegriffs selbst fordert. Doch indem Lehmann einen Körper ohne Register konstruiert, konstruiert sie im Endeffekt eine Spielart des Ein-Register-Körpers. Da sie jedoch an den Begriffen Kopf- und Bruststimme festhält, wird sie den Registerbegriff aber am Ende selbst nicht los.

Der Vergleich zweier Aufnahmen aus der Schule von Fischer versprach einen vertieften Einblick in die Registertheorie, indem sich die Theorie mit der Praxis – jedenfalls in Teilen – zusammenführen ließ. In der Analyse von Hilgermanns Aufnahme zeigte sich ein Wechsel in der Obertoncharakteristik genau dort, wo Fischer/Hilgermann die untere Grenze der Mittelstimme ansetzten, beim fis'. Der Registerübergang hat in der Aufnahme also eine hör- und darstellbare Entsprechung im Klang. Während bei der Bruststimme der stärkste Teilton der erste Oberton ist, wird im Bereich der Mittelstimme nun der Grundton der stärkste. Dieser Wechsel schien zudem unabhängig vom Geschlecht zu sein, denn er zeigte sich auch in der Tenoraufnahme von Schmedes/Preuß. Dort lag er beim g' – exakt dort, wo ihn auch Scheidemantel angibt. Die Tenoraufnahme stützt insgesamt Scheidemantels Aussagen zu den Registergrenzen.[3] Doch musste die Frage gestellt werden, welche Schlüsse sich aus diesen Beobachtungen ziehen lassen. Versteht man die Registertheorie als Versuch, den Ursachen von bestimmten Klangphänomenen auf den Grund zu gehen, so kann das Klangphänomen am Ende nicht die Hypothese über die Ursache verifizieren. Das wäre ein unzulässiger Zirkelschluss. Der paraphrasierende Stil populärwissenschaftlicher Literatur verbindet sich einmal mehr mit einem selbstbewussten Tatsachenstil und einem mechanistischen Denken. Wenn die Autorinnen und Autoren der Schulen ihre ›Tatsachen‹ am Ende mit den gleichen Klangphänomenen und Körperempfindungen bei ihren Schülerinnen und Schülern ›verifizieren‹ lassen, dann wird wohl am deutlichsten gerade über das Register aus dem Klang ein Körperbild konstruiert. Das Register funktioniert damit als Türöffner für Körpermodelle, die Autorinnen und Autoren an ihr Publikum weitergeben.

[3] Scheidemantel, *Gesangsbildung*, 1913, S. 76.

Die Ausführungen zum Register verweisen immer auch auf verschiedene Naturbegriffe. Geradezu als Personifikation stellt die Natur das ›So-Und-Nicht-Anders‹ vor. Sie ist Sinnbild für die bekannten wie unbekannten Tatsachen hinter den Phänomenen. Im Zusammenspiel mit der Selbstempfindung wird sie erneut zum Argument, um Hypothesen über Körperfunktionen zu verifizieren. Individualisierung, Normalisierung, Rationalisierung und Naturalisierung bilden auch hier das Raster, auf dem Körpervorstellungen aufgespannt, präsentiert und validiert werden.

Unabhängig von den Körpervorstellungen selbst handhaben die Schulen auch die Art des Wissens über den Körper sehr unterschiedlich. Sie reicht vom bewussten Singen über verinnerlichte Prozesse bishin zum entschiedenen Nichtwissen mit der Konsequenz, dass sich Körperwissen geradezu unbewusst in den Körper einschreiben und am Ende kaum oder gar nicht verbalisieren lassen soll. Womöglich ist es eben diese Heterogenität, die Vielstimmigkeit der gesangspädagogischen Schulen in dieser Hinsicht, die auch Monahan für die Jahrhundertwende ausmachte.[4]

4.2 Naturalisierung ohne Individualisierung

Die in der Einleitung aufgegriffene Hypothese Lears', nach der die Bedeutung des Begriffs Natur sich auflöst, lässt sich ebenfalls in den Gesangsschulen beobachten. Bei genauer Betrachtung kann hier dennoch differenziert werden. Widersprüche und Mehrdeutigkeiten ergeben sich dann, wenn man versucht, alle Derivate des Wortstamms »Natur« als Natur begreifen zu wollen. Natur, natürlich, naturalistisch, Naturgesang, zweite Natur et cetera haben jedoch alle eigene Bedeutungen, die geradezu überraschend widerspruchsarm verwendet und stringent eingehalten werden.

Es konnte differenziert werden zwischen a) einer Natur, von der aber selten die Rede ist, die als sublimierte göttliche und zivilisatorisch unverdorbene Existenz, oder im Menschen rudimentär zurückbleibt und sich in der Naturanlage bemerkbar macht, b) einer positiv konnotierten Natürlichkeit, mit der eine Natur-sein-sollende Wirkung beschrieben wird, c) einer naturalistischen Gesangsweise, die, negativ konnotiert, das Unkultivierte, Ungehobelte beschreibt und sich im Naturgesang oder im Natursänger findet und d) in der zweiten Natur, mit der eine Als-Ob-Natur beschrieben wird, die allerdings durch verinnerlichte Verhaltensmuster dem ausübenden Menschen nur als Natur erscheint. Die zweite Natur kann im affirmativen Sinne gewollt sein,

4 Monahan, *The Art of Singing*, 1978, S. 227.

wenn, wie bei Lehmann, komplexe Bewegungen automatisiert werden, oder aber sie kann abgelehnt werden, wenn sich falsche Verhaltensweisen ›einschleichen‹, die nicht sein sollen. Die für den Zusammenhang mit Natur und Kultur verantwortliche Technik wird als Gesangstechnik und als Kehlfertigkeit beschrieben. Mit ihr soll entweder Gesang kultiviert oder renaturalisiert werden. Kultiviert wird er, wenn ein als ungehobelt wahrgenommener Naturgesang zum Kunstgesang geführt wird. Dabei kann Technik im Vordergrund stehen oder aber in den Hintergrund rücken, wenn der Gesang dennoch natürlich erscheinen soll. Renaturalisiert wird er, wenn ein zivilisatorisch verdorbener Gesang einer als falsch oder nieder empfundenen Kultur zu einem natürlichen Gesang zurückgeformt werden soll.

Natur ist innerhalb wie außerhalb des Gesangsdiskurses Modewort der Zeit. Für verschiedene Reformbewegungen wird es geradezu Kampfmittel gegen eine vermeintlich zerstörerische Zivilisation und zum Ausdruck von Sehnsüchten und Erlösungsvorstellungen. Reformbewegungen, denen die Gesangspädagogik nahezustehen scheint, sind die Freiluft-, Turn- und Hygienebewegungen. Bisweilen sind es auch die Kleiderreformer, jedoch zeigte sich gerade am Beispiel des Mieders, dass nicht immer die radikale Umkehr von alten Zwängen erwünscht war. Dass die Forderung nach einem Mieder von einer Autorin kommt, ist bemerkenswert angesichts der überragenden Mehrheit von Autoren, die sich im Namen der Sängerinnen zu Wort melden.

4.3 Über das Körperlose zur individuellen Geste? – Klangvorstellung als Wegbereiter einer Individualisierung

Die Auseinandersetzung mit dem Körper ist auch dann gewinnbringend, wenn nach dem Körperlosen gesucht wird. Lockerheit und Klangvorstellungen etwa haben durchaus etwas ›körperfremdes‹ an sich. Gerade in Sachen Lockerheit konzentrierten sich die Schulen auf den Hals und insbesondere den Kehlkopf. Vor allem soll er frei von Willkürbewegungen bleiben und am besten automatisiert über eine rein geistige Tätigkeit – die Klangvorstellung – in die gewünschte Lage gebracht werden. Hals und Kehlkopf werden zum wichtigsten Körperteil, über den Sängerinnen und Sänger am meisten wissen, aber auf den sie am wenigsten achten sollten. Dass hier der Keim für ein ›Problemkörperteil‹ gelegt ist, leuchtet unmittelbar ein.[5] Hier sei ein Ausblick auf die unmittelbare Zeit nach den hier besprochenen Schriften geworfen. Klangvorstellungen waren bisher als Klangideale verstanden worden, die ebenso normativ vorgeschrieben waren wie Körperhaltungen und interpretatorische Entscheidungen. Das ändert sich, so Hoos de Jokisch, in späteren Schriften. Franziska Martienßen-Lohmann, die Hoos de Jokisch zur dritten Generation der deutschen Gesangspädagogik zählt, entwickelte demnach aus der Methodenverwirrung der zweiten Generation eine Ablehnung jeglicher Methoden und führte den Begriff der Methodenabstinenz ein. Diesen Begriff vertrat auch ihr Ehemann Paul Lohmann, Schüler von Scheidemantel. Neu sei jedoch, dass diese Generation intensiv an einem pädagogischen System für die Gesangspädagogik baute. Hoos de Jokisch schreibt: »Darüber hinaus differenzierte Franziska Martienßen-Lohmann den erkenntnismäßigen, geisteswissenschaftlichen Überbau ihrer pädagogischen Praxis.«[6] Die aufkommende Psychologie, die nicht nur den Geist, sondern auch das Individuum in den Vordergrund rückte, beeinflusste nach ihrer Lesart vor allem die dritte Generation und ihre Sicht auf das Lehrer-Schüler-Verhältnis. Dieses wird ebenfalls zunehmend individualisiert. In diesem Prozess kommt der nun individualisierten Klangvorstellung eine zentrale Rolle zu. In einer Gedenkschrift für Johannes Messchaert schreibt Martienßen-Lohmann 1923:

> »Im Gesangsunterricht steht nicht die Wirkung des Muskelapparates im Vordergrund, sondern die Bildung und Entwicklung der Klangvorstellung als Ganzes, die aus den Sinneswahrnehmungen beim Singen entspringt. Die gesamte Aufmerksamkeit muss in erster Linie bewusst und konzentriert auf die psychische Seite des Geschehens gerichtet werden. Gesangstechnik muss aufhören, ein materieller Begriff zu sein, – sie muss ein geistiger Begriff werden, wie sie es für Messchaert war. An die Stelle des zergliedernden Nachspürens der isolierten Gesangsfunktionen muss das vereinfachte Streben nach einer psychischen Ganzheit treten. Die Psychologie der Gesangstechnik ist die Aufgabe der Zukunft.«[7]

5 Grotjahn, »Seelenvolle Maschinen«, 2019. Ich danke Rebecca Grotjahn an dieser Stelle auch für einige intensive ›Kehlkopfdiskussionen‹.

6 Hoos de Jokisch, *Die geistige Klangvorstellung*, 2015, S. 49f., wörtliches Zitat auf S. 50.

7 Zit. n. Hoos de Jokisch, *Die geistige Klangvorstellung*, S. 392. Das Original (Franziska Martienßen, in: *De Vereenigde Tijdschriften: Caecilia, maandblad voor muziek en het Muziekcollege*, Haarlem, 1.2.1923, S. 99ff.) aus dem Nachlass von Franziska Martienßen-Lohmann übertrug Hoos de Jokisch auf Grundlage einer Übersetzung von Henrike Weyh ins Deutsche.

In diesem Artikel manifestiert sich nach Hoos de Jokisch erstmals der Begriff der geistigen Klangvorstellung. Während Messchaert jedoch unter der Klangvorstellung etwas begriff, *womit* man arbeite, so wurde sie bei Martienßen-Lohmann etwas, *woran* man arbeite. Die Klangvorstellung ist nicht mehr Ausgangspunkt, sondern Ziel der Gesangsschule. Wenn Martienßen-Lohmann in einem weiteren Nachruf zu Messchaert schreibt: »Ihm war das Geistige der Technik – die Klangvorstellung – alles«[8], dann ist es jedoch nicht allein und direkt die Psychologie, die auf das Konzept der inneren Klangvorstellung Einfluss ausübte. Obwohl sich Hoos de Jokisch auf diesen durchaus essenziellen Zweig konzentriert, so spricht aus dieser Vorstellung auch eine allgemeine Entwicklung in der Kunsttheorie der Zeit – die ihrerseits selbstverständlich auch von psychologischen Theorien beeinflusst war. Man wird unweigerlich an die Kunsttheorie Kandinskys erinnert, die stellvertretend für eine breitere Debatte steht. Sein Vokabular ist stark von musikalischen Begriffen geprägt, die die Gemeinsamkeiten der Künste untereinander betonen; ebenso dominiert die Idee des Geistes und der Vorstellung in seinen Schriften. Begriffe wie Klang, Ton, Rhythmus, Kontrapunkt, Generalbass, Harmonie, Improvisation sowie melodische und symphonische Komposition sind keine vereinzelten Metaphern bei Kandinsky, sondern oft zentrale Begriffe seines Kunstverständnisses.[9] Ebenso ziehen sich die Begriffe »innerer Klang« und »innere Notwendigkeit« durch seine Schrift. Sein Konzept der inneren Vorstellung kommt deutlich zum Ausdruck, wenn er Farben und Formen systematisch beschreibt. So heißt es beispielsweise: »Das Rot, was man nicht materiell sieht, sondern sich abstrakt vorstellt, erweckt andererseits eine gewisse präzise und unpräzise innere Vorstellung, die einen rein inneren, physischen Klang hat.«[10] Ebenso sei der abstrakte Geist Grundlage und innere Bedingung für das positiv Schaffende.[11] Wenn es nun auch bei Martienßen-Lohmann darum geht, dass »die Vorstellung von Klang [...] räumlich, bildlich, farbig, in unterschiedlichen Lichtqualitäten, klangsinnig und spannungsmäßig wahrgenommen und sprachlich erfasst werden [kann]«[12], dann entspricht dieses Denken auffällig dem zeitgenössischen Denken über Kunst Kandinskys und seines Umfeldes.

8 Franziska Martienßen-Lohmann, in: *Zeitschrift für Musik* 89/19 (1922), S. 417–419, zit. n. Hoos de Jokisch, *Die geistige Klangvorstellung*, S. 404f.

9 Vgl. Wassily Kandinsky, *Über das Geistige in der Kunst*, München [3]1912 und ders., »Über die Formfrage«, in: *Der blaue Reiter*, hrsg. von Wassily Kandinsky und Franz Marc, München [2]1914, S. 74–102.

10 Kandinsky., *Über das Geistige in der Kunst*, S. 51f.

11 Kandinsky, »Über die Formfrage«, S. 74f.

12 Hoos de Jokisch, *Die geistige Klangvorstellung*, 2015, S. 405.

Hinsichtlich der Individualisierung, die Hoos de Jokisch in Martienßen-Lohmanns Gebrauch der Klangvorstellung erkennt, ist nun aber entscheidend, »über einen gewissen Standardfundus brauchbarer Bilder hinaus zusätzlich für jeden Schüler persönliche Bilder zu finden. Klangvision und Einfühlung gehen dabei Hand in Hand.«[13] Auch Lotte Lehmanns Aussage, dass »[e]s [...] ja überhaupt ein so großes ungeheures Glück [ist], den Lehrer zu finden, der eine Stimme individuell zu bilden im Stande ist«[14], ließe sich hinsichtlich einer stärkeren Individualisierung der Ausbildung lesen. Problematisch jedoch ist, dass Lotte Lehmann an dieser Stelle ihren Unmut gegenüber ihrer ehemaligen Lehrerin Eva Reinhold ausdrückte. Die Motivation ihrer Aussage könnte also weniger in der gesangspädagogischen Idee liegen als in der Erfahrung eines misslungenen Lehrerin-Schülerin-Verhältnisses.

Was bei Lotte Lehmann jedoch an anderer Stelle zum Ausdruck kommt – und was das Zitat dann doch in ein anderes Licht rückt –, ist ihre Forderung nach einer Individualisierung der Interpretation, die auch die Gestik mit einschließt.[15] Die Forderung nach Individualität, insbesondere der Gestik und Mimik, ist in den zehn untersuchten Schulen noch nicht auffindbar. Auch das Abweichen vom Schönen, das Hässliche und Geräuschhafte, was für den Gesang bisweilen erlaubt und gefordert wurde, sahen die Autorinnen und Autoren kaum als Mittel individueller Entscheidungen an. Die Körperhaltung musste stets edel und aufrecht sein und durfte nie den gesanglichen Ausdruck doppeln, selbst wenn dieser noch so extrem wurde. An dieser Stelle ist zu fragen, inwiefern diese Beschränkung einmal mehr von einer Haltung zeugt, die mit Kultur das meint, was heute mit Elite- oder Hochkultur umschrieben wird und das einen gewissen aristokratischen Habitus konserviert, der sich erst nach dem Ersten Weltkrieg allmählich aufzulösen scheint. Die ›Alte Schule‹, die stets das ›Edle‹ fordert und vom ›Gemeinen‹ sich abgrenzt, macht bisweilen das Edle im Sinne des edlen Geschmacks zur Naturanlage.

13 Ebd., S. 408.

14 Lotte Lehmann, *Anfang und Aufstieg*, 1937, S. 68f.

15 Lotte Lehmann, *Anfang und Aufstieg*. Vgl. auch Kathy Hinton Brown, *Lotte Lehmann: Artist Teacher*, Kansas City 1990.

4.4 Kunst und hohe Kunst: Belcanto als Kollektivsymbol

Der oft geforderte ›edle‹ Geschmack ist mit einer Elite assoziierbar, ohne welche die Einteilung von hoher und niederer Kunst, edlem Kunstgesang und ungehobeltem Naturgesang kaum denkbar ist. Durch diese Denkweise ist auch die Dichotomie der Musik in populäre Musik und Kunstmusik, klassischem Gesang und ›Popgesang‹ in den Gesangsschulen bereits angelegt. Die Distinktionen erinnern an die Debatte um Hochkultur, wie sie später Macdonald Ende der 1950er-Jahre in den USA beschreibt. Der Kunst und mit ihr die gesellschaftliche Hochkultur, der er sich selbst zuordnet, stehe nicht etwa eine Unterschicht gegenüber, sondern die aufstrebende Mittelschicht. Sie verfüge zunehmend über Einfluss, könne nach dieser Lesart aber ihre Herkunft aus ›niederen‹ Schichten nicht verbergen. Seinen Ausführungen lässt sich weniger die tatsächliche Gefahr als die Angst einer Oberschicht entnehmen, die um ihre Macht fürchtet und noch immer überzeugt davon ist, qua Geburt oder Tradition zu den Menschen mit besserem Geschmack (oder überhaupt mit Sinn für Kunst und Kultur), kurz: zu den besseren Menschen zu zählen.[16] Diese Haltung scheint in den Schulen immer wieder latent durch. Insbesondere in jenen Schulen, die skeptisch gegenüber den neuen Naturwissenschaften sind, verrät sich ein Traditionsbewusstsein, das sich in die Denkweisen der ›Reform-von-oben‹ Ansätze fügt. Besonders Iffert macht seine soziale Stellung und kulturelle Herkunft bereits in der Widmung deutlich, wie auch er auf den ersten Seiten seiner Publikation seine kritische Position gegenüber der Physiologie klarstellt. An der Stelle ist der Versuch interessant, auch einmal den Belcanto-Diskurs vor diesem Hintergrund zu lesen. Belcanto wäre selbst innerhalb des Gesangsdiskurses Bezeichner einer Gesangstechnik und eines Stimmideals. Als Begriff für die – hier deutsche – Perspektive auf ein italienisches Gesangsideal wird er in der Regel mit der Aussprache assoziiert. Nach Goldschmidt hat die italienische Sprache mehr offene Vokale als die deutsche. Auch Fischer/Schmedes argumentieren, dass den Deutschen ihre harten Konsonanten und Mischlaute im Wege stünden und sie insbesondere den Italienern gegenüber benachteiligt seien.[17] Bei Fischer/Hilgermann wird auch das Portamento zumindest mit dem

[16] Siehe Abschnitt 2.4, Macdonald, »Masscult & Midcult« (1962), zuerst publiziert in zwei Teilen: ders., »Masscult and Midcult«, in: *Partisan Review* 27/2 (1960), S. 203–233 und ders. »Masscult and Midcult: II«, in: *Partisan Review* 27/4 (1960), S. 589–631.

[17] Fischer, *Neue Gesangsschule*, 1910, S. 71 (Schule für Bariton).

italienischen Kunstgesang verknüpft. Doch da das Portamento an dieser Stelle aus dem Legato abgeleitet ist, ist der Bezug zum Vokalklang durchaus gegeben. Beide lassen sich aus der Kontinuität des Stimmklangs ableiten, die eine durchgängige Phonation erfordert. Diese findet sich in klingenden Konsonanten, aber vor allem in Vokalen. Fischer/Schmedes/Preuß verbinden mit Belcanto dagegen die korrekte Atemtechnik. Letzten Endes reichen die Aussagen zum Belcanto über den Ansatz, den Vokalklang, das Legato bis hin zum Portamento. Dabei wird den Italienern ein natürlicher Vorteil zugeschrieben; Deutsche dagegen scheinen sprachlich benachteiligt (mit Ausnahme der Thüringer, wenn man Scheidemantel glaubt[18]). Belcanto wird hier insgesamt zum Mythos eines natürlichen Gesangs, wie er nur Italienern zu eigen ist, und wird zum Ideal des Gesangs überhaupt stilisiert – vor allem von Autoren wie Fischer, wenn er schreibt:

> »Schwere Aufgaben erwachsen demselben [dem denkenden Sänger] aus der Notwendigkeit, über diese Sprachschwierigkeiten hinweg der Musik zu geben, was ihr ureigenstes Element ist: die reine, musikalische Linie, den Bel canto.«[19]

Nachfolgend argumentiert er gegen das Textsprechen und gegen ein Vernachlässigen des Notenbildes, denn damit »degradiert sich [der Sänger] zum melodramatischen Rezitator!«[20] Die Unterschiede scheinen sich an der Oberfläche zunächst auf das phonetisch-sangliche Moment zu beschränken, doch schwingen oftmals auch weitere Bedeutungen mit. Was passiert also, wenn Belcanto als Kollektivsymbol verstanden würde, als Sinnbild einer idealisierten alten, traditionsreichen und edlen Gesangsweise, die jedoch auch mit latent rassistischen – oder zumindest nationalen – Stereotypen verbunden ist? In der Konsequenz gibt es für die ›benachteiligten Deutschen‹ zwei Optionen. Zum einen können sie ihren Stimmklang an das italienische Ideal anpassen. Das fordern einige, wie etwa Goldschmidt;[21] andere sehen allerdings auch, dass die Textverständlichkeit des Deutschen dann leidet. Oder aber, und das ist die neue Richtung, man stellt zum anderen dem Belcanto eine eigene deutsche Gesangspädagogik gegenüber. Die Notwendigkeit solch einer deutschen Gesangspraxis begründen die Autoren nicht nur mit der eigenen Aussprache des Deutschen. Die deutsche Gesangspraxis wird in ihrer Abgrenzung zum Belcanto zu einer Idee,

18 Vgl. Zitat auf S. 172.

19 Fischer, *Neue Gesangsschule*, 1910, S. 71 (Schule für Bariton).

20 Ebd., S. 73 (Schule für Bariton).

21 Goldschmidt, *Die italienische Gesangsmethode*, 1890, S. 45.

die jede Menge stereotyper Nebenbedeutungen einschließt: modern versus alt, Geist versus Affekt, Tiefe versus Oberfläche, kurzum: Stereotyp deutsch versus Stereotyp italienisch. Diese Idealisierung und damit auch Stereotypisierung des deutschen Gesangs einerseits und des Belcanto andererseits vertritt Scheidemantel am deutlichsten. Belcanto ist für ihn nicht mehr Ziel der Stimm- und Gesangsbildung. Er stellt die deutsche Gesangskunst als die überlegene dar, wenn er schreibt:

> »Da muß ich mir denn doch die Frage erlauben, ob Herr Dr. Stubenvoll [Übersetzer der tonbildnerischen Gesetze des US-Amerikaners David C. Taylor] jemals die ›fünf [sic] ernsten Gesänge‹ von Brahms oder den Christus in der ›Matthäus-Passion‹ von Herrn Dr. Felix Kraus hat singen hören, und ob ihm da nicht wenigstens ein leiser Zweifel darüber aufgestiegen ist, ob Felix Kraus wirklich nur ein Bel canto-Sänger sei, oder ob ihm nicht doch noch eine andere Kunst, eine ›höhere Kunst‹ zu eigen sein muß, wenn er solche hehren Aufgaben deutscher Gesangskunst meistert?«[22]

Den deutschen Gesang zeichnet für ihn aus, dass er die »Kunst des gesungenen Wortes (nicht etwa gesungener Wörter!) [ist] und […] nicht nur die Kehle des Sängers sondern auch, und in weit höherem Maße, seinen Geist [beansprucht].«[23] Hier geht es nicht mehr um eine Gesangspraxis. Es geht um ein grundsätzliches Besser und Schlechter, um eine höhere Kunst, der gegenüber unausgesprochen eine niedere Kunst steht. Wenn Scheidemantel nun Italienern bescheinigt, von Natur aus mit einem gestellten Ton zu sprechen,[24] bescheinigt er ihnen durchaus einen ›natürlichen Belcanto‹. Diese Feststellung bekommt im Zusammenhang mit dem eben zitierten Lob Felix Kraus' aber eine leicht andere Richtung. Belcanto, ja, aber höhere Kunst? Nein.

Als kollektives Stereotyp in einem Interdiskurs, zu dem die Gesangsschulen mit ihrem paraphrasierenden Tatsachenstil und ihren teils wissenschaftlichen, teils halbwissenschaftlichen Inhalten zweifelsfrei gehören, wird aus dem Belcanto-Begriff deutscher Lesart um die Jahrhundertwende ein Kollektivsymbol, das neben seinen vielfältigen gesangstechnischen und stimmästhetischen Bedeutungen zusätzliche ermöglicht, die weit über den Gesang hinaus reichen.

* * *

22 Scheidemantel, *Gesangsbildung*, 1913, S. 38.
23 Ebd., S. 39.
24 Ebd., S. 24.

Auffällig ist auch insgesamt die Vehemenz, mit der die Autorinnen und Autoren ihr Denken zu Registerfragen formulierten, zur Atmung und Aussprache, zum Sitz der Stimme und zur Körperhaltung. Sie lassen sich als Ausdruck einer zunehmenden Konzentration auf naturwissenschaftliche Begründungsmuster deuten, mit denen sich der Gesangsdiskurs am Körperdiskurs assimilierte. Der Körperdiskurs des 19. Jahrhunderts, der von der Wissenschaft ausgehend über die Populärwissenschaften in weite Bereiche des Lebens eindrang, sog letztlich und geradezu unvermeidlich auch den Gesangsdiskurs in sich auf. Es scheint daher sinnvoll, von einem Gesangs- und Körperdiskurs zu sprechen.

Selbst der Widerstand gegen eine vermeintliche Diskurshoheit der Naturwissenschaften, der sich in einigen analysierten Schriften zeigte, kann als Gegendiskurs zu einem von Physiologie und Medizin geprägten Gesangs- und Körperdiskurs gelesen werden. Als Komplement dieses Diskurses war er jedoch so alt wie der Diskurs selbst. Das Kollegium aus den Naturwissenschaften konnte sich bemühen wie es wollte, die kritischen Stimmen ließen sich nicht überzeugen. Der Grund mangelnder Überzeugung war aber nicht der Mangel an Wissen, sondern der grundsätzliche Unterschied zwischen den Bedürfnissen der Gesangspädagogik und den Prinzipien der Naturwissenschaften. Letztere entdecken keine Tatsachen und liefern keine Beweise über Theorien, sondern stellen Hypothesen auf, denen immer ein Falsifikationsvorbehalt anhaftet – sonst wären sie keine Naturwissenschaften. Habermas beschreibt das Problem folgendermaßen:

> »Der organisierte Fallibilismus der Forschung kann den hypothetischen Umgang mit kontroversen Wahrheitsansprüchen auf Dauer stellen, weil er einer vom Handeln entkoppelten Konsensbeschaffung dient. Das ist kein Modell für die Lebenswelt. [...] Wir würden keine Brücke betreten, kein Auto benützen, uns keiner Operation unterziehen [...] wenn wir die verwendeten Kenntnisse nicht für gesichert, die in Herstellung oder Durchführung konsumierten Annahmen nicht für wahr hielten. Der performative Bedarf an Handlungsgewißheit schließt jedenfalls einen prinzipiellen Wahrheitsvorbehalt aus, obschon wir, sobald die naiven Handlungsvollzüge unterbrochen sind, wissen, daß Wahrheitsansprüche nur diskursiv, also nur innerhalb des jeweiligen Rechtfertigungskontextes eingelöst werden können. Wahrheit darf weder an Handlungsgewißheit noch an gerechtfertigte Behauptbarkeit assimiliert werden.«[25]

[25] Habermas, *Wahrheit und Rechtfertigung*, 2004, S. 255.

Im analysierten Gesangs- und Körperdiskurs kollidierte also der »organisierte Fallibilismus der Forschung« mit einer Gesangspädagogik, zu der eben jener »performative Bedarf an Handlungsgewissheit« gehört.

Nicht die konkret verhandelten Dinge waren also problematisch, sondern die Modalität der Wahrheit selbst war das Problem. Naturwissenschaften waren der Gesangspädagogik Hilfswissenschaft mit der Aufgabe, Antworten zu liefern und Streitfragen ein für alle Mal zu klären. Indem die Naturwissenschaften diesem Anspruch nicht gerecht werden konnten, weder mit detaillierteren Grafiken noch mit präziseren Hypothesen, öffnete sich im Diskurs ein Raum für Alternativwahrheiten. Alternative Ideen brauchten nur überzeugend genug vorgetragen zu werden; die zunehmende Heterogenität der Schriften am Beginn des 20. Jahrhunderts mag auch eine Folge davon sein. Doch alle Positionen eint letztlich ein unbeirrbarer Fortschrittsglaube wie eine geradezu protestantische Arbeitsethik. Das Ideal aller war die Vorstellung, dass Gesangsbildung Arbeit am Körper ist und dass ein vollständig beherrschter Körper nicht nur möglich, sondern auch notwendig ist, damit er in den Dienst des Komponisten gestellt werden konnte. Selbst das Seelenhafte im musikalischen Ausdruck sollte keine Folge eines unmittelbaren Affekts sein, sondern Ergebnis eines gezielten Einsatzes des vollkommen beherrschten Instruments Körper. Die Fähigkeit zur tiefen Empfindung und zur geistigen Auseinandersetzung mit der Musik blieben dafür ebenso notwendig wie die Körperbeherrschung unter der Prämisse, dass nur eine empfindsame Seele mit dem rechten Geschmack auch fähig ist, die in der Notenschrift ausgedrückten Stimmungen und Affekte erfassen zu können. Den Dreiklang des vollkommenen Gesangs bildete das geistige Durchdringen des Werkes, das Erkennen des im Werk verschlüsselten Ausdrucks und die Fähigkeit, diesen Ausdruck präzise durch einen beherrschten und zu allem fähigen Körper dem Publikum so mitzuteilen, dass es den Eindruck eines natürlichen wie unmittelbaren Affekts gewinnt, der gleichzeitig den Kern der Musik auf die einzig richtige Weise vorzustellen scheint. Dabei sollte die Individualität des singenden Menschen hinter dem Werk und seinem noch immer als genial zu betrachtenden Schöpfer zurücktreten, im Idealfall sogar sich auslöschen. Die Bedeutung des Körpers als Musikinstrument und Apparat ist für den letzten Teil und also für die Vollendung des Dreiklangs essenziell. Doch mit zunehmendem Einzug des Körpers in die Gesangslehren machte der Körper nicht nur Schulen, sondern machten Schulen auch Körper.

Literaturverzeichnis

Das Herkunftswörterbuch. Etymologie der deutschen Sprache, Berlin ^{5}2014.

Meyers Kleines Konversations-Lexikon in sechs Bänden. Vierter Band: Kielbank bis Nordkanal, Leipzig ^{7}1908.

»Singing Teachers Condemn Crooning. Association Endorses Cardinal O'Connell's Criticism of Radio ›Whiners and Bleaters‹«, in: *The New York Times*, 23. Februar 1923, S. 19.

ANONYM, *Kampf der Lichtfreunde gegen die Dunkelmänner,* Berlin 1910.

BALLHORN, Theodor, »Die Venus von Milo und die spätere Ausgestaltung des Aphrodite-Ideals«, in: *Sammlung gemeinverständl. wissensch. Vorträge. Neue Folge.* 227–231 (231), Hamburg 1895, S. 1–35.

BASSANI, Florian, Art. »19. Jahrhundert. Einführung«, in: *Handbuch Aufführungspraxis. Sologesang*, hrsg. von Thomas Seedorf, Kassel 2019, S. 245–252.

BASSANI, Florian, MOECKLI, Laura und SEEDORF, Thomas, Art. »19. Jahrhundert. Stimmkategorien«, in: *Handbuch Aufführungspraxis. Sologesang*, hrsg. von Thomas Seedorf, Kassel 2019, S. 253–262.

BRANDENBURG, Daniel und SEEDORF, Thomas (Hrsg.), *»Per ben vestir la virtuosa«. Die Oper des 18. und frühen 19. Jahrhunderts im Spannungsfeld zwischen Sänger und Komponisten* (= Forum Musikwissenschaft 6), Schliengen 2011.

BREDEKAMP, Horst, »Kulturtechnik zwischen Mutter und Stiefmutter Natur«, in: *Bild, Schrift, Zahl*, hrsg. von Sybille Krämer und Horst Bredekamp, München 2003, S. 117–141.

CARUS, Paul, *Venus. An Archeological Study of the Goddess of Womanhood,* Chicago 1916, <http://www.archive.org/details/cu31924030667996>, 12.09.2019.

CHARTON, Anke, *prima donna, primo uomo, musico. Körper und Stimme: Geschlechterbilder in der Oper* (= Leipziger Beiträge zur Theatergeschichtsforschung 4), Leipzig 2012.

ECHTERNACH, Matthias, Art. »Register«, in: *Lexikon der Gesangsstimme. Geschichte. Wissenschaftliche Grundlagen. Gesangstechniken. Interpreten*, hrsg. von Ann-Christine Mecke, Martin Pfleiderer, Bernhard Richter und Thomas Seedorf, Laaber 2016, S. 502–507.

ECHTERNACH, Matthias und RICHTER, Bernhard, »Stimmregister«, in: *Die Stimme. Grundlagen. Künstlerische Praxis. Gesunderhaltung*, hrsg. von Bernhard Richter, Leipzig 2013, S. 132–143.

FELDERER, Brigitte, »Stimm-Maschinen. Zur Konstruktion und Sichtbarmachung menschlicher Sprache im 18. Jahrhundert«, in: *Zwischen Rauschen und Offenbarung. Zur Kultur- und Mediengeschichte der Stimme*, hrsg. von Friedrich Kittler, Thomas Macho und Sigrid Weigel, Berlin 2003, S. 257–278.

FISCHER, Eugen, *Neue Gesangsschule mit praktischen Beispielen auf dem Grammophon,* Leipzig 1910.

FLECK, Ludwik, *Entstehung und Entwicklung einer wissenschaftlichen Tatsache. Einführung in die Lehre vom Denkstil und Denkkollektiv,* o. O. 1935, textidentischer Nachdruck der Erstausgabe, hrsg. von Lothar Schäfer und Thomas Schnelle (= suhrkamp taschenbuch wissenschaft 312), Frankfurt a. M. 1980.

FOUCAULT, Michel, »Die Ordnung der Dinge. Eine Archäologie der Humanwissenschaften«, in: *Michel Foucault. Die Hauptwerke*, Frankfurt a. M., 2008/1966, aus dem Französischen von Ulrich Köppen, S. 7–469.

FOUCAULT, Michel, »Archäologie des Wissens«, in: *Michel Foucault. Die Hauptwerke*, Frankfurt a. M. 2008/1969, aus dem Französischen von Ulrich Köppen, S. 471–699.

FOX, Richard Wightman, »Epitaph for Middletown. Robert S. Lynd and the Analysis of Consumer Culture«, in: *The Culture of Consumption: Critical Essays in American History, 1880–1980*, hrsg. von Richard Wightman Fox und T. J. Jackson Lears, New York 1983, S. 101–141.

FULLERTON, Ronald A., *The Foundations of Marketing Practice. A History of book marketing in Germany,* London 2016.

GADAMER, Hans-Georg (Hrsg.), *Philosophisches Lesebuch, Bd. 3. Der deutsche Idealismus. Der Aufstand der Weltanschauungen. Das Faktum der Wissenschaft,* Frankfurt a. M. 2007.

GARCÍA, Manuel, *Hints on Singing,* New York [2]1894, translated from the French by Beta Garcia.

GOELER VON RAVENSBURG, Friedrich, *Die Venus von Milo. Eine Kunstgeschichtliche Momographie,* Heidelberg 1879.

GOLDSCHMIDT, Hugo, *Die italienische Gesangsmethode des XVII. Jahrhunderts und ihre Bedeutung für die Gegenwart,* Breslau 1890.

GREENBERG, Jonathan Ross, *Singing Up Close: Voice, Language, and Race in American Popular Music, 1925–1935,* Ann Arbor 2008.

GROTJAHN, Rebecca, »›Die Singstimmen scheiden sich ihrer Natur nach in zwei große Kategorien‹. Die Konstruktion des Stimmgeschlechts als historischer Prozess«, in: *Puppen, Huren, Roboter. Körper der Moderne in der Musik zwischen 1900 und 1930*, hrsg. von Sabine Meine und Katharina Hottmann, Schliengen 2005, S. 34–57.

GROTJAHN, Rebecca, »Das Geschlecht der Stimme«, in: *Musik und Gender. Grundlagen – Methoden – Perspektiven*, hrsg. von Rebecca Grotjahn und Sabine Vogt (= Kompendien Musik 5), Laaber 2010, S. 158–169.

GROTJAHN, Rebecca, »Ritter vom hohen C – Versuch über die Männlichkeit des Tenors«, in: *Der Tenor – Mythos, Geschichte und Gegenwart*, hrsg. von Corinna Herr, Arnold Jacobshagen und Thomas Seedorf, Mainz 2017, S. 31–58.

GROTJAHN, Rebecca, »Mit der Seele statt mit der Kehle: Wilhelmine Schröder-Devrient, Robert Schumann und der poetische Liedgesang«, in *Komponieren für Stimme. Von Monteverdi bis Rihm. Ein Handbuch*, hrsg. von Stephan Mösch, Kassel 2017, S. 282–300.

GROTJAHN, Rebecca, »Seelenvolle Maschine. Natur und Technik im Gesangsdiskurs«, in: *Naturalezza | Simplicité – Natürlichkeit im Musiktheater*, hrsg. von Vera Grund, Claire Genewein und Hans Georg Nicklaus (= Theater 96), Bielefeld 2019, S. 81–107.

GROTJAHN, Rebecca, KOB, Malte und MARTENSEN, Karin, *Technologien des Singens. Untersuchungen zum Dispositiv Singen – Körper – Medien in der Frühzeit der Tonaufnahme*, o. O. 2015, unveröffentlichter DFG-Antrag.

GRUBER, Thomas, *Gedächtnis*, Wiesbaden 2011, <http://www.springerlink.com/content/978-3-531-92096-2>, 11.06.2019.

GUTTMANN, Oskar, *Gymnastik der Stimme, gestützt auf physiologische Gesetze. Eine Anweisung zum Selbstunterricht in der Uebung und dem richtigen Gebrauche der Sprach- und Gesangsorgane*, Leipzig 1861.

GUTTMANN, Oskar, *Gymnastics of the Voice. A System of Correct Breathing in Singing and Speaking, based on Physiological Laws. A Practical Guide in the Training and Use of the Singing and Speaking Voice. Designed for Schools and for Self-Instruction*, New York 1884.

GUTTMANN, Oskar, *Gymnastik der Stimme, gestützt auf physiologische Gesetze. Eine Anweisung zum Selbstunterricht in der Uebung und dem richtigen Gebrauche der Sprach- und Gesangsorgane*, Leipzig ^{5}1890.

HABERMAS, Jürgen, *Wahrheit und Rechtfertigung*, Frankfurt a. M. 2004.

HÄHNEL, Tilo, »Vokale Ausdrucksmuster im Kontext von Star-Images und kulturellen Stereotypen. Eine exemplarische Analyse der Vokalstile von Bert Williams und Bing Crosby«, in: *SAMPLES. Online-Publikationen der Gesellschaft für Popularmusikforschung* 12 (2014).

HÄHNEL, Tilo, »Was ist populärer Gesang? Zur Terminologie vokaler Gestaltungsmittel in populärer Musik«, in: *Stimme, Kultur, Identität. Vokaler Ausdruck in der populären Musik der USA, 1900–1960*, hrsg. von Martin Pfleiderer, Tilo Hähnel, Katrin Horn und Christian Bielefeldt (= texte zur populären musik 8), Bielefeld 2015, S. 53–72.

HÄHNEL, Tilo, »›The Cutest Flapper That You've Ever Seen.‹ Über die Anfänge des Crooning«, in: *Stimme, Kultur, Identität. Vokaler Ausdruck in der populären Musik der USA, 1900–1960*, hrsg. von Martin Pfleiderer, Tilo Hähnel, Katrin Horn und Christian Bielefeldt (= texte zur populären musik 8), Bielefeld 2015, S. 129–150.

HÄHNEL, Tilo, »›You Better Have Your Ticket in Your Hand.‹ Predigten und Gospelgesang«, in: *Stimme, Kultur, Identität. Vokaler Ausdruck in der populären Musik der USA, 1900–1960*, hrsg. von Martin Pfleiderer, Tilo Hähnel, Katrin Horn und Christian Bielefeldt (= texte zur populären musik 8), Bielefeld 2015, S. 195–231.

HÄHNEL, Tilo, *Sängerkörper im musikindustriellen Kontext: Gedanken zu einer musikwissenschaftlichen Dispositivanalyse*, o. O. 2016, <http://www.tilohaehnel.de/work/TH160826Det.pdf>, erstellt: 31.08.2016, abgerufen: 06.05.2019.

HÄHNEL, Tilo und KREISIG, Philipp, »Grammophon und Stummfilm – Zur Imagebildung von OpernsängerInnen durch den Verbund auditiver und visueller Medien zu Beginn des 20. Jahrhunderts«, in: *Beiträge zur Jahrestagung der Gesellschaft für Musikforschung in Kassel 2017. Das Populäre in der Musik und das*

Musikverlagswesen, hrsg. von Annette van Dyck-Hemming und Jan Hemming, Frankfurt a. M. 2019, S. 313–323, <https://doi.org/10.1007/978-3-658-23767-733>, 25.03.2019.

HÄHNEL, Tilo und MARTENSEN, Karin, »How Thomas A. Edison shaped today's singing ideal: Tracking his ambiguous concept of tremolo by analysing archival documents and sound recordings«, in: *Empirical Musicology Review* 14/1–2 (2019), S. 22–49, <http://dx.doi.org/10.18061/emr.v14i1-2.6689>, 11.02.2020.

HAUPTMANN, Moritz, *Die Natur der Harmonik und der Metrik. Zur Theorie der Musik,* Leipzig 1853, <https://archive.org/download/dienaturderharmoohaupgoog/dienaturderharmoohaupgoog.pdf.>, erstellt: 15.08.2008, abgerufen: 28.01.2020.

HELMHOLTZ, Hermann von, *Die Lehre von den Tonempfindungen, als physiologische Grundlage für die Theorie der Musik,* Braunschweig 1863.

HELMHOLTZ, Hermann von, »Über das Streben nach Popularisierung der Wissenschaft. Vorrede zu der Uebersetzung von Tyndall's ›Fragments of Science‹, 1874«, in: *Vorträge und Reden, Bd. II,* Braunschweig ^{5}1903, S. 422–434, <https://archive.org/download/vortrgeundredeo2helm/vortrgeundredeo2helm.pdf>, 10.05.2017.

HINRICHSEN, Hans-Joachim, »Kann Interpretation eine Geschichte haben? Überlegungen zu einer Historik der Interpretationsforschung«, in: *Gemessene Interpretation. Computergestützte Aufführungsanalyse im Kreuzverhör der Disziplinen*, hrsg. von Heinz von Loesch und Stefan Weinzierl (= Klang und Begriff 4), Berlin 2011, S. 27–39.

HINTON BROWN, Kathy, *Lotte Lehmann: Artist Teacher,* Kansas City 1990.

HOOS DE JOKISCH, Barbara, *Die geistige Klangvorstellung. Franziska Martienßen-Lohmann. Gesangstheorie und Gesangspädagogik,* Wiesbaden 2015.

HOOS DE JOKISCH, Barbara, Art. »Gesangsschulen«, in: *Lexikon der Gesangsstimme. Geschichte. Wissenschaftliche Grundlagen. Gesangstechniken. Interpreten*, hrsg. von Ann-Christine Mecke, Martin Pfleiderer, Bernhard Richter und Thomas Seedorf, Laaber 2016, S. 258–262.

HUEPPE, Ferdinand, *Hygiene der Körperübungen,* Leipzig 1910.

HUSLER, Frederick, *Singen. Die physische Natur des Stimmorganes. Anleitung zum Aufschließen der Singstimme*, Mainz 1956.

IFFERT, August, *Allgemeine Gesangsschule*, Leipzig 1906.

JÄGER, Siegfried, *Kritische Diskursanalyse. Eine Einführung* (= Edition DISS 3.), Münster 2012.

KANDINSKY, Wassily, *Über das Geistige in der Kunst,* München ^{3}1912, <http://digi.ub.uni-heidelberg.de/diglit/kandinsky1912>, erstellt: 2015, abgerufen: 25.06.2019.

KANDINSKY, Wassily, »Über die Formfrage«, in: *Der blaue Reiter*, hrsg. von Wassily Kandinsky und Franz Marc, München ^{2}1914, S. 74–102, <https://doi.org/10.11588/diglit.27185>, <http://digi.ub.uni-heidelberg.de/diglit/kandinsky1914> erstellt: 2017, abgerufen: 25.06.2019.

KIMMEL, Michael, *Manhood in America. A Cultural History*, New York 2012.

KINZLER, Sonja, *Das Joch des Schlafs. Der Schlafdiskurs im bürgerlichen Zeitalter* (= Kulturgeschichte der Medizin 1), Köln 2011.

KORNWACHS, Klaus, *Philosophie der Technik,* Nördlingen 2013.
KÖTTGEN, Carl, *Das wirtschaftliche Amerika*, Berlin 1925.
LEARS, T. J. Jackson, »From Salvation to Self-Realization. Advertising and the Therapeutic Roots of the Consumer Culture, 1880–1930«, in: *The Culture of Consumption: Critical Essays in American History, 1880–1980*, hrsg. von Richard Wightman Fox und T. J. Jackson Lears, New York 1983, S. 1–38.
LEHMANN, Lilli, *How to Sing* [*Meine Gesangskunst*], New York 1902, translated from the German by Richard Aldrich.
LEHMANN, Lilli, *Meine Gesangskunst,* Berlin 1902.
LEHMANN, Lilli, *Meine Gesangskunst*, Berlin ^{3}1922.
LEHMANN, Lotte, *Anfang und Aufstieg. Lebenserinnerungen*, Baden bei Wien 1937.
LINK, Jürgen, *Versuch über den Normalismus. Wie Normalität produziert wird*, Göttingen ^{5}2013.
LYOTARD, Jean-François, *Das postmoderne Wissen. Ein Bericht,* Wien 2015 / 1986.
MACDONALD, Dwight, »Masscult and Midcult«, in: *Partisan Review* 27 / 2 (1960), S. 203–233, <http://archives.bu.edu/collections/partisan-review/search/detail?id=326035>, 20.06.2019.
MACDONALD, Dwight, »Masscult and Midcult: II«, in: *Partisan Review* 27 / 4 (1960), S. 589–631, <http://archives.bu.edu/collections/partisan-review/search/detail?id=326037>, 20.06.2019.
MACDONALD, Dwight, »Masscult & Midcult«, in: *Against the American Grain,* New York 1962, paperback reprint of the first edition, o. O. 1983, S. 3–75.
MARAFIOTI, P. Mario, *Caruso's Method of Voice Production. The Scientific Culture of the Voice*, New York 1922.
MARCALETTI, Livio, Art. »19. Jahrhundert. Gesangstechnik und Gesangsästhetik«, in: *Handbuch Aufführungspraxis. Sologesang*, hrsg. von Thomas Seedorf, Kassel 2019, S. 263–267.
MARCALETTI, Livio und MOECKLI, Laura, Art. »19. Jahrhundert. Deklamations- und Affektmittel«, in: *Handbuch Aufführungspraxis. Sologesang*, hrsg. von Thomas Seedorf, Kassel 2019, S. 277–284.
MARTENSEN, Karin, *»The phonograph is not an opera house«. Quellen und Analysen zu Ästhetik und Geschichte der frühen Tonaufnahme am Beispiel von Edison und Victor* (= Technologien des Singens 1), München 2019.
MARX, Karl, *Das Kapital. Kritik der politischen Ökonomie*, Hamburg ^{2}1872, ungekürzte Ausgabe, Paderborn o. J.
MENSENDIECK, Bess M., *Körperkultur des Weibes. Praktisch hygienische und praktisch ästhetische Winke*, München ^{2}1907.
MERTA, Sabine, *Wege und Irrwege zum modernen Schlankheitskult. Diätkost und Körperkultur als Suche nach neuen Lebensstilformen 1880–1930* (= Studien zur Geschichte des Alltags 22), Stuttgart 2003.
MONAHAN, Brent J., *The Art of Singing. A Compendium of Thoughts on Singing Published Between 1777 and 1927,* London 1978.
MOONEY, Hughson F., »Songs, Singers and Society, 1890–1954«, in: *American Quarterly* 6 / 3 (1954), S. 221–232.

NEUSTÄTTER, Otto, *Die Reform der Frauenkleidung auf gesundheitlicher Grundlage*, München 1903.
NOLAN, Mary, *Visions of Modernity. American Business and the Modernization of Germany*, Oxford 1994.
PENZ, Otto, *Metamorphosen der Schönheit. Eine Kulturgeschichte moderner Körperlichkeit*, Wien 2001.
PETERS, John Durham, »Helmholtz und Edison. Zur Endlichkeit der Stimme«, in: *Zwischen Rauschen und Offenbarung. Zur Kultur- und Mediengeschichte der Stimme*, hrsg. von Friedrich Kittler, Thomas Macho und Sigrid Weigel, Berlin 2003, S. 291–312.
PFLEIDERER, Martin, »Zur Einführung«, in: *Stimme, Kultur, Identität. Vokaler Ausdruck in der populären Musik der USA, 1900–1960*, hrsg. von Martin Pfleiderer, Tilo Hähnel, Katrin Horn und Christian Bielefeldt (= texte zur populären musik 8), Bielefeld 2015, S. 9–21.
PROBST, Stephanie, »Musiktheorie als Kompositionslehre und Komposition(slehre) als Musiktheorie – Hugo Riemann zwischen Theorie und Praxis. Eine Studie zu tonalen Funktionen und dem dialektischen Kadenzmodell«, in: *ZGMTH* 9/2 (2012), S. 259–278, <https://doi.org/10.31751/686>, aktualisiert: 2014, abgerufen: 17.03.2020.
PULVERMACHER, Benno, *Die Schule der Gesangsregister als Grundlage der Tonbildung. Die Gesangsregister. Die Gesangsaussprache. Die Gesangstechnik. Die Gesangsverzierungen. 350 Tonstudien und 48 Solfeggien*, Leipzig nach [6]1915/1911.
RAMSBROCK, Annelie, *Korrigierte Körper. Eine Geschichte künstlicher Schönheit in der Moderne*, Göttingen 2011.
RIEMANN, Hugo, *Über das musikalische Hören*, Leipzig 1874, <https://archive.org/download/ueberdasmusikalooriemgoog/ueberdasmusikalooriemgoog.pdf>, erstellt: 25.01.2010, abgerufen: 28.01.2020.
RUTZ, Ottmar, *Sprache, Gesang, Körperhaltung. Handbuch zur Typenlehre*, München 1911.
SANDOW, Eugen, *Strength and How to Obtain It*, London 1897.
SARASIN, Philipp, *Reizbare Maschinen. Eine Geschichte des Körpers 1765–1914*, (= suhrkamp taschenbuch wissenschaft 1524), Frankfurt a. M. 2001.
SCHEIDEMANTEL, Karl, *Stimmbildung*, Leipzig 1913.
SCHEIDEMANTEL, Karl, *Gesangsbildung*, Leipzig 1913.
SCHMIDT, Richard A., »A Schema Theory of Discrete Motor Skill Learning«, in: *Psychological Review* 82/3 (1975), S. 225–260.
SCOTT, Walter Dill, *The Psychology of Advertising in Theory and Practice. A Simple Exposition of the Principles of Psychology in Their Relation to Successful Advertising*, Boston 1921.
SEEDORF, Thomas, Art. »Singen. Historische Aspekte, Grundzüge der historischen Entwicklung, Das 19. Jahrhundert«, in: *MGG Online*, hrsg. von Laurenz Lütteken, Kassel 1998, <https://www.mgg-online.com/mgg/stable/49768>, zuerst veröffentlicht 1998, online: 2016, abgerufen: 25.03.2020.
SEEDORF, Thomas, Art. »Garcia. 2. Manuel«, in: *Lexikon der Gesangsstimme.*

Geschichte. Wissenschaftliche Grundlagen. Gesangstechniken. Interpreten, hrsg. von Ann-Christine Mecke, Martin Pfleiderer, Bernhard Richter und Thomas Seedorf, Laaber 2016, S. 245–247.

SEEDORF, Thomas, Art. »18. Jahrhundert. Einführung«, in: *Handbuch Aufführungspraxis. Sologesang*, hrsg. von Thomas Seedorf, Kassel 2019, S. 119–123.

SHAFFER, Henry, »Performances of Chopin, Bach and Bartok: Studies in Motor Programming«, in: *Cognitive Psychology* 13 (1981), S. 326–376.

SIEBER, Ferdinand, *Vollständiges Lehrbuch der Gesangskunst zum Gebrauche für Lehrer u. Schüler des Sologesanges*, Magdeburg 1856.

SIEBER, Ferdinand, *Vollständiges Lehrbuch der Gesangskunst zum Gebrauche für Lehrer u. Schüler des Sologesanges*, Magdeburg 1858.

SIEBER, *Ferdinand, Katechismus der Gesangskunst*, Leipzig 1862.

SIEBER, *Ferdinand, Katechismus der Gesangskunst* (= Webers illustrierte Katechismen 12), Leipzig 1894.

STEBBINS, Genevieve, *Society Gymnastics and Voice Culture: Adapted from the Delsarte System*, New York 1888, <https://archive.org/download/societygymnastio2stebgoog/societygymnastio2stebgoog.pdf>, 21.01.2021.

TAYLOR, Frederick Winslow, *Shop Management*, New York 1919/1911.

TOSCANI, Claudio, Art. »Vaccai, Nicola, WERKE, Schriften«, in: *MGG Online*, hrsg. von Laurenz Lütteken, Kassel 2016ff., zuerst veröffentlicht 2006, online: 2016, <https://mgg-online.com/mgg/stable/392293>, abgerufen: 09.02.2021.

WHITCOMB, Ian, »Introduction: The Coming of the Crooners«, in: *The Rise of the Crooners*, hrsg. von Michael Pitts und Frank Hoffman, London 2002, S. 1–49.

WINTER, Gustav, *Der Taylorismus. Handbuch der wissenschaftliche Betriebs- und Arbeitsweise für die Arbeitenden aller Klassen, Stände und Berufe*, Leipzig 1920.

WULF, Gabriele, Art. »Motor Learning«, in: *Encyclopedia of the Sciences of Learning*, hrsg. von Norbert M. Seel, Boston 2012, S. 2348–2350, <https://doi.org/10.1007/978-1-4419–1428-6>, 11.06.2019.

Register

A
Adel 50
Affekt 129–135, 184, 195, 197
Aïda 94
Alphabetisierung 26, 29, 30, 32
altgriechisch 150
Alt (Stimmlage) 18, 71, 72, 80, 84, 92–94, 96, 101, 113, 115, 119, 121, 122, 135, 140
Anatomie 14, 15, 17, 20–22, 34, 63, 65, 92, 127, 151, 152, 184
Anlage 151, 157, 160, 164–168, 188, 192
Ansatzrohr (vgl. auch Aufsatzrohr) 76, 119
Ansatz (Ton) 72, 76, 77, 84, 89, 95, 99, 102, 117–120, 124, 132, 155, 156, 163, 168, 169, 185, 186, 187, 194
Antike (Antikenideal) 50, 54, 56, 74, 141, 149
Apparat 83, 143–145, 156, 157, 176, 183, 190, 197
  Gesangsapparat 22, 124
Arm 39, 51, 73, 74, 137, 180
Atem, Atmung 10, 20, 23, 49, 51, 53, 60, 64–66, 69, 77, 82–91, 102, 120, 123, 124, 132–134, 136, 144, 145, 148, 155, 156, 161, 167, 174–177, 179–181, 184, 185, 187, 194, 196
  Ausatmen 84–86, 89, 123, 132, 145
  Einatmen 84, 86, 88, 89, 91, 132, 133, 145
Aufsatzrohr 76, 127, 144
Aussprache 51, 66, 70, 73, 77, 117, 161, 187, 193, 194, 196

B
Ballhorn, Theodor 50
Bariton 70–73, 88, 92, 93, 122, 125, 140, 144, 156, 164, 168, 169, 177, 193, 194
Bass 18, 70, 85, 92–94, 96, 108, 109, 124, 179, 180
Bassani, Florian 17, 18
Bauch 23, 65, 68, 84, 86, 87, 89, 91
Beckmesser 107, 135
Beethoven, Ludwig van 151
Belcanto 16, 69, 76, 84, 89, 90, 164, 172, 193, 194, 195, 197
Bergson, Henry-Louis 41
Bette, Karl-Heinrich 37
Bingham, Walter Van Dyke 40
Bodybuilding 55, 56, 178, 179
Brandenburg-Schwedt, Friederike Charlotte Ludovica Luise von 31, 145
Bredekamp, Horst 157
Bruhns, Paul 76

C
Caccini, Giulio 68, 102, 121, 160
Caruso, Enrico 137
Carus, Paul 50
Charton, Anke 97
Contralto 92
Crooning, Crooner 45–47
Cuvier, Georges 21

D
Decken (der Töne) 109, 110
Delsarte, Françoise 51, 52
Demuth, Leopold 70, 71, 88, 114, 116, 119, 122, 143, 156, 163, 164, 168–171, 177
Denkkollektiv 11–15
Denkstil 11–15, 21, 22, 24, 62
Desbonnet, Edmond 56
Deutschland, deutsch 20, 30, 31, 38,

56, 57, 58, 63, 65, 69, 70–76, 90, 140, 150, 151, 160, 172, 186, 190, 193, 194, 195
Diät, Diätetik 48, 58, 176, 178
Diskurs 9, 11–17, 19, 22, 26, 28, 31, 33, 34, 36,–38, 40, 41, 46, 47, 49, 51, 61, 63, 64, 70, 77, 78, 81, 90, 97, 106, 111, 140, 141, 149, 161, 162, 166, 184, 185, 189, 193, 195–197
Dispositiv 9, 11–16, 22–24, 26, 63, 140, 173
Diva 121, 160
Doppelgänger (Schubert, Schwanengesang) 128
Dürlacher, Louis 56

E
Echternach, Matthias 96, 98
edel (Geschmack) 51, 121, 123, 134, 136, 142, 143, 159, 166, 170, 173, 174, 192–194
Effekt 129–135, 140, 184
Effizienz 10, 28, 38, 39, 85, 141
Elastizität 63, 83, 123, 146–149
Elizza, Elise 70, 71, 87, 88, 102, 104, 109, 160, 163, 174, 177, 181
Empfindung, Empfinden 23, 82, 97, 103, 104, 109, 117–120, 128, 130, 131, 147, 149, 154, 155, 162, 163, 166, 173, 176, 197
Ermüdung 28, 38, 122
Euler, Leonard 31, 145, 146

F
Fabrik 40, 46, 57, 129, 141–143, 159
Falsett 19, 98, 102, 104, 106–108, 121, 185
Falstaff 107
Fauconney, Jean 170
Felderer, Brigitte 31, 145
Ferreins, Antoine 22
Finkenstein, Jettka 77
Fischer, Eugen 64, 70–73, 80, 84, 85, 87, 88, 93, 94, 101, 102, 104, 106, 107, 109–111, 115, 119, 120, 122, 124, 135, 136, 140, 143, 144, 153, 155, 156, 160, 161, 163, 164, 166, 168–172, 174, 177, 179, 181, 187, 193, 194
Fistel 107, 108, 121
Fleck, Ludwik 13–15, 21, 32, 99
Fleisch 50, 174, 175
Ford, Henry 38
Forst, Grete 70, 71, 73, 87–89, 102, 104, 109, 160, 161, 163, 174, 177, 181
Fortschritt 26, 29, 37, 39–41, 44, 49, 52, 53, 55, 61, 70, 153, 197
Foucault, Michel 12, 13, 21, 27
Fox, Richard Wightman 44
Frankreich, französisch 21, 30, 74
Frau 18, 19, 30, 35, 39, 43, 45, 48, 50–55, 57, 60, 61, 72, 77, 87, 88, 92, 94, 99–103, 105, 107, 110, 115, 122, 149, 169, 170, 186
Freud, Sigmund 41
Fullerton, Ronald A. 29, 30, 38
Funktionen, funktional 12, 21, 22, 27, 28, 34, 37, 38, 52, 78, 82, 92, 141, 145, 148, 154–156, 161, 183, 184, 186, 188, 190

G
Gadamer, Hans-Georg 186
Gähnen 133
García, Manuel 17, 18, 20–22, 63, 64, 67–69, 85, 96, 98, 99, 104, 106, 119, 127–130, 134–136, 138, 139, 144, 145, 146, 178, 179, 184
Gaumen 20, 23, 65, 68, 79, 83, 119, 132, 147, 154, 163, 178
Gedächtnis 147, 152, 154, 167
Geist, geistig 11, 50, 51, 53, 56, 66, 103, 106, 123, 127, 132, 133, 135, 143, 167, 169, 173, 176, 186, 189–191, 195, 197
Geräusche 86, 87, 132–134, 192
Geschlecht 10, 15, 18, 20, 43–46, 56, 57, 87, 92, 97, 99, 121, 122, 160, 168, 169, 174, 186, 187
Geschmack 23, 42, 47, 122, 123, 138, 140, 159, 164, 166, 192, 193, 197
Gesundheit 16, 29, 34–36, 38, 39, 41,

48–51, 54, 61, 95, 96, 121–123, 132, 175–177
Goeler von Ravensburg, Friedrich 50
Goldschmidt, Hugo 68, 85, 87, 98, 102, 106, 121, 122, 127, 136, 138, 139, 160, 166, 167, 185, 193, 194
Grammophon 64, 70, 72, 111
Greenberg, Jonathan Ross 47
Griechisch 50, 54, 150
Grotjahn, Rebecca 9–11, 18, 19, 22, 47, 85, 93, 95, 96, 125, 160, 190
Gruber, Thomas 152
Guttmann, Oskar 20, 64, 66, 67, 69, 82, 83, 87, 88, 123, 125, 133, 135–138, 142, 149, 150, 175, 178, 180, 181
Gutzmann, Hermann 108
Gymnastik 48, 51, 52, 58, 64, 82, 149, 175–180

H
Habermas, Jürgen 33, 196
Hackenschmidt, George 56
Hals 68, 69, 73, 74, 84, 85, 118, 120, 123, 124, 155, 167, 181, 189
Hauchen 119, 120, 132, 134, 184
Hauptmann, Moritz 186
Haut 35, 41, 49, 57
Helmholtz, Hermann von 32, 79, 82, 99, 118
Hey, Julius 20, 108
Hilgermann, Laura 70–72, 80, 84, 93, 94, 101, 112–117, 119, 122, 135, 140, 187, 193
Hinrichsen, Hans-Joachim 162
Hinton Brown, Kathy 192
Homosexualität 19, 45
Hoos de Jokisch, Barbara 20, 63, 67, 74–76, 190–192
Hopkins, Claude 40
Hueppe, Ferdinand 53, 54, 56, 149, 150
Husler, Frederick 125
Hygiene 15, 16, 34, 35, 38, 42, 49, 51, 54, 57, 59–61, 157, 173, 175, 189
Hypothese 10, 15, 24, 32, 33, 35, 42, 76, 78, 79, 99, 103, 121, 152, 184, 185, 187, 188, 196, 197

I
Ideal 16, 17, 26, 27, 36, 39, 44–47, 50, 53–55, 57, 58, 60, 61, 63, 74, 76, 77, 88, 106, 110, 125–127, 132, 133, 141, 149, 150, 164, 166, 174, 186, 190, 193–195, 197
Iffert, August 68, 69, 81, 82, 85, 89, 92, 93, 95, 99, 102, 103, 110, 118, 119, 122–124, 126, 134, 138, 139, 161–163, 167, 168, 176, 184, 193
Il barbiere di Siviglia 93
Individuum, Individualität 10, 13, 23, 26, 34, 35, 37, 40, 41, 42, 45, 50, 57, 60, 61, 62, 67, 70, 74, 81, 92–95, 102, 127–129, 132, 137, 138, 145, 151, 152, 163, 172, 183–185, 188–190, 192, 197
Industrie, industriell 27–29, 34, 36–38, 42, 48, 49, 59
Intellekt 23, 66, 78, 81, 84
Intonation 73, 112, 143, 154
Italien, italienisch 68, 69, 74–76, 89, 136, 140, 150, 151, 169, 170, 172, 193–195

J
Jäger, Siegfried 12, 13, 140
James, William 41
Joseph, Jacques 36
Jung, Carl Gustav 41

K
Kallmeyer, Hedwig 52
Kandinsky, Wassily 191
Kimmel, Michael 44, 45
Kinzler, Sonja 28, 29
Kob, Malte 9, 10
Koch, Adolf 60
Koloratur 16, 18, 19, 93, 101, 122, 160, 166
Kornwachs, Klaus 157
Köttgen, Carl 38, 39
Kraft 10, 19, 20, 26, 29, 39, 40, 46, 47, 49, 50, 56, 57, 60, 61, 62, 72, 83, 86,

88, 92, 100, 101, 103–105, 109, 124, 138, 153, 155, 159, 167, 176, 178–180
Krankheit 28, 34, 36, 37, 54, 120, 122, 123, 137, 139
Kreisig, Philipp 137
Kultur, kulturell 12–16, 33–35, 40, 45, 48, 49, 53, 59, 141, 150, 151–159, 164, 166, 168, 170, 189, 192, 193
Kunst 13, 17, 23, 35, 50, 54, 65, 66, 69, 74, 75, 78, 81, 85, 87, 89, 100, 103, 106, 108–110, 128, 130, 134–136, 140–143, 149, 150, 154, 157–165, 168, 171–174, 189, 191, 193–195, 197
  Kunstgesang 69, 78, 81, 89, 100, 106, 108, 109, 157, 158, 162, 171, 172, 174, 189, 193, 194

L
Lachen 51, 134
Laryngoskopie 63, 79, 99
La traviata 94
Lears, T. J. Jackson 40, 41, 42, 188
Lehmann, Lilli 20, 64, 68, 69, 76, 78, 98, 103, 104, 107–110, 119, 127, 130, 134, 135, 139, 142, 146–149, 154, 155, 161, 165, 184, 187, 189
Lehmann, Lotte 131, 170, 192
Leib 48–51, 60–62, 89, 91, 117, 136, 173, 181, 183
Leistung 29, 37, 39, 44, 47, 49, 53, 57, 62, 70, 100, 122, 160, 176, 177
Lied 96, 131, 142
Link, Jürgen 31, 33, 34, 141
Lippen 65, 72, 83, 119, 136, 144, 155, 178
Lockerheit 23, 49, 85, 118, 123–125, 136, 144, 155, 179, 180, 181, 189
Lohmann, Paul 190
Lucia di Lammermoor 160
Luft, luftig 35, 39, 49, 55, 57, 58, 83–91, 100, 103, 118, 123, 124, 139, 140, 144, 163, 175–177, 181, 186, 189
Lunge 21, 49, 53, 65, 67, 83, 84, 89, 91, 123, 145, 180
Lynd, Robert und Helen 44
Lyotard, Jean-François 27

M
Macdonald, Dwight 47, 193
Macfadden, Bernarr 56
MacKaye, Steele 51
Madame Butterfly 160
Mann, männlich 30, 32, 35, 43–46, 50, 53–57, 60, 64, 87, 88, 92, 97, 99–103, 105–107, 115, 121, 125, 169, 170, 178, 186
Marafioti, Mario 110, 141, 152, 156
Marcaletti, Livio 19, 20
Martensen, Karin 9, 10, 40, 72, 138, 139
Martienßen-Lohmann, Franziska 190–192
Marx, Karl 38
Mayr, Richard 70, 85, 109, 124, 179
Mechanik, mechanistisch 15, 141, 145, 149, 160, 183
  Mechanismus (Stimmlippen) 96, 97, 99, 100, 108, 110, 187
Medizin, medizinisch 28, 35–37, 48, 151, 152, 196
Mensendieck, Bess 51–55
Merkel, Carl Ludwig 162
Merta, Sabine 28, 29, 36, 37, 46–49, 51–53, 56–60
Messchaert, Johannes 190, 191
Metapher 12, 23, 27, 38, 52, 60, 69, 97, 129, 142, 143, 146, 148, 154, 155, 184, 191
Mezzosopran 70–72, 80, 84, 92, 93, 94, 101, 115, 119, 122, 135, 140
Mieder 181, 182, 189
Mimik 73, 137, 192
Mittelstimme 76, 98, 100, 104, 105, 108–110, 113, 115, 135, 185, 187
Moderne 24, 26, 29, 35, 36, 44, 47–49, 53, 61, 62, 70, 85, 94, 142, 159, 186
Moeckli, Laura 18, 19
Monahan, Brent J. 20, 63, 64, 67, 138, 188
Mooney, Houghson F. 47
Mozart, Wolfgang Amadeus 140, 151

Müller, Friedrich (= Sandow, Eugen) 55, 56
Müller, Jørgen Peter 56
Muskeln 23, 56, 57, 60, 64, 65, 66, 68, 74, 83–86, 101, 118, 124, 126, 136, 137, 142, 147, 148, 154, 155, 164, 175, 176, 178, 180, 181, 190

N
Nase, nasal 23, 36, 67, 72, 83, 88, 104, 118–120, 132, 134, 147, 154, 163, 177
Natur, natürlich 10, 17, 21, 23, 24, 26, 27, 29, 33–35, 37, 40, 42, 43, 45, 48, 49, 50, 58, 61–64, 67–69, 71, 75, 76, 78, 80–82, 86, 87, 90, 94, 95, 97, 99, 100, 102, 105, 107, 109, 118, 121, 122, 124, 125, 127, 128, 130, 134–136, 138, 140, 145, 146, 149, 151, 152, 154–173, 176, 177, 180, 181, 183–186, 188, 189, 192–197
  Naturalisierung 23, 26, 40, 61, 62, 127, 159, 170, 183, 188, 189
  Naturalistisch 50, 130, 135, 157, 171, 188
  Naturgesang, Natursänger, Naturstimme 78, 109, 157, 158, 168, 171, 172, 188, 189, 193
  Naturgesetz 33, 42, 86, 152
  Naturwissenschaft 17, 24, 26, 27, 29, 34, 35, 37, 42, 67–69, 75, 76, 78, 80, 81, 82, 127, 145, 161, 183–186, 193, 196, 197
Neustätter, Otto 52, 54
Nolan, Mary 38, 40
Normalisierung 23, 26, 28, 33, 36, 37, 40, 45, 55, 61, 62, 66, 78, 93, 95, 113, 114, 163, 164, 183, 184, 188

P
Pädagogik 9, 16–18, 20, 49, 63, 67, 69, 72, 74–76, 78, 80–82, 90, 115, 126, 155, 175, 188–190, 192, 194, 196, 197
Pathologisierung 47, 120, 122, 123, 137, 139
Patti, Adelina 88, 120, 165
Penz, Otto 43–45, 55, 57, 59
Peters, John Durham 27, 28
Pfleiderer, Martin 131
Physiognomie 74, 145, 175
Physiologie 17, 27, 28, 34, 35, 37, 63, 64, 66, 69, 72, 78, 79, 80, 81, 83, 87, 88, 98, 99, 103, 109, 110, 117, 118, 145, 146, 148, 149, 154–156, 161, 165, 170, 173, 183–185, 193, 196
Populärwissenschaften, populärwissenschaftlich 26, 29, 31–34, 37, 42, 61, 64, 79, 99, 152, 184, 185, 187, 196
Portamento 129, 138–140, 143, 174, 193, 194
Preuß, Arthur 70, 84, 106, 107, 112–114, 116, 117, 120, 124, 136, 153, 155, 166, 168, 174, 177, 187, 194
Probst, Stefanie 186
Programm, motorisches 154
Psychologie 26, 35, 36, 40, 41, 48, 63, 126, 128, 155, 190, 191
Pulvermacher, Benno 73, 77, 80, 89–91, 100–102, 107, 109, 110, 118, 119, 121, 129, 137, 153, 154, 156, 162, 165, 166, 172, 181

R
Ramsbrock, Annelie 31, 35, 36, 42, 43, 60
Rassen, Rassismus 15, 59, 170, 194
Rationalisierung, rationalistisch 23, 26, 28, 38–40, 45, 61, 62, 67, 68, 78, 83, 85, 152, 153, 169, 183, 184, 188
Reform 16, 24, 26, 29, 44, 45, 47–51, 53, 54, 57, 58, 61, 62, 66, 74, 77, 85, 140, 143, 158, 173, 175, 180, 181, 186, 189
Register 10, 17, 18, 20, 23, 66, 67, 69, 75–77, 79, 80, 89, 96–102, 104, 106–111, 114, 115, 117–119, 121, 123, 127, 132, 135, 143, 154, 171, 172, 175, 184–188, 196
  Klangausgleich 109
  Registerausgleich 98, 101, 109, 110, 115, 121, 135, 143, 171, 172, 186, 187

Registerüberblendung 77, 108–110, 115
Reinheit 35, 118, 121, 167
Reinhold, Eva 192
Resonanz 20, 23, 67, 69, 75, 82, 85, 91, 96, 97, 99, 100, 102–104, 108–110, 117–120, 123, 144, 161, 163, 165, 172, 185–187
Richter, Bernhard 96, 98
Riemann, Hugo 186
Rippen 65, 83, 84, 88, 89, 91, 147
Rom, Römer, römisch 50, 150, 151
Röntgen 54, 141, 152
Rossini, Gioachino
Il barbiere di Siviglia 93
Rutz, Ottmar 73, 74, 76, 120, 126, 129, 137, 150, 151, 168, 175

S
Sandow, Eugen 55, 56
Sarasin, Philipp 22, 27, 28, 30, 31, 33–36, 38, 60, 170, 185
Scheidemantel, Karl 73–76, 78, 79, 85, 86, 90, 95, 98–100, 102–108, 110, 118, 120, 121, 124, 125, 127–131, 134, 135, 144, 153, 164, 171, 172, 174, 177, 184, 186, 187, 190, 194, 195
Schlaf 28, 29
Schlankheit 29, 37, 46, 47, 51, 53, 57, 58, 60, 61, 150, 155
Schluchzen 19, 133, 134
Schmedes, Erik 70, 84, 106, 107, 112–114, 116, 117, 120, 124, 136, 155, 165, 166, 168, 174, 177, 187, 193, 194
Schmidt, Richard 154
Schreger, Theodor 35
Schröder-Devrient, Wilhelmine 87, 133
Schubert, Franz 76
Schwanengesang 128
Scott, Walter Dill 41
Seedorf, Thomas 16, 17, 18, 22
Seele 19, 22, 48–51, 60, 68, 103, 130, 133, 135, 143, 163, 167, 173–175, 181, 197
Self-Made-Man 44, 125
Seufzen 120, 133
Shaffer, Henry 154
Sieber, Ferdinand 18, 19, 64, 66, 67, 79, 80, 83, 84, 92, 93, 96, 98–102, 106, 109, 123, 126, 127, 132, 133, 136, 138, 143, 160, 165, 171, 173, 174, 176, 184
Siebert, Theodor 56
Slezak, Leo 73
Sopran 18, 19, 70, 71, 84, 87–89, 92–94, 96, 101, 102, 104, 109, 121, 160, 161, 163, 174, 175, 177, 181
Sport 29, 37, 55–59, 61, 176, 180
Sprechen 45, 75, 77, 161, 162, 172, 187, 193–196
Stebbins, Genevive 51, 52
Stellen (von Tönen, Vokalen) 120, 121, 134, 135, 172, 174, 195
Stereotyp 31, 44–46, 122, 140, 160, 174, 186, 194, 195
Stimmfach 17, 19, 93, 94
Stimmlippen (Stimmbänder) 17, 18, 20, 23, 65, 69, 82, 83, 85, 86, 99, 106, 117, 119, 123, 124, 132, 144, 161, 162, 187
Stimmritze 86, 136
Stockhausen, Julius 20, 68, 76
Stöhnen 19, 51, 133
Strohbass 108
Stütze 90, 91, 182
Symbol 39, 51, 56, 59, 63, 140–142, 146, 150–152, 181, 193–195, 197

T
Taille 55, 149, 180
Tannhäuser 131
Tatsachen 14, 33, 99, 100, 108, 151, 152, 183–185, 187, 188, 195, 196
Tatsachenstil 183–185, 187, 195
Taylor, Frederick Winslow 38, 39
Technik 10, 11, 13, 19, 23, 29, 37, 42, 43, 63, 66, 67, 72, 77, 79, 82–84, 86, 88, 96, 97, 109, 110, 130–133, 141, 143–145, 151, 154, 156–162, 164, 165, 170, 178, 179, 189–191, 193, 194
Atemtechnik 84, 86, 88, 194

Gesangstechnik 11, 72, 77, 110, 131, 143, 159, 189, 190, 193, 195
Temperament 34, 35, 93, 94, 175
Tenor 18, 19, 47, 70, 84, 92–94, 96, 101, 105–107, 114, 116, 120, 121, 124, 153, 156, 166, 174, 177, 187
Heldentenor 19, 93, 121
Textverständlichkeit 20, 194
Thüringen 172, 194
Training, trainieren 37, 51, 56, 65, 115, 154, 156, 178, 179, 187
Turnen 56, 57, 60, 61, 175–178, 180, 189

U
Umfärben (von Vokalen) 109, 115, 116, 122
Unbewusstes 41, 128, 156, 188
USA 26, 27, 38–40, 44, 45, 48, 51, 53, 55, 59, 125, 170, 193, 195

V
Vaccai, Nicola 80
Giulietta e Romeo 134
Venus von Milo 50, 53–55, 149, 150
Verbote 39, 120, 134, 139, 140, 163
Verdi, Giuseppe 94
Aïda 94
Falstaff 107
La traviata 94
Verzierung, verzieren 77, 179
Virchow, Rudolf 28, 47
Voix-mixte 107
Vokal 66, 72, 75, 76, 101, 102, 104, 109, 110, 114, 116–118, 120–122, 124, 127, 130, 144, 147, 154–156, 160, 163, 164, 169, 170, 193, 194
Vorstellung 12, 15, 16, 20, 22, 27, 37, 41, 50, 54, 61, 63, 66, 97, 103, 110, 117, 118, 120, 123, 125–127, 132, 149, 152, 154, 155, 183, 186, 188–192, 197
Klangvorstellung 67, 123, 125–127, 189–192
Körpervorstellung 15, 16, 22, 27, 37, 61, 97, 117, 118, 154, 155, 183, 188

W
Wagner, Richard 20, 76, 131, 140, 151
Die Meistersänger von Nürnberg 107, 135
Warm (Ton) 74, 126, 137
Weber, Max 36
Weiblich 19, 44, 46, 52, 53, 60, 87, 97, 99, 100, 102, 104, 106–108, 121, 160, 186
Weinen 19, 51, 133, 134, 184
Werbung 27, 40–43, 56, 61, 62, 159
Werkzeug 37, 38, 142, 143, 156, 157
Stimmwerkzeuge 78, 136, 142, 156
Whitcomb, Ian 46
Winter, Gustav 39
Wissenschaft 11, 14–17, 22, 24, 26–29, 31–42, 61, 63, 64, 68, 69, 75–82, 89, 94, 99, 102, 127, 128, 144–146, 151, 152, 154, 161, 167, 183–187, 190, 193, 195–197
Wright, Joseph 31
Wulf, Gabriele 154

Z
Zacconi, Lodovico 167
Ziegfeld, Florence 60
Zunge 41, 65, 83, 144, 147, 148, 154, 174, 176, 178
Zwerchfell 23, 53, 68, 80, 84–91, 147, 148, 153, 163, 177, 181, 185